مصادر اللغويات
والبحث التربـوي

الأستاذ الدكتور
محمد أحمد العمايرة
خبير سابق في تعليم العربية في الأمم المتحدة - نيويورك
وأستاذ سابق في كلية التربية في جامعة اليرموك - إربد

الدكتور
محمد عبدالله أبوالرب
أستاذ مساعد في جامعة البلقاء التطبيقية

دار وائل للنشر
الطبعة الأولى
2010

رقم الايداع لدى دائرة المكتبة الوطنية : (2010/4/958)

يتحمـل المؤلـف كامـل المسـؤوليـة القانونيـة عـن محتـوى مصـنفه ولا يعبّر هـذا المصنف عن رأي دائرة المكتبة الوطنية أو أي جهة حكومية أخرى.

– عمان: دار وائل للنشر والتوزيع ، 2010 .

(451) ص

ر.إ. : (2010/4/958)

* تم إعداد بيانات الفهرسة والتصنيف الأولية من قبل دائرة المكتبة الوطنية

****

ISBN 978-9957-11-887-7 (ردمك)

* مصادر اللغويات والبحث التربوي
* الأستاذ الدكتور محمد العمايرة – الدكتور محمد أبو الرب
* الطبعـة الأولى 2010
* جميع الحقوق محفوظة للناشر

دار وائـل للنشر والتوزيع

* الأردن – عمان – شارع الجمعية العلمية الملكية – مبنى الجامعة الاردنية الاستثماري رقم (2) الطابق الثاني
هـاتف : 00962-6-5338410 – فاكس : 00962-6-5331661 – ص. ب (1615 – الجبيهة)
* الأردن – عمـان – وسـط البلـد – مجمع الفحيص التجـاري- هـاتف: 00962-6-4627627

www.darwael.com

E-Mail: Wael@Darwael.Com

الفهرس

كلمـــة

كانت لحظة جد صعبة تلك اللحظة التي اكتشفتُ فيها أنّك قد رحلت
فقد أقبلت إليك أستاذي وأنا في شوق إليك وإلى كتابك هذا
لكني لم أستطع أن أراك أو أن تلامس يداي ما خطّته يداك
فاستمْررْتُ أبحثُ عنك فإذا بي أجدك...
وإن لم أرك!
وإذا بيدي تتعهدان ما كان مخطوطا بيديك
فها هو يخرج على من حرصت على خدمة لغتهم كما أردت
وإني لأسأل الله أن يرحمك أبا إبراهيم وأخا إسماعيل وأن أكون قد
وفقت في ما عملت عليه من قبلُ

محمد أبوالرب

تقديم

بقلم إسماعيل أحمد عمايرة

الحمد لله والصلاة والسلام على رسول الله وبعد ،

فمنذ رحل ذلك الشقيق الصديق (محمد أحمد العمايرة) عن هذه الدنيا، قاصدا جوار ربه، وأنا أحسّ بالمسؤولية إزاء ذلك التراث العلمي الذي خلفه...

كان محمد كثير الحل والترحال في فضاء هذه الأرض ، وما أحسب شيئا أعز عليه في حله وترحاله من مصادقة القلم والكتاب ، فمن عمان إلى أرجاء مختلفة من هذه المعمورة يسافر فيمكث هنا أو هناك عاما أو بعض عام أو بضعة أعوام ، ثم يعود إلى عمان ثانية وثالثة ورابعة..هكذا كانت روحه رحمه الله تحوم في الآفاق وروحي معلقة تحل أو ترتحل معه ، ولا يربطني به إلا القلم والقرطاس ، أو لقاءات أعقبت عمر الصبا والشباب فأصبحنا فيها لا نعيش إلا أياما أو شهورا "طائرة" ثم تنقضي فأذهب لتوديعه إلى حيث ينتظره طائر الشؤم الذي يدعى "الطائرة" .وظل الحال هكذا .. كلما غاب منّيت نفسي بعودته حتى أروّي غُلّة النفس بالتحدث إليه أو المشي إلى جانبه في فضاء هذه القرية الجبلية الجميلة "صويلح" (قرب عمان) فأسمع أخباره وما كشفته له الأيام وعمّقته في نفسه التجارب ، أسمع منه عن اهتماماته وقراءاته ، وما خطّه قلمه من جديد ، أسمع بصوته الدافئ الهامس خواطره ، وأرى في ملامحه شيئا من مكنون نفسه. وما كان ينغّص عليّ وأنا إلى جواره إلا إحساسي بأن "الطائر" المشؤوم سوف يهرب بمحمد عني عاما أو عامين إلى أن تستيقظ الشمس من جديد ، وتكتمل دورة البعد لنلتقي ثانية وثالثة.

وظل الحال هكذا إلى أن تناهى إليّ خبر من "طائرة" كانت تجثم على أرض مطار في تركيا، يسأل ناقله عما إذا كنت أنا شقيق محمد ، وقد فهمت منه ما يفيد أن الطائرة هذه المرة لن تصل ب"روح" محمد ، وإنما بجثمانه فقط بعد أن فارق الحياة إثر جلطة لم تمهله وهو معلّق بين السماء والأرض في رحلة من نيويورك إلى عمّان مرورا بإسطنبول .رحمة الله عليه ، وعلى أخويه من بعد إبراهيم وخليل ، فقد رحلوا ثلاثتهم "وبقيت مثل السيف فردا" رحمهم الله رحمة واسعة وأدخلهم فسيح جنانه.

وأعود للحديث عن التراث العلمي الذي خلّفه محمد ، إدراكا مني لأهمية ما كتب ، ووفاء مني إليه ، فشرعت في جمع ما تيسر لي من أعماله.فما وجدته منها جمعته في مجلّد واحد احتوى اثنين وعشرين بحثا كان قد نشرها في مجلات علمية متفرقة ، في دول متعددة ، وقد أسميت الكتاب نيابة عنه : بحوث في اللغة والتربية.ومنها كتاب كان يحدثني عن أهميته ، وهو مماحكات التأويل في مناقضات الإنجيل ، لأحمد فارس الشدياق ، وقد حقّقه محمد. ونشر الكتابان السابقان لدى دار وائل للنشر، عمّان2003م.

وأما كتابه هذا الذي بين يدي القارئ ، فهو يعود إلى اهتمام مبكر منه بهذا العمل الببليوغرافي الذي ظل يراجعه ويعاوده ، وقد هم بتحديثه في المدة الأخيرة بمساعدة تلميذته في جامعة اليرموك : كريمة عرعر.وتكاد مكتبته الخاصة تجسّد جلّ ما في هذا من كتب كان يقتنيها ويعود إليها في حياته العلمية.ولم أبادر بنشر هذا الكتاب على الفور إذ شعرت بأنه في حاجة إلى التحديث.غير أنني لم أجد لدي الوقت ولا الرغبة في أن أقوم بذلك بنفسي ، إلى أن زارني ذات يوم شاب هادئ وقور ، يطلب مني أن يفيد من مخطوطة هذا الكتاب في إعداده لرسالة يتقدم بها لنيل درجة الدكتوراه من جامعة اليرموك.وقد تكررت زيارته لي ، فأحسست في كل مرة بأنني كأنما وأنا ألتقي بالشاب محمد أبوالرب ، ألتقي بمقطع حيّ من حياة الشاب محمد عمايرة ، فقد جمع بين الاثنين الاسم وخصال أخرى كثيرة .فعرضت عليه أن يقوم بتحديث الكتاب ليغطي ما يخدم الموضوع من بعد وفاة محمد عمايرة الذي وافته المنية في 12\6\1999. فوافق د.أبوالرب مشكورا على ذلك ، وأخذ يضيف إلى الكتاب على مهل وتأن واستقصاء ، حتى استوى الكتاب على سوقه في هذه الهيئة ، وقد أسميناه "مصادر اللغويات والبحث التربوي".

أسأل الله أن ينفع بهذا الكتاب ، وأن يجعله في ميزان حسنات المحمدين: محمد عمايرة ومحمد أبوالرب ، وأن يكون لهما صدقة جارية ، ينتفع بها كل من أحب العربية وعلومها...آمين آمين.

إسماعيل أحمد عمايرة

صويلح في 2010/2/1م

مقدمـة

الحمد لله رب العالمين وأفضل الصلاة وأتمّ التسليم على رسولنا الأمين المبعوث رحمة للعالمين. وبعد،

فهذا الكتاب واحد من تلك الكتب التي كان قد عمل عليها الـدكتور محمـد أحمـد العمايرة رحمه الله ولم ينته العمل بها في حياته. وهذا الكتاب كان قد همّ بتحديثه في الفترة الأخيرة من حياته بمساعدة تلميذته الوفية في جامعة اليرموك: كريمة عَرْعر.

وكانت قد تأصّلت معرفتي بهذا الكتاب عندما أتاح لي أستاذي الـدكتور إسـماعيل أحمد العمايرة الاطلاع عليه وهو لا يزال مخطوطا بسبب حاجتي إليه في أثناء كتابتي رسالة الدكتوراه.ثم اقترح علي بعد أن تخرّجت في 2004م أن أكمل العمل فيه لنشره في أقرب وقت.

فالحق أن هذا الكتاب ثمرة من ثمار أستاذي الدكتور محمد أحمد العمايرة رحمه الله ، فقد أراد بصورة أو بأخرى أن يُعدّ عملا ببليوغرافيا في كل مـا يـرتبط باللغـة العربيـة مـن بحث علمي؛ولذلك كان حريصا على التوثيق في هذا الكتاب لتلك المصادر ما دامت تبحث في أي مسألة من مسائل العربية. ولذلك تنوعت تلك المصادر ما بين أعمال مختصة بالدراسات اللغوية التقابلية بين العربية واللغـات الإنسانية ،وأخـرى مختصـة بالدراسـات اللغويـة علـى مستوى الفصيحة والعامية،وثالثة مختصة باللغة والمجتمع والسياسة والثقافة،ورابعة مختصة باللهجات العربية،وخامسة مختصة باللغة وتعلمها لـدى الأطفال،وسادسـة مختصـة بطـرق التدريس،وسابعة مختصة بمناهج اللغة العربية....

والقارئ سيلحظ بنفسه ذلك التنوع المعرفي على مستوى اللغة العربية في مادة هذا الكتاب. فالدكتور محمد العمايرة كان موسوعيا بطبعه ؛ ولذلك كان حريصا على الوقوف على كل كتاب يبحث في العربية،وكانت هوايته المفضلة شراء الكتب ؛ فأول شيء يتعرف عليه عندما يحل في مدينة هو المكتبات المتخصصة بالكتب النادرة والقديمة.وهـذا مـا شـهد بـه صديقه الأستاذ الدكتور سلمان العاني في تقديمه لكتابه بحوث في اللغة والتربيـة الصـادر عـن دار وائل للطباعة والنشر في عمان 2003م.

وهو يرى - رحمه الله- أن كثيرا من قضايا اللغة تعالج مـن منظار تربـوي أو ثقـافي إسلامي، ويرى أننا بحاجة ماسة إلى جهد يستوعب كل الجهود المبذولة في فهرسة البحوث

اللغوية العربية ، دون إغفال منطقة من مناطق البحث ،لأنها تقع بين العربية وفرع آخر من فروع المعرفة كعلوم التربية والاجتماع والنفس....

وهنا تجدر الإشارة إلى أن هذا العمل ينصبّ على اللغويات بمفهومها الأعم. وهذا ما رآه عبدالسلام المسدي متحققا أيضا في عمل محمد حسن باكلا: (اللسانيات العربية: مقدمة وببليوغرافية)، وبيّن عبدالسلام المسدي ذلك في أثناء تقديمه كتابه القيّم:(مراجع اللسانيات).

وعليه فقد استمر العمل في هذا الكتاب على المنوال نفسه.وسأعمل في المستقبل القريب إن شاء الله على إنجاز ببليوغرافيا خاصة باللغويات العربية التطبيقية على وجه التحديد، مفيدا من هذه التجربة الحاضرة مع أستاذي الدكتور محمد أحمد عمايرة ، ناهيك بتجربتي المباشرة مع أستاذي الدكتور إسماعيل أحمد عمايرة.

وقد اكتفينا بناء على ما سبق بإثبات فهرسين:الأول فهرس المؤلفين، وفيه نجد المعلومات الخاصة بكل بحث موثقة بعد ذكر المؤلف كما وردت فيه أصلا.والثاني فهرس العنوان، وهو يحيل على أرقام الفهرس الأول؛ إذ نجد أمام عنوان كل بحث رقما خاصا به كما ورد في فهرس المؤلفين؛ وذلك لتجنب تكرار تسجيل المعلومات الخاصة بكل بحث بسبب توثيقها أصلا في فهرس المؤلفين. وقد بلغت الأبحاث المفهرسة والمدونة في هذا الكتاب(2907) أبحاث.

وقد اقتصرنا في هذا العمل على ما كتب بالعربية أو نقل إليها.وقد رتبت أبحاثه في كلا الفهرسين ترتيبا هجائيا.فإذا تعددت أبحاث أيّ من المؤلفين، رتّبناها هجائيا أيضا ؛ ليسهل على المستفيد من هذا الجهد الرجوع إلى الكتاب أو البحث المعنيّ به بسرعة وبتسلسل منطقيّ.

والحق أن مكتبة الدكتور محمد أحمد العمايرة الخاصة كانت المرجع الرئيسي لنا في مادة هذا الكتاب ،وذلك على مستوى المصادر نفسها الموثقة فيه،وعلى مستوى الفهارس والببليوغرافيات التي حوتها تلك المكتبة أيضا، والتي منها مثلا: (اللسانيات العربية: مقدمة وببليوغرافيا) لمحمد حسن باكلا ، و الجهود اللغوية خلال القرن الرابع الهجري لعفيف عبد الرحمن، وببليوغرافيا الدراسات التقابلية بين اللغة العربية واللغات الأخرى في معهد الخرطوم الدولي للغة العربية 1976-1982 المنشورة في المجلة العربية للدراسات اللغوية(س 1،ع 1 ، 1982).

وليست تخفى على القارئ المتخصص أهمية مثل هذه الجهود الببليوغرافية في خدمة العربية وباحثيها؛ لما لها من قيمة في إرشادهم إلى الأبحاث التي تصب في ميدان اهتماماتهم البحثية نفسها، ولما لها من دور في التخلص من ظاهرة التكرار في جهودهم؛ فكتاب (المنجد في

اللغة) لكراع النمل مثلا حُقّق مرتين :مرة حقّقه فوزي مسعود ومرة حقّقه أحمد مختار عمر وضاحي عبد الكافي.

وهنا لا ننسى أن نشـير إلى أهـم الجهـود الببليوغرافيـة التي قـدمت عـلى مسـتوى العربية مثل: ببليوغرافيا الدراسات اللغوية (1975)التي أصدر صاحبها محمد حسن باكلا في 1983 طبعة جديدة لها عنوانها بالعربية : اللسـانيات العربيـة مقدمـة وببليوغرافيـا، ومثل: الجهود اللغوية خلال القرن الرابع الهجري،لعفيف عبد الرحمن الذي أعاد نشرها في 1983 في طبعة مستكملة، ومثل: مراجع اللسانيات،لعبد السلام المسدي....

وفي الختام أؤكد من تجربتي الخاصة في هذا الكتاب أن مثل هـذا العمل يتطلب جهدا جماعيا مؤسسيا إذا ما أريد له أن يتصف حقـا بالشمول أو بأنه عمل جامع،وبعدم السهو أو بعدم غياب أيّ بحث ينتمي لذلك العمل.ونحن لا ندّعي في هذا العمل أيّا من ذلك ؛ وإنما حسبنا أننا اجتهدنا.

ولغياب العمل المؤسسي الجماعي والجهد العربي الموحّد أقترح عـلى المهتمـين بمثـل هذا العمل أن يكون جهدهم الببليوغرافي محددا في مصادر معينة من مصادر تحصـيل تلـك المعرفة الإنسانية كالاقتصار مثلا على ما توفره مكتبة جامعة اليرموك من أشكال تلك المعرفـة الإنسانية....ولا يعني ذلك بالضرورة الاقتصار على مصدر واحد مـن تلـك المصـادر كالمصـدر السابق مثلا، بل يجب أن يمتـد أي عمـل ببليوغرافي إلى كـل مصـدر متـاح أو تسـتطيع يـدا الببليوغرافي أن تصلا إليه باطمئنان!

محمد أبوالرب
الجبيهة في 2010/2/1م

المصــــادر

بحسب مؤلفيها

أ

1. **آدم آدم محمد علي**

دراسة تقابلية بين أصوات اللغة العربية وأصوات اللغة المحسية من حيث المخارج والصفات وطريقة النطق، ماجستير، الخرطوم: معهد الخرطوم الدولي، 1980.

2. **آدم طه حسن**

المنهج المحوري في إنتاج الأصوات العربية للمبتدئين الأجانب، الخرطوم: معهد الخرطوم الدولي للغة العربية، 1982.

3. **آرثر ستانلي ترتيون**

علم نفسك العربية، لندن، 1942.

4. **آسيا محمد التوم الطاهر**

الأسس النفسية والتربوية للقراءة، دبلوم، الخرطوم: معهد الخرطوم الدولي للغة العربية، 1984.

5. **آسيا محمد التوم الطاهر**

نحو معجم فني مختصر: مختارات لمصطلحات فنية، موسيقى مسرح سينما، ماجستير، الخرطوم: معهد الخرطوم الدولي للغة العربية، 1985.

6. **آمة عبد الرزاق علي حمد**

أسس اختيار كتاب القراءة ذي الموضوع الواحد في المرحلة الثانوية بالجمهورية العربية اليمنية، ماجستير، القاهرة: جامعة عين شمس كلية التربية، 1983.

7. **آمنة الضو عيسى**

دراسة تحليلية في أخطاء التعبير الكتابي لتلاميذ الصف الخامس الابتدائي بمدرسة أم درمان الهندية، الخرطوم: معهد الخرطوم الدولي للغة العربية، 1982.

8. **ابتسام فرح قرياقوس**

التفاعل اللفظي في الصفوف المتباينة الأحجام في مادة العلوم التربوية للصف الخامس الابتدائي، ماجستير، بغداد، جامعة بغداد، كلية التربية، 1976.

9. **ابتسام مرهون الصفار**

حول مشروع اللغة العربية الأساسية، مجلة اللسان العربي، الرباط، العدد الثالث عشر الجزء الأول 1976، ص 34 – 36.

10. **ابتسام مصطفى فهمي عطية**

بعض الأخطاء الشائعة في عملية الترجمة التحريرية من اللغة العربية إلى اللغة الإنجليزية وبعض المقترحات لعلاجها، جامعة الأزهر، كلية التربية، رسالة ماجستير، 1975.

11. **إبراهيم الأبياري**

تيسير الكتابة العربية، مجلة المجلة، المعلم الأول، العدد 8، السنة 7، أكتوبر 1958، القاهرة، ص 31 – 35.

12. **إبراهيم أحمد بخيت**

دور الحكاية الشعبية في التعليم، الخرطوم: إدارة النشر الثقافي، مطبعة التمدن، 1977.

13. **إبراهيم أحمد الزيني**

دراسة إحصائية للتتابعات الفونومية في اللغة العربية المعاصرة ممثلة في نشرات الأخبار المصرية، الخرطوم: معهد الخرطوم الدولي للغة العربية، 1979.

14. **إبراهيم إمام**

تعليم اللغات الحية، صحيفة التربية، العدد 1، السنة السادسة، القاهرة، نوفمبر 1953، ص 42 – 52.

15. **إبراهيم إمام**

صحافة الطفل كوسيلة إعلامية، بحث مقدم إلى حلقة بحث كتاب الطفل ومجلته، المجلس الأعلى لرعاية الفنون والآداب والعلوم الاجتماعية، القاهرة في المدة 7 – 10/ 1972.

16. **إبراهيم أمين الشواربي**

العربية في إيران، مجلة كلية آداب جامعة عين شمس، القاهرة: عدد مايو 1951.

17. **إبراهيم أنيس**

دورة الكمبيوتر في البحث اللغوي، مجلة المجمع المصري، ج. الثامن والعشرون، 1971، ص 7 – 10.

18. **إبراهيم أنيس**

محاضرات عن مستقبل اللغة العربية المشتركة، معهد الدراسات العربية العالمية، جامعة الدول العربية، 1959 – 1960.

.19 **إبراهيم أنيس**

مسطرة اللغوي، مجلة المجمع المصري العدد التاسع والعشرون، 1972، ص 7 – 13.

.20 **إبراهيم أنيس**

منهج الإحصاء في البحث اللغوي، مجلة كلية آداب الجامعة الأردنية، ديسمبر، 1969.

.21 **إبراهيم أنيس**

هل اللغة العربية لغة بدوية؟ القاهرة، مجمع اللغة العربية، البحوث والمحاضرات للدورة الرابعة والثلاثين، 68/67.

.22 **إبراهيم بالدار**

كيف نسرد القصص للأطفال، المعلم الجديد، بغداد المجلد 43، 1986.

.23 **إبراهيم بسيوني**

القراءة كوسيلة لتعلم العلم وتعليمه، مجلة الرائد السنة الثانية عشر، إبريل 1967، نقابة المهن التعليمية، القاهرة.

.24 **إبراهيم البنا**

تحليل الجملة الفعلية، مجلة معهد اللغة العربية، العدد الثاني، 1404/ 1984، السعودية جامعة أم القرى معهد اللغة العربية وحدة البحوث والمناهج مكة المكرمة.

.25 **إبراهيم جعفر سليمان**

جهود المنظمة العربية للتربية والثقافة والعلوم في تنمية اللغة العربية، التربية المستمرة 3 : 5 (10 / 1982)، ص 75 – 79.

.26 **إبراهيم الحاردلو**

إعداد المعلمين غير العرب لتعليم اللغة العربية لغير الناطقين بها، دراسة مقدمة إلى الندوة العالمية الأولى لتعليم العربية لغير الناطقين بها، جامعة الرياض، مارس، 1978، نشر 1980، ج2، ص 43 – 59.

.27 **إبراهيم الحاردلو**

تقديم المفردات في الكتاب المدرسي، مقدمة الى ندوة تعليم اللغة العربية للناطقين باللغات الأخرى، الرباط، 1980.

.28 **إبراهيم الحاردلو**

مراجعات في مناهج تعليم العربية في المستوى الجامعي، كلية الآداب، جامعة الخرطوم، مجلد 4، العدد 4، 1981، ص 1 – 10.

.29 **إبراهيم حتاملة وآخرون**

تحليل وتقويم أخطاء القراءة والاستيعاب لتلاميذ المرحلة الابتدائية في الأردن، المجلة التربوية - الكويت العدد العاشر، المجلد 3، 1986.

.30 **إبراهيم حمدت الله حامد**

الصعوبات التي تواجه تلميذ المدرسة الابتدائية في تعليم اللغة العربية في منطقة الزغاوة (غرب السودان)، الخرطوم: معهد الخرطوم الدولي للغة العربية، 1980.

.31 **إبراهيم دسوقي أباظة**

اللغة العربية والبحوث الاقتصادية، اللسان العربي م9/ج1/ص216.

.32 **إبراهيم دمعة وآخرون**

اللغة العربية وأصول تدريسها لدور المعلمين التدريبية، مطبعة وزارة التربية، بغداد، 1977.

.33 **إبراهيم السامرائي**

أين التربية من علوم العربية؟ مجلة اتحاد الجامعات العربية،ع22،1987.

.34 **إبراهيم السامرائي**

بحث في العربية التاريخية، اللسانيات 1981/5، ص 7 - 34.

.35 **إبراهيم السامرائي**

التجاوز على الفصيحة، صدر في الموسم الثقافي لكلية الاداب، عمان: الجامعة الأردنية، 1085.

.36 **إبراهيم السامرائي**

السريانية بين اللغات العامية وفصيح العربية، مجلة المجمع العلمي العراقي، 32 : 1 ، 2 (1 /1981)، ص 251 - 320.

.37 **إبراهيم السامرائي**

العربية الدارجة في القطر الجزائري، مجلة مجمع اللغة العربية بدمشق، المجلد 55، الجزء 4 ذو القعدة 1405، تشرين أول 1980.

.38 **إبراهيم السامرائي**

عودة إلى سلامة اللغة العربية، مجلة المعلم الجديد، المجلد 40، الجزء الأول بغداد 1978.

39.   إبراهيم السامرائي

في المشكلة اللغوية، مجلة فكر، المجلد 6 ، 1960 – 1961.

40.   إبراهيم السامرائي

في معجم الأخطاء الشائعة، مجلة مجمع اللغة العربية بدمشق 56: عدد 1-2/ 1981، ص 389 – 413.

41.   إبراهيم السامرائي

قصة العامية في الطرق: تاريخها وواقعها، مجلة مجمع اللغة العربية القاهرة: 41، جمادى الأول 1398، أيار 1978.

42.   إبراهيم السامرائي

اللحن في اللغة العربية تاريخه وأثره، مراجعة كتاب اللحن في العربية تاريخه وأثره، تأليف يوسف أحمد المطوع، المجلة العربية للعلوم الإنسانية، المجلد 1 : 3، صيف 1981.

43.   إبراهيم السامرائي

اللغة العربية ووسائل الإعلام، مجلة مجمع اللغة العربية، القاهرة: الجزء 43، جمادى الآخر 1399، أيار 1979.

44.   إبراهيم السامرائي

اللغة وبرامج التنمية، رسالة الخليج العربي عدد 14، السنة 5، 1985.

45.   إبراهيم السامرائي

نظرات في تدريس العربية في جامعات الوطن العربي، المعرفة 23 : 27 (8 / 1984)، ص 91 – 121.

46.   إبراهيم السامرائي

هل من نحو جديد؟ المجلة العربية للدراسات اللغوية 3 : 1 (8 / 1984)، ص 55 – 61.

47.   إبراهيم سعيد الزهراني وصبحية علي أحمد

تطوير مناهج اللغة العربية في المرحلة الابتدائية: الصف الثاني الابتدائي والصف الثالث الابتدائي، ندوة تعليم الابتدائي المتوسط، الرياض: 2 – 4 جمادى الآخر 1414 مارس 1984.

48. إبراهيم شعراوي

اللغة العربية والحياة، الأدب السنة 3، العدد 5، أيار / مايو 1955.

49. إبراهيم صالح الخلفات

دراسة معجمية دلالية من قصيدة البردة للبوصيري وبناء وحدات قرائية للناطقين بغير العربية مستوى متقدمين، دبلوم، الخرطوم: معهد الخرطوم الدولي للغة العربية، 1985.

50. إبراهيم طه أحمد الجعلي

فصول في تدريس الأدب والبلاغة والنقد، مكة المكرمة: مكتبة الطالب الجامعي، 1986.

51. إبراهيم عبد الباقي

تعليم اللغة العربية من خلال القرآن الكريم لغير الناطقين بها، ماجستير، الخرطوم: معهد الخرطوم الدولي للغة العربية، 1983.

52. إبراهيم عبد العليم

ملحق بالاستقصاء حول مشكلات تعليم اللغة العربية، إدارة التربية، المنظمة العربية للتربية والثقافة والعلوم، وثيقة مرقومة في ست وعشرين صفحة (بلا تاريخ).

53. إبراهيم عبدالله رفيدة

أصالة اللغة العربية وعلومها، الفكر العربي 4 : 26، العدد 3 / 1982، ص 4 – 39.

54. إبراهيم عبدالله شيش

دراسة تقابلية بين اللغة العربية ولغة الهوسا على المستوى الصرفي، ماجستير الخرطوم: معهد الخرطوم الدولي، 1983.

55. إبراهيم عبدالله عمر الدين

أوضاع اللغة العربية في أرتريا، ماجستير، الخرطوم: معهد الخرطوم الدولي للغة العربية، 1984.

56. إبراهيم عبدالله عمر الدين

مشاكل تعليم اللغة العربية في مناطق اللاجئين (الأرتريين)، في شرق السودان، دبلوم، الخرطوم: معهد الخرطوم الدولي للغة العربية، 1983.

57. إبراهيم عبد المجيد إبراهيم

الطريقة الحديثة لعرض الأدب، مجلة مجمع اللغة العربية، عدد البحوث والمحاضرات نوفمبر 1961 – 1962، القاهرة، المطابع الأميرية، 1962 ، ص 73 – 86.

.58 **إبراهيم عبد المطلب**

الهداية إلى ضوابط الكتاب، القاهرة، مطبعة مخيمر، 1958.

.59 **إبراهيم علي أبو الخشب**

محنة المسلمين، المجلة العربية، المجلد 25 : 9 العدد 11، 1981، ص 20 – 21.

.60 **إبراهيم الفحام**

الألفاظ الأجنبية في لغة الصيادين والملاحين بالإسكندرية وأصولها اللغوية، مجلة اللسان العربي – الرباط – العدد الثالث عشر، الجزء الأول 1976، ص 94 – 101.

.61 **إبراهيم فريد الدر ونقولا إبراهيم الدر**

دليل اللغة: قاموس وأبحاث، بيروت: دار النهار، 1973م.

.62 **إبراهيم القطات**

عثرات المنجد في الأدب والعلوم والأعلام، الكويت، دار القرآن الكريم، 1973.

.63 **إبراهيم كونج آل جو**

تحليل الأخطاء الصوتية في نطق اللغة العربية للكوريين، دبلوم، الخرطوم: معهد الخرطوم الدولي للغة العربية، 1985.

.64 **إبراهيم محمد الشافعي**

إعداد معلم اللغة العربية في كليات التربية في السنوات الأربع للحصول على ليسانس في اللغة العربية ودبلوم عامة في التربية، دراسة مقدمة إلى ندوة خبراء وتطوير إعداد معلمي اللغة العربية، الرياض: من 5 – 10، مارس، 1977.

.65 **إبراهيم محمد الشافعي**

قائمة بالكلمات الشائعة في المذكرات الشخصية لتلاميذ الأولى الاعدادية بمدينة الاسكندرية واستغلالها في القراءة، القاهرة: رسالة ماجستير، كلية التربية، جامعة عين شمس، 1957.

.66 **إبراهيم محمد الشافعي**

نقص البحوث العلمية في مجال تدريس اللغة العربية، دراسة مقدمة إلى المؤتمر التاسع لاتحاد المعلمين العرب، تطوير تدريس علوم اللغة العربية وآدابها، الخرطوم: فبراير 1976.

.67 **إبراهيم محمد الشافعي وآخرون**

تطور تعليم اللغة العربية، القاهرة: دار الطباعة الحديثة، 1976.

68. **إبراهيم محمد علي حيدر**

دور التلفزيون في حياة الطفل المعاصر، بناء الطفل في الخليج العربي بناء المستقبل العربي، حلقة دراسية ينظمها الاتحاد العام لنساء العراق وجامعة البصرة، 13 - 1979/1/15، رقم البحث 9، ص 23.

69. **إبراهيم محمود محمد**

دراسة تقابلية بين اللغة العربية ولغة اليوربا على المستوى الصوتي دبلوم، الخرطوم: معهد الخرطوم الدولي للغة العربية، 1984.

70. **إبراهيم محمود محمد**

مناهج المدارس الثانوية العربية الحكومية في نيجيريا: دراسة وصفية تحليلية تقويمية، ماجستير، الخرطوم، معهد الخرطوم الدولي للغة العربية، 1985.

71. **إبراهيم مدكور**

العربية بين اللغات العالمية الكبرى، مجلة المجمع المصري، العدد الحادي والثلاثون 1973، ص 16 - 24.

72. **إبراهيم مدكور**

الفكر واللغة، القاهرة: مجلة مجمع اللغة العربية، الجزء التاسع، المطبعة الأميرية، 1957/ ص 9 - 13.

73. **إبراهيم مدكور**

لغة العلم في الإسلام، مجلة المجمع المصري، العدد التاسع والعشرون، 1972، ص 14 - 17.

74. **إبراهيم مصطفى**

تيسير قواعد اللغة العربية، دمشق، مؤتمر المجامع العالمية الأول، الجزء الأول، م 38، 1957.

75. **إبراهيم مهدي الشبلي**

أنواع التقويم، محاضرات في التقويم التربوي، الرياض، مكتب التربية العربي لدول الخليج، 1983.

76. **إبراهيم النمر**

المرشد في النحو والإعراب والبلاغة، دمشق: دار العلم.

77. أ. بروفنال

المعجم التطبيقي لعربية القرن العشرين، 1942 الرباط.

78. ابن عوف عباس

دراسة معجمية ودلالية للمصطلحات الطبية في مجلة طبيبك الخاص، الخرطوم: معهد الخرطوم الدولي للغة العربية، 1979.

79. ابن للونة

أضواء على التربية والتدريس، تونس 1965.

80. أبو بكر رفيق أحمد

دراسات تقابلية بين العربية والبنغالية على المستوى الصوتي، الخرطوم: معهد الخرطوم الدولي، رسالة جامعية غير منشورة، 1979.

81. أبو بكر الفيتوري

تعليم اللغات الأجنبية في الجماهيرية إلى أين، الفصول الأربعة، 4 : 14، العدد 1981/7، ص 181 - 184.

82. أبو حاتم بن حمدان الرازي

القرينة في الكلمات الإسلامية العربية، دار الكتاب العربي مطبعة الرسالة القاهرة: 1957 - 1958، مجلدان.

83. أبو طاهر محمد

تعليم اللغة العربية للتلاميذ المغاربة المتأثرين باللغة الفرنسية الخرطوم، معهد الخرطوم الدولي للغة العربية، 1981.

84. أبو فاضل

إصلاح الهجاء العربي، طريقة جديدة لرسم الكلمات العربية، مجلة الهلال، دار الهلال، القاهرة، ص 79 - 80 مايو 1938.

85. أبو الفتوح التوانسي

تيسير النحو، مجلة الرائد، السنة الثالثة، العدد السابع، مارس، نقابة المهن التعليمية، القاهرة، 1958، ص 28 - 47.

86. أبو الفتوح التوانسي

الطريقة الكلية بين النجاح والإخفاق، مجلة الرائد، السنة الرابعة، العدد الأول، سبتمبر 1958، نقابة المهن التعليمية، القاهرة.

87.	**أبو الفتوح التوانسي وعلي الجمبلاطي**
	الأصول الحديثة لتدريس اللغة العربية والتربية الدينية، نهضة مصر،القاهرة، 1971.
88.	**أبو الفتوح رضوان**
	إعداد المعلم للمرحلة الأولى، القاهرة: مطبعة محمد عاطف 57 ب 19.
89.	**أبو الفتوح رضوان**
	تعلم القراءة بين الجملة والصوت والحرف، مجلة الرائد، السنة الخامسة العدد السادس فبراير 1960، نقابة المهن التعليمية بالقاهرة.
90.	**أبو القاسم محمد عبد الشكور**
	وحدة في تعليم اللغة العربية للبنغاليين الكبار، المستوى المتوسط، الخرطوم، معهد الخرطوم الدولي للغة العربية، 1981.
91.	**أبو منصور موهوب بن أحمد الجواليقي**
	المعرب في الكلام الأعجمي، تحقيق أحمد محمد شاكر، القاهرة، وزارة الثقافة، الطبعة الثانية، 1969، ص 53.
92.	**أبو نعمان محمد عبد المنان خان**
	دراسة تقابلية بين اللغتين العربية والبنغالية على مستوى التركيب النحوي، الخرطوم: معهد الخرطوم الدولي للغة العربية، 1979.
93.	**أبو اليمن صالح صالح**
	العربية في مناطق التداخل اللغوي في السودان، بحث مقدم للمؤتمر الأول للغة العربية في السودان، الخرطوم 1 – 5، ديسمبر / 1982.
94.	**أ. البيان**
	ألفاظ عربية في اللغة الأرمنية، دمشق: مجلة مجمع اللغة العربية، عدد 12، 1932.
95.	**أ. البيان**
	تيسير الكتابة العربية، دمشق، مجلة اللغة العربية، ع12، 1932.
96.	**اتحاد الإذاعات العربية**
	الحلقة الدراسية لبرامج الأطفال في الراديو والتلفزيون، القاهرة، 1972.
97.	**اتحاد المجامع اللغوية العلمية العربية**
	تعليم اللغة العربية في ربع القرن الأخير، ندوة عمان، 1978، موضوع الندوة الرابعة لاتحاد مجامع اللغة العربية.

98. اتحاد المجامع اللغوية العلمية العربية

تيسير تعليم اللغة العربية، سجل ندوة الجزائر، القاهرة، 1977.

99. اتحاد المجامع اللغوية العلمية العربية

ندوة الجزائر لإصلاح النحو، الجزائر، 1976.

100. اتحاد المعلمين العرب

تطوير تدريس علوم اللغة العربية وآدابها، الخرطوم، 1976م.

101. أ.ج بيريون

التمثيل في المدارس، ترجمة رياض محمد عسكر، القاهرة مؤسسة سجل العرب، 1966.

102. إحسان عباس

دور عضو هيئة التدريس في تعريب التعليم العالي الجامعي، الموسم الثقافي الرابع لمجمع اللغة العربية الأردني، عمان: منشورات مجمع اللغة العربية الأردني 1986.

103. إحسان محمد جعفر

اللغة المالطية لهجة عربية كتبت بحروف لاتينية، مجلة اللسان العربي المجلد السادس عشر، ص 73 – 75، 1978.

104. إحسان محمد الفقير

تطبيق نتسوري لبعض الألعاب التربوية في رياض الأطفال، مجلة تكنولوجيا التعليم العدد 4 السنة 2 ص 22.

105. أحدم يوسف جبر

اللغة العربية لغير الناطقين بها، الزرقاء مكتبة المنار، 1985.

106. أحلام بهجت الخالدي

القصة في أدب الأطفال في الأدب العربي الحديث، رسالة ماجستير مقدمة إلى كلية الآداب، جامعة الإسكندرية، 1980.

107. أحمد إبراهيم أحمد

دراسة تقابلية بين العربية والصومالية على المستوى النحوي، الخرطوم: معهد الخرطوم الدولي، 1979.

108. أحمد بن إبراهيم بن مصطفى الهاشمي

القواعد الأساسية للغة العربية، بيروت: دار الكتب العلمية، 14 – 1970/3/16.

109. **أحمد أبو سعد**

دليل الإعراب الإملائي، بيروت: دار العلم للملايين، 1982.

110. **أحمد أبو ملحم**

العامية والفصحى، اليازجي يدحض آراء سعيد عقل، دراسات العربية السنة 15 العدد 9 تموز، 1979.

111. **أحمد الأخضر غزال**

حول ترقية الكتابة العربية، مجلة فكر، المجلد 25، ص 907 ، 1980.

112. **أحمد الأخضر غزال**

في قضايا اللغة العربية ومستوى التعليم العربي، الرباط، 1967.

113. **أحمد الأخضر غزال**

مستوى التعليم العربي في الميزان، مجلة اللسان العربي، مجلد 6- 1969.

114. **أحمد الأخضر غزال**

منهجية التعريب، مشاكله اللسانية والطباعية، اصطلاحية المزدوجة تقنياته ومناهجه ملتقى العلاقات بين اللغة العربية واللغة الفرنسية، المجلس الدولي للغة الفرنسية، باريس، 1974.

115. **أحمد الأخضر غزال**

المنهجية العامة للتعريب المواكب، معهد الدراسات والأبحاث للتعريب، الرباط، 1977.

116. **أحمد الإسكندري**

تيسير الهجاء العربي، مجلة مجمع القاهرة، الجزء الأول، 1934.

117. **أحمد أسلمو**

المفردات الشائعة في اللغة العربية، اللسان العربي المجلد 19: الجزء 1، 1982، ص 174 – 175.

118. **أحمد أسماكون إلياس**

دراسة تقابلية بين العربية والأندونيسية على المستوى الصوتي فوق الجزئي، الخرطوم: معهد الخرطوم الدولي، رسالة ماجستير غير منشورة، 1979.

119. **أحمد أسماكون إلياس**

دراسة احصائية للأبنية المقطعية الأندونيسية وتقابلها الأبنية المقطيعة العربية المعاصرة، دراسة في مجال الصوت على مستوى فوق النظم، الخرطوم: معهد الخرطوم الدولي، 1979.

120. **أحمد أمين**

أسباب الضعف في اللغة العربية، فيض الخاطر الجزء الثاني، مكتبة النهضة المصرية، 1950، ص 305 – 318.

121. **أحمد أمين**

خطوات في اللغة من كتاب فيض الخاطر الجزء الخامس، الطبعة الثانية، مكتبة النهضة المصرية، القاهرة، 1948، ص 38 – 42.

122. **أحمد أمين**

العربية، دراسة في اللغة واللهجة والأساليب، القاهرة: 1951.

123. **أحمد أمين**

لماذا نقرأ؟ وماذا نقرأ؟ وكيف نقرأ؟ من كتاب فيض الخاطر الجزء الخامس الطبعة الثانية، مكتبة النهضة المصرية، القاهرة، ص 188 – 191.

124. **أحمد أمين**

منطق اللغة من كتاب فيض الخاطر، الجزء الأول، ط4، ص 154 – 175، مكتبة النهضة المصرية، القاهرة، 1948.

125. **أحمد أمين**

نظرة في إصلاح متن اللغة العربية من كتاب فيض الخاطر، ج5، ط2، مكتبة النهضة المصرية، القاهرة، سنة 1948، ص 173 – 183.

126. **أحمد أمين**

وظيفة اللغة في المجتمع من كتاب فيض الخاطر، الجزء الخامس، الطبعة الثانية، القاهرة: مكتبة النهضة المصرية، 1948، ص 310 – ص 420.

127. **أحمد بحر الراوي**

أثر الوسائل التعليمية في تعليم اللغة العربية لغير الناطقين بها، دبلوم، الخرطوم: معهد الخرطوم الدولي للغة العربية 1985.

128. **أحمد بدر الكخني**

مناهج التعليم الابتدائي عند المسلمين الأوائل، مكة المكرمة، المركز العالمي للتعليم الإسلامي، 1403هـ

129. **أحمد بنعمو**

اللعب وأثره في تنشئة الأطفال، الدراسات النفسية والتربوية، العدد 5، 1985، ص 39 – 45.

130. **أحمد بهاء الدين**

اللغة العربية سياسة وحضارة وإستراتيجية معاً، العربي، العدد، 233، إبريل نيسان 1978.

131. **أحمد البيلي**

دفاع عن الفصحى، البيان العدد 2، إبريل، 1974.

132. **أحمد التجاني عمر**

القراءة الحرة في مدارسنا، مجلة بخت الرضا، العدد 22، 1966.

133. **أحمد التركي وآخرون**

العربية للعمانيين العائدين الجزء الأول فقط، المديرية العامة للتعليم بوزارة التربية والتعليم بسلطنة عمان.

134. **أحمد توفيق المدني**

الوجود العربي في اللغة التركية، مجلة المجمع المصري، العدد السادس والثلاثون، 1975، ص 127 – 170.

135. **أحمد تيمور**

لهجات العرب قدم له إبراهيم مدكور، المكتبة الثقافية العدد، 29، 1393/ 1973.

136. **أحمد جو**

انتشار اللغة العربية في السنغال وتأثيرها الاجتماعي، دبلوم، الخرطوم، معهد الخرطوم الدولي للغة العربية، 1985.

137. **أحمد الجوهري عامر**

كتب القراءة الجديدة، مجلة المعلم العدد الأول السنة الرابعة يناير 1958، ص 3- 5.

138. **أحمد حاطوم**

مشكلاتنا اللغوية بمنظار المستويات، الطريق، المجلد 44، العدد 3/ 1985، ص 133 – 151.

139. **أحمد حامد الخطيب**

القراءة ووظيفتها ووسائل الترغيب فيها، رسالة التربية عمان، عدد 4، 1986.

140. **أحمد الحجي الكردي**

تاريخ العلوم الإسلامية والعربية، تاريخ العرب والعالم 6 : 71 و 72، (9 و 10/ 1984).

141. **أحمد حسن الحليس**

بناء وحدة لتعليم اللغة العربية للمبتدئين الأجانب، الخرطوم: معهد الخرطوم الدولي للغة العربية، 1984.

142. **أحمد حسن الحليس**

تأثير اللغة العربية على اللغة الفارسية والإفادة منه في تيسير تعليم اللغة العربية لمتكلمي الفارسية، دبلوم، الخرطوم: معهد الخرطوم الدولي للغة العربية، 1983.

143. **أحمد حسن الرحيم**

أصول تدريس اللغة العربية والتربية الدينية، النجف الأشرف، مطبعة الآداب، 1964.

144. **أحمد حسن الزيات**

تجاربي في تدريس اللغة العربية، كتاب في أصول الأدب، مطبعة الرسالة 1952.

145. **أحمد حسن الزيات**

لغتنا في أزمة، مجلة مجمع اللغة العربية، القاهرة: الجزء 10، 1958.

146. **أحمد حسن الزيات**

المجمع واللغة العامة، مجلة مجمع اللغة العربية، القاهرة: الجزء 9.

147. **أحمد حسن الزيات**

مجمع اللغة العربية بين الفصحى والعامية، مجلة المجمع العلمي العربي المجلد 32، الجزء 1.

148. **أحمد الحسن سماعة**

مناهج التعليم في معهد الخرطوم الدولي للغة العربية، دبلوم، الخرطوم، معهد الخرطوم الدولي للغة العربية، 1985.

149. **أحمد حسن عبيد**

تعليم الكبار عبر العصور، القاهرة: الجهاز العربي لمحو الأمية وتعليم الكبار المنظمة العربية للتربية والثقافة والعلوم وثيقة مرقومة، رقم (2)، 1975.

150. **أحمد حسن عبيد**

قياس القدرة على القراءة الصامتة، رسالة ماجستير لكلية التربية، جامعة عين شمس، القاهرة: 1955.

151. **أحمد حسين**

وحدة اللغة الإنسانية، فصل من كتاب الأمة الإنسانية، القاهرة: المطبعة العالمية، 1966.

152. **أحمد حسين كحيل**

مشكلة اللغة العربية، دراسة مقدمة إلى ندوة خبراء ومسؤولين لبحث وتطوير إعداد معلم اللغة العربية، الرياض، من 5 / 10، مارس 1977.

153. **أحمد حسين اللقاني**

برامج تعليم الكبار وأسس إعدادها، القاهرة: الجهاز العربي لمحو الأمية وتعليم الكبار المنظمة العربية للتربية والثقافة والعلوم، 1975.

154. **أحمد حقي علي**

الطرق والوسائل في تعليم الكبار من كتاب تعليم الكبار للمؤلف، مركز التدريب على تنمية المجتمع – سرس الليان، القاهرة، 1965.

155. **أحمد حقي علي**

اللغة العربية وطرائق تدريسها، صدر في اللغة العربية والوعي القومي ببيروت، مركز دراسات الوحدة العربية، 1984.

156. **أحمد الخطيب ومحمد خريسات**

تحليل التفاعل الوظيفي كنظام للتغذية الراجعة، قطر: مجلة التربية، العدد 43، أكتوبر 1980.

157. **أحمد داودية**

لغة الإعلان في صحيفة الدستور الأردنية، دبلوم، الخرطوم، معهد الخرطوم الدولي اللغة العربية 1985.

158. **أحمد درويش**

العربية لغة بسيطة: تجربة ومنهج في ضوء تعليم اللغة العربية للأجانب، رسالة التربية عمان عدد 4 / 1976.

159. **أحمد زكي صفوت**

الكامل في قواعد العربية: نحوها وصرفها، القاهرة: م مصطفى البابي الحلبي، 1963م، ط4.

160. **أحمد بن سالم**

اللغة والمسرح، مجلة فكر المجلد 6 ص 922، 1960 – 1961.

161. **أحمد سالم سعيدان**

حول أبجدية عربية صالحة، مجلة مجمع اللغة العربية الأردني، العدد 423، جمادى الأولى، 1399هـ

162. **أحمد سليمان ياقوت**

في علم اللغة التقابلي، دراسة تطبيقية، دار المعرفة الجامعية، إسكندرية.

163. **أحمد سليم سعيدان**

حول تعريب التعليم وتعريب العلم والتكنولوجيا، مجلة مجمع اللغة العربية الأردني العدد الأول 1978.

164. **أحمد سليم سعيدان**

حول تعريب العلوم، مشاكل وحلول وآراء، مجلة مجمع اللغة العربية الأردني العدد الثاني، 1978/ 101 – 111.

165. **أحمد شارلو جالو**

دراسة تقابلية بين العربية والفولانية، رسالة ماجستير، الخرطوم: معهد الخرطوم الدولي، 1979.

166. **أحمد الشايب**

كيف تدرس النص الأدبي؟ الجزء الأول، مجلة الرائد السنة الثامنة، العدد العاشر، يونيو 1963.

167. **أحمد الشايب**

كيف تدرس النص الأدبي؟ الجزء الثاني من البحث، مجلة الرائد، السنة التاسعة والعدد الأول، أكتوبر 1963.

168. **أحمد الشايب**

كيف ندرس الأدب، مجلة الرائد، السنة التاسعة العدد الثاني، نوفمبر 1963، نقابة المهن التعليمية، القاهرة.

169. **أحمد الشايب**

في الذوق الأدبي، مجلة الرائد، السنة التاسعة العدد 7، إبريل 1964.

170. **أحمد شفيق الخطيب**

محاولة لإعداد قائمة بألفاظ المفاهيم العلمية والتقنية في المعجم العربي الثنائي اللغة للناطقين بغير العربية، صدر عن صناعة المعجم العربي لغير الناطقين بالعربية (قائمة جزئية: أ– ذ)، الرباط، مكتب تنسيق التعريب، 1983، ص 158 – 188.

171. **أحمد شفيق الخطيب**

منهجية وضع المصطلحات العلمية الجديدة، اللسان العربي، 19: 1، 1، 1982.

172. **أحمد شلبي**

تعليم اللغة العربية لغيرالعرب، القاهرة: مكتبة النهضة المصرية 1966، بيروت: دار الثقافة.

173. **أحمد شلبي**

قواعد اللغة العربية والتطبيق عليها، القاهرة: مكتبة النهضة العصرية، 1980م، ط2.

174. **أحمد شهاب الدين**

دراسة تقابلية بين اللغة العربية واللغة الأندونيسية على مستوى الزوائد، دبلوم، الخرطوم: معهد الخرطوم الدولي للغة العربية، 1983.

175. **أحمد شهاب الدين**

قراءة القرآن المجودة والطريقة المقترحة للناطق الأندونيسي، ماجستير، الخرطوم: معهد الخرطوم الدولي للغة العربية، 1984.

176. **أحمد شوقي نجار**

نظرة جديدة في الخط العربي، مجلة الرائد السنة الحادية والخمسون، العدد الخامس، يناير 1970، ص 41 – 42، نقابة المهن التعليمية.

177. **أحمد صبري**

القياس وأثره في تعقيد النحو العربي، دبلوم، الخرطوم: معهد الخرطوم الدولي للغة العربية، 1985.

178. **أحمد طاهر حسين**

تعليم اللغة العربية في عصر التكنولوجيا، مجلة التعليم والتدريب في الشرق الأوسط المجلد 6، العدد 3.

179. **أحمد طاهر حسين**

نحو قراءة نحوية ميسرة، مجلة مجمع اللغة العربية، عدد 44 – 1979.

180. **أحمد طلعت علي سليمان**

دراسة مقارنة: اللغة المالطية باعتبارها لهجة عربية، جامعة الإسكندرية – كلية الآداب رسالة دكتوراة.

181. **أحمد طه عبد المشهداني**

أهمية الدوافع في تعليم اللغة العربية لغير الناطقين بها، دبلوم، الخرطوم: معهد الخرطوم الدولي للغـة العربيـة، 1984.

182. **أحمد طه عبد المشهداني**

دراسة تحليلية تقويمية لمنهج تعليم اللغة العربيـة للمبتـدئين الأجانب في العـراق، ماجستير، الخرطوم: معهـد الخرطوم الدولي للغة العربية، 1985.

183. **أحمد الطيب علي خالد**

تأليف معجم مهني، الخرطوم: معهد الخرطوم الدولي للغة العربية، 1979.

184. **أحمد العابد**

ببلوغرافية مختارة حول العلاقات بين اللغات الإفريقية واللغة العربية،المجلة العربية للدراسات اللغوية، المجلد3 : 1، العدد 8، 1984، ص 125– 137 و199 – 218.

185. **أحمد العابد**

البحث في العلاقات بين اللغة العربية واللغات الإفريقية، المجلة العربية للدراسات اللغوية، المجلد 3 : 1، العـدد 8، 1984، ص 9، 37.

186. **أحمد العابد**

الرصيد اللغوي العربي وأبعاده، اللسانيات واللغة العربيـة، مركز الدراسـات والأبحـاث الاقتصـادية والاجتماعيـة، سلسلة اللسانيات تونس 1981.

187. **أحمد العابد**

الرصيد اللغوي العربي والتدريب العصري، ملتقى ابن منظور، تونس الدار التونسية للنشر 1984.

188. **أحمد العابد**

اللغتان الأساسيتان الإنكليزية والفرنسية والرصيد اللغوي العربي، مجلة المعجمية عدد 90، 1985.

189. **أحمد العابد**

اللغة العربية ما هي وكيف تنهض بها؟ مجلة فكر، مجلد 15، ص 943، 1970.

190. **أحمد العابد**

معجم الأطفال الأساسي المصور الثنائي اللغة، اللسان العربي، مجلد، 20، 1983، ص 103 - 111.

191. **أحمد العابد**

معطيات أساسية عن الرصيد اللغوي في تونس، وقائع ندوة إسهام التونسيين في إثراء المعجم العربي، تونس، 1985.

192. **أحمد عبد الحليم**

المؤتمر الأول للغة العربية في السودان، المجلة العربية للدراسات اللغوية، العدد الثاني، 1983.

193. **أحمد عبد الرحيم السايح**

أضواء حول اللغة العربية الفصحى، الدارة 7: 1، 1981/8، ص 171- 199.

194. **أحمد عبد الرحيم السايح**

الدلالة المعنوية في اللغة العربية بين الأصالة والمعاصرة، الدارة 8 : 1، 1982/7، ص 75 - 90.

195. **أحمد عبد الستار الجواري**

العامية خطر يهدد لغتنا القومية، العربي عدد 210، جمادى الأول 1396، مايو 1976.

196. **أحمد عبد الستار الجواري**

نحو التيسير، بغداد، مطبعة سلمان الأعظمي، 1962.

197. **أحمد عبد الستار الجواري**

نحو التيسير، بغداد المجمع العلمي العراقي، 1984.

198. **أحمد عبد الستار الجواري**

نظرة أخرى في قضايا النحو العربي، البيان. مجلة المجمع العلمي العراقي، 34 : 3، (1983/7)، ص 35 - 50.

199. أحمد عبد السلام

الفصحى والعامية، بحث من كتاب المؤتمر الأول للمجامع اللغوية والعلمية، دمشق: 1956: مطابع جريدة الصباح بمصر.

200. أحمد عبد السلام

الفصحى والعامية، مجلة فكر، المجلد الثاني، ص 118، 1957/1956.

201. أحمد عبد العزيز

المعلم واللغة العربية، مجلة كلية المعلمات العدد 27، 1984.

202. أحمد عبد الغفور عطار

ازدواجية الفصحى، الفيصل، المجلد 5: 52،العدد 8، 1981، ص24- 25.

203. أحمد عبد الكريم الخولي

أثر الإذاعة التعليمية في تحصيل الطلبة واتجاهاتهم نحو اللغة العربية وفي السلوك الصفي للمعلمين، رسالة ماجستير، عمان: الجامعة الأردنية.

204. أحمد عبدالله البشير

تحليل الأخطاء الشائعة في اللغة العربية في الصف السادس الابتدائي في منطقة الدلنج، الخرطوم: معهد الخرطوم الدولي للغة العربية، 1977.

205. أحمد عبدالله حماد

الجملة الاستفهامية في العربية المعاصرة، الخرطوم: معهد الخرطوم الدولي للغة العربية، 1978.

206. أحمد عبدالله طعيمة

الخط العربي كيف تنهض به في مدارس المرحلة الأولى، الرائد، السنة 15، العدد 9، مايو 1970، نقابة المهن التعليمية بالقاهرة.

207. أحمد عبد الوهاب الشعراني

دراسة دلالية ومعجمية للمعجم الوسيط، الخرطوم: معهد الخرطوم الدولي للغة العربية 1979.

208. أحمد عطية الله

العوامل السيكولوجية في إصلاح الهجاء العربي، مجلة التربية الحديثة، العدد الرابع، فبراير 1938.

209. **أحمد عطية الله**

لعب الأطفال ومكانتها في التربية، القاهرة، المطبعة الرحمانية، 1972.

210. **أحمد علي أحمد عيساوي**

أصوات اللغة العامية العربية في محافظة الخرطوم، دبلوم، الخرطوم: معهد الخرطوم الدولي للغة العربية، 1984.

211. **أحمد علي أحمد عيساوي**

مؤثرات البيئة على عملية تعليم وتعلم اللغة العربية للناطقين بغيرها، ماجستير، الخرطوم: معهد الخرطوم الدولي للغة العربية، 1985.

212. **أحمد علي خوجال**

دراسة معجمية دلالية لروايات الطيب صالح موسم الهجرة إلى الشمال وعرس الزين وبندر شاه (ضو البيت)، الخرطوم: معهد الخرطوم الدولي للغة العربية، 1980.

213. **أحمد علي المنسي**

طرائق تعليم اللغة العربية وتعلمها في المرحلتين، ندوة التعليم الابتدائي والمتوسط، الرياض 2-4، جمادى الآخر، 1404 – 6، مارس، 1984.

214. **أحمد عمر حسن**

قضية الإعراب ومعالجة تعليمه لغير الناطقين بالعربية، الخرطوم: معهد الخرطوم الدولي للغة العربية، 1982.

215. **أحمد عمر النجاني**

الألفاظ العربية في لغة (سفى) في السودان، الخرطوم: معهد الخرطوم الدولي للغة العربية، 1977.

216. **أحمد عيسى**

كيف تخدم اللغة العربية، مجلة الهلال، دار الهلال بالقاهرة، أغسطس، 1934، ص 1209 – 1211.

217. **أحمد عيسى**

معجم أسماء النباتات، أربع لغات، القاهرة: 1349 ، 1932.

218. **أحمد فؤاد عبد الجواد**

القراءة عندنا وعندهم، صحيفة المكتبة، المجلد الخامس، العدد الأول، يناير، 1974، جمعيات المكتبات المدرسية، ص 83 / 86.

.219 **أحمد فوزي**

دراسة لبعض الألفاظ العربية المستخدمة في القاموس الأندونيسي- المعاصر، دبلوم، الخرطوم: معهد الخرطوم الدولي للغة العربية، 1985.

.220 **أحمد قبش**

الإملاء العربي، دمشق مطبعة زيد بن ثابت، 1977.

.221 **أحمد قبش**

الكامل في النحو والصرف والإعراب، دمشق: دار الرشيد، 1978.

.222 **أحمد القديدي**

المسألة اللغوية مسألة حيوية، مجلة فكر، مجلد 21، 1976، ص 1188.

.223 **أحمد كامل الناقة**

تعليم اللغة العربية للناطقين بلغات أخرى، مكة المكرمة، جامعة أم القرى، 1985.

.224 **أحمد كتي**

اللغة العربية في كيرالا، مجلة مجمع اللغة العربية بدمشق، المجلد 57 : 1،201– 4، 1982.

.225 **أحمد كيم سونغ أون**

دراسة تقابلية بين اللغة العربية واللغة الكورية على مستوى الجملة المركبة، دبلوم، الخرطوم: معهد الخرطوم الدولي للغة العربية 1985.

.226 **أحمد لاستين السيد**

الاتجاهات التربوية الجديدة في مناهج اللغة العربية وكتبها المدرسية، رسالة التربية عمان عدد 4 / 1986.

.227 **أحمد محمد أحمد درو**

اللغة والمشكلات اللغوية التي تواجه متعلمي اللغة العربية من تلاميذ المدارس الابتدائية بمنطقة ديم فلاته بالخرطوم، الخرطوم: معهد الخرطوم الدولي للغة العربية 1980.

.228 **أحمد محمد رشوان**

بعض مهارات القراءة الصامتة التي يجب أن يتقنها طلاب المرحلة الثانوية أسيوط، رسالة ماجستير، جامعة أسيوط 1983.

.229 **أحمد محمد صالح**

تدريس اللغة العربية في الصفوف من الثالث إلى السادس، الخرطوم، 1973.

230. **أحمد محمد عبد الرحمن حجر**

دراسة إحصائية للتتابعـات الفونوميـة في العربيـة المعـاصرة ممثلـة في الصحافة السـودانية، الخرطوم: معهـد الخرطوم الدولي للغة العربية، 1979.

231. **أحمد محمد عطية**

نحو أدب أطفال عربي جيد، الوعي العربي، العدد الرابع، السنة الأولى، أكتوبر 1976، القاهرة، ص 46 / 51.

232. **أحمد محمد غنيم**

رأي الأزهر في الاتجاهات الحديثة لتدريس النحو، مجلة الأزهـر، الجزء الأول، المجلـد الثالـث والثلاثـون، يونيـه، 1961، ص 63 – 72.

233. **أحمد محمد غنيم**

رأي الأزهر في الاتجاهات الحديثة لتدريس النحو، مجلة الأزهر، القاهرة، الجزء الثاني، المجلد 33 يوليه 1961، ص 186 – 192.

234. **أحمد محمد معتوق**

علاقة اللغة الأم بعملية تعليم اللغة الأجنبية، رسالة المعلم، مجلد 21، عدد 1، 1978.

235. **أحمد محمد المعتوق**

الحصيلة اللغوية أهميتها مصادرها وسائل تنميتها، عالم المعرفة، 212، الكويت.

236. **أحمد محمد موسى**

المشكلات التي تواجه التعليم العربي في تشاد، دبلوم، الخرطوم، معهد الخرطوم الدولي للغة العربية، 1985.

237. **أحمد مختار عمر**

أخطاء اللغة العربية المعاصرة عند الكتاب الإذاعيين، ط2، عالم الكتب، القاهرة، 1993م.

238. **أحمد مختار عمر**

تطوير مناهج تعليم القواعد النحوية وأساليب التعبير في مراحل التعليم العام في الوطن العربي، المجلـة العربيـة للعلوم الإنسانية، المجلد 5، العدد 17، شتاء 1985، ص 214 – 224.

239. **أحمد مختار عمر**

الدراسات الصوتية وتعليم اللغة العربية للأجانب، وقائع تعليم اللغة العربية لغير الناطقين بها الجزء الأول المادة اللغوية، 83 - 90، مكتب التربية العربي لدول الخليج.

240. **أحمد مختار عمر**

العربية الصحيحة، ط2، عالم الكتب، القاهرة، 1998م.

241. **أحمد مختار عمر**

اللغة العربية بين الموضوع والأداة، فصول4 : 3 (4 - 1984/6)، ص 14 - 153.

242. **أحمد مختار عمر**

من الاتجاهات الحديثة في دراسة المعنى تحليل الكلمات الى مكونات وعناصر، المجلة العربية للعلوم الإنسانية، المجلد 1، العدد 3، 1981، ص 11 - 34.

243. **أحمد مختار عمر**

مشكلات الدلالة في المعجم الثنائي اللغة، صدر في صناعة المعجم العربي لغير الناطقين بالعربية، الرباط: مكتب التنسيق والتعريب، 1981.

244. **أحمد مختار عمر**

مشكلات دلالية، صدر في وقائع تعليم اللغة العربية لغير الناطقين بها الجزء الأول، الرياض، مكتب التربية العربي لدول الخليج، 1983.

245. **أحمد مختار عمر**

الندوة العالمية لصناعة المعجم العربي للناطقين باللغات الأخرى، الرباط: المجلة العربية للعلوم الإنسانية، المجلد الأول، العدد 4، خريف 1981، ص 299 - 307.

246. **احمد مسعد السفطى**

درس الإنشاء في اللغة العربية، مجلة التربية الحديثة، السنة 28، العدد الرابع أبريل 1955، الجامعة الأمريكية بالقاهرة، ص 309 - 319.

247. **أحمد المصلح**

أدب الأطفال في الأردن، عمان، منشورات، دائرة الثقافة والفنون، 1983.

248. **أحمد المصلح**

الفصحى والفصحى المبسطة، شؤون عربية: 5عدد 7/ 1981، ص 267- 269.

.249 **أحمد مطلوب**

الحقيقة الشرعية وتنمية اللغة العربية، مجلة المجمع العلمي العراقي، 33 : 1 (1982/1)، ص 336 – 334.

.250 **أحمد المعتوق**

الحصيلة اللغوية أهميتها مصادرها وسائل تنميتها (عالم المعرفة)، 212، الكويت.

.251 **أحمد المهدي عبد الحليم**

البحث التربوي في تعليم اللغة العربية لغير الناطقين بها، المجلة العربية للدراسات اللغوية، العدد الأول 8، السنة الأولى1982، ص 149 – 170.

.252 **أحمد المهدي عبد الحليم**

البحث التربوي في تعليم العربية لغير الناطقين بها وقائع ندوات تعلم اللغة العربية لغير الناطقين بها – مكتب التربية العربية لدول الخليج، ص 309.

.253 **أحمد المهدي عبد الحليم**

ميول الكبار للقراءة في منطقة ريفية، رسالة ماجستير، كلية التربية، جامعة عين شمس، 1959.

.254 **أحمد المهدي**

ميول الكبار للقراءة في منطقة ريفية، القاهرة: دار المعرفة، 1960.

التطبيقات العربية، القاهرة.

.255 **أحمد نجيب**

اتجاهات معاصرة في كتب الأطفال، القاهرة، المركز القومي للبحوث التربوية، 1979.

.256 **أحمد نجيب**

إنتاج كتب الأطفال، ندوة ثقافة الطفل، القاهرة، من 22 – 26، 1979.

.257 **أحمد نجيب**

إنشاء مكتبة عربية للأطفال وحلقة العناية بالثقافة القومية للطفل العربي، جامعة الدول العربية، بيروت، 7 – 79/17.

.258 **أحمد نجيب**

فن الكتابة للأطفال، دار الكتاب العربي للطباعة والنشر، بمصر، 1967.

259. **أحمد نجيب**

كتب الأطفال المعاصرة عرض ونقد وتحليل، دراسة مقدمة إلى المؤتمر الأول لثقافة الأطفال، وزارة التربية والتعليم، القاهرة،14-1970/3/16.

260. **أحمد نجيب**

المضمون في كتب الأطفال القاهرة، دار الفكر العربي.

261. **أحمد نجيب**

معايير تقييم كتب الأطفال، من بحوث حلقة بحث كتاب الطفل ومجلته، المجلس الأعلى لرعاية الفنون والآداب والعلوم الاجتماعية، القاهرة، في المدة من 7- 72/2/10.

262. **أحمد نجيب**

مقومات الكتابة الفنية للطفل، ندوة ثقافية للطفل العربي، القاهرة، 22- 26، ديسمبر، 1979.

263. **أحمد النشوان**

إتجاهات متعلمي اللغة العربية غير الناطقين بها نحو استعمال المعجم، مجلة جامعة أم القرى لعلوم الشريعة واللغة العربية وآدابها ج18، ع 38، رمضان - 1427هـ.

264. **أحمد نصيف الجنابي**

الدراسات اللغوية والنحوية في القاهرة منذ نشأتها حتى نهاية القرن الرابع الهجري، القاهرة، دار التراث، 1397هـ 1977.

265. **أحمد هدايت**

القاموس الثانوي فرنسي، عربي، القاهرة، 1955.

266. **أحمد الوالي العلمي**

اتجاهات حديثة في تعليم اللغة العربية للناطقين باللغات الأخرى، الفيصل، 5 : 55 ، 11/ 1081، ص 139 - 143.

267. **أحمد الوالي العلمي**

خطة الكتاب المدرسي لتعليم العربية لغير الناطقين بها، دراسة مقدمة إلى ندوة تأليف كتب تعليم العربية للناطقين بلغات أخرى، الرباط: 1980.

268. **أحمد يوسف الشيخ**

دراسات وتجارب في تدريس اللغة العربية والدين، مكتبة دار الحياة، بيروت.

269. **أحمد يوسف الشيخ**

دراسات وتجارب في الطرق الخاصة لتدريس اللغة العربية والدين الإسلامي، القاهرة، مكتبة مصر ـ بالفجالة، 1956.

270. **الأخبار**

علماء النحو والأدب واللغة يبحثون لماذا تدهور المستوى الأدبي واللغوي صحيفة الأخبار ع 8477، 1979/8/15.

271. **إدريس الكتاني**

ازدواجية لغة التعليم، اللسان العربي، العدد 1، صفر / حزيران، 1964.

272. **إدريس الكتاني**

كيف فشلت تجربة الازدواجية في لغة التعليم بالمغرب العربي، اللسان العربي، العدد الثالث.

273. **إدريس محمد الثاني بابا**

منهج المدارس الإهليزية في نيجيريا، دبلوم، الخرطوم، معهد الخرطوم الدولي اللغة العربية، 1985.

274. **إدوارد يوحنا**

اللغة بين النطق والكتابة، مجلة الفكر الحي "البصرة" 1968/1.

275. **إديانج إليانج أدوكيانج**

دراسة تقابلية بين لغة الشلك واللغة العربية، الخرطوم: معهد الخرطوم للغة العربية، 1979.

276. **أديب عزت**

ندوة الموقف الأدبي العربي واللغة، الموقف الأدبي: 14 ، 1982/12، ص 38 – 64.

277. **الأب أ. دي ساسي**

أثر العربية في اللغة البرتغالية، مجلة المجمع العربي، العدد الثامن عشر 1975.

278. **إذاعة الرياض**

تكلم العربية، الرياض: إذاعة الرياض – القسم الأوربي، 1980.

279. **أسامة أمين الخولي**

تنميط الكتابة العربية الآلية، مجلة المستقبل العربي، بيروت، العدد الخامس، المجلد الأول، 1979، ص 151 – 157.

280. **إسبيرو جبور**

عن فقه اللغة والتضاد في اللغة، المعرفة، 2: 237، العدد 1981/11، ص 18 – 189.

281. **إسحاق أو غنبية**

تعلم وتعليم اللغة العربية في نيجيريا، مجلة الفيصل، 52 ، ع 50، العدد 6 جوان، 1981، ص 77 – 82.

282. **إسحاق شموط، أحمد الخطيب**

دراسة ميدانية، محاولة توحيد وتطوير المناهج الدراسية في البلاد العربية، وحدة البحوث التربوية، المنظمة العربية للتربية والثقافة والعلوم، تونس: 1981.

283. **إسحاق محمد الأمين**

تطور الفكر النحوي خلال مباحث الإعراب، الخرطوم: معهد الخرطوم الدولي للغة العربية، 1977.

284. **إسحق محمد أمين**

دراسة تقابلية بين أصوات اللغة العربية والوداوية، الخرطوم معهد الخرطوم الدولي، 1980، ص 59.

285. **إسحق محمد الأمين**

مشكلات التداخل اللغوي في تعليم العربية لغير الناطقين بها (الأصوات والتراكيب) مجلة معهد اللغة العربية، العدد الأول، 1983، ص 47 – 64، مكة المكرمة جامعة أم القرى، معهد اللغة العربية/ وحدة البحوث والمناهج.

286. **إسحق موسى الحسيني**

أساليب تدريس اللغة العربية، مطبعة بيت المقدس، القدس، 1947 (دار الكتاب، بيروت).

287. **إسحق موسى الحسيني**

أساليب تدريس اللغة العربية في الصفوف الابتدائية، الجامعة الأمريكية، ط2، 1954، بيروت، دار الكتاب.

288. **إسحق موسى الحسيني**

الإفادة من المقطعية في تدريس اللغة العربية، مؤتمر مجمع القاهرة، الدورة الثالثة، 3 : 4، 1977 وانظر مجلة مجمع دمشق، م 52.

289. إسحق موسى الحسيني

صعوبة الكلمات العربية، مجلة التربية الحديثة، العدد الرابع، 1938.

290. إسحق موسى الحسيني

المقطعية في اللغة العربية، مجلة الأبحاث، الجامعة الأمريكية.

291. أسعد أحمد علي

علوم العربية وفنيتها، دمشق دار السؤال، 1401، 1980، مجلد 50، من الموسوعة الجامعية.

292. أسعد أحمد علي

قصة القواعد في اللغة العربية، بيروت: دار الرائد العربي، 1400 هـ 1981، ط1.

293. إسماعيل أحمد عمايرة (مترجم)

الأفعال الشائعة في العربية المعاصرة، الرياض: جامعة الإمام محمد بن سعود 1986.

294. إسماعيل أحمد عمايرة

تعليم اللغة العربية في مرحلة التعليم العام، ط1، دار وائل للنشر، عمان، 2001م.

295. إسماعيل أحمد عمايرة

خصائص العربية في الأفعال والأسماء، دراسة لغوية مقارنة، دار حنين، ط2، عمان، 1992م.

296. إسماعيل أحمد عمايرة

ظاهرة التأنيث بين اللغة العربية واللغات السامية، دراسة لغوية تأصيلية، مركز الكتاب العلمي، ط1، عمان، 1986م.

297. إسماعيل أحمد عمايرة

نظرات في التطور الصوتي للعربية مثل من ظاهرة "القلقلة"، والأصوات الانفجارية، ص 117 – 142.

298. إسماعيل أحمد عمايرة

تطبيقات في المناهج اللغوية، دار وائل للنشر والتوزيع، عمان.

299. إسماعيل أحمد عمايرة وحنان عمايرة

مهارات اللغة العربية اختبار تشخيصي في النحو والصرف والمعجم والعروض والإملاء والمعنى، دار وائل للطباعة والنشر، عمان، ط1، 2000م.

300. **إسماعيل صبري**

المكتبة الشاملة للكتب والوسائل التعليمية، مجلة تكنولوجيا التعليم، العدد 4، السنة 2، ص 57.

301. **إسماعيل القباني**

إعداد المعلم العربي في إطار الفلسفة التربوية الجديدة، أسس التربية في الوطن العربي المجلس الأعلى لرعاية الفنون والآداب والعلوم الاجتماعية، القاهرة: 1965.

302. **إسماعيل مظهر**

تحديد العربية، مكتب النهضة المصرية، القاهرة.

303. **أشعري كمال الدين الحاج يتم**

أوضاع اللغة العربية في المدارس الثانوية الوطنية (الدينية) الحكومية بماليزيا، دبلوم، الخرطوم : معهد الخرطوم الدولي للغة العربية، 1983.

304. **افتخار القصير شعراني**

القواعد العربية الميسرة، بيروت: دار العلم للملايين.

305. **إلغايو فيليب لاكو**

أوضاع اللغة العربية في الأقاليم الاستوائية بجنوب السودان، دبلوم، معهد الخرطوم الدولي للغة العربية، 1985م.

306. **ألفت خطاب**

التبكير في تعليم الأطفال القراءة والكتابة، مجلة الرائد، السنة الثامنة عشر، العدد الثاني، مارس، إبريل 1973، نقابة المهن التعليمية، القاهرة، ص 28-29.

307. **ألفت محمد جلال**

دراسة في صيغ المبني للمجهول في اللغتين العربية والعبرية، حوليات كلية آداب جامعة عين شمس، العدد الثاني عشر، 1969، ص 197 - 206.

308. **ألفت موسى سعدي**

دليل لعب الأطفال لرياض الأطفال، بغداد: مركز البحوث التربوية والنفسية، 1982.

309. **إلهام كلاب**

هي تطبخ، هو يقرأ، صورة المرأة في الكتب المدرسية في لبنان، مجلة الأحداث اللبنانية، العدد 20446، يوليو 1984، ص 77.

310. إلياس ديب

القواعد العربية الجديدة، بيروت: دار الكتاب اللبناني، 1972.

311. إلياس زنتيس

إقليمية اللهجات العامية أكبر حجة على صلاحيتها، اللسان العربي، العدد5.

312. إلياس علي أبو بكر

ألفاظ اللغة العربية المستخدمة في لغة الهوسا، الخرطوم: معهد الخرطوم الدولي للغة العربية، 1983.

313. إلياس قنصل

كلمات عربية في اللسان الإنساني، مجلس اللسان العربي، الرباط، العدد الحادي عشر، الجزء الأول، 1984، ص 182 – 202.

314. إلياس قنصل

اللغة عنصر من عناصر الجيل، مجلة اللسان العربية، المنظمة العربية للتربية والثقافة والعلوم، جامعة الدول العربية، يناير 1971، المجلد الثامن العدد الأول، الرباط: 186 – 189.

315. إلياس قنصل

مأساة الحرف العربي في المهاجر الأمريكية، دمشق، اتحاد الكتاب العربي، 1980.

316. إمام محمد عبد الرحيم

منهج أفضل: دراسة تحليلية نقدية لمنهج النحو للصف الثاني المتوسط بالسودان.

317. إمام محمد عبد الرحيم

لغة الخطاب الاجتماعي: دراسة استطلاعية إحصائية من صحيفة الأهرام القاهرية، ماجستير، الخرطوم: معهد الخرطوم الدولي للغة العربية، 1984.

318. الإمام محمد علي زين

دراسة تحليلية نقدية تقويمية لمنهج النحو للصف الأول المتوسط بالمعاهد الدينية، دبلوم، الخرطوم: معهد الخرطوم الدولي للغة العربية، 1983.

319. إمام محمد علي زين

وحدة دراسية من خلال سيرة أبي بكر الصديق رضي الله عنه: مستوى المتوسطين، ماجستير، الخرطوم: معهد الخرطوم الدولي للغة العربية، 1984.

320. **الأمانة العامة لاتحاد الإذاعات في البلاد العربية**

الإذاعة المسموعة والمرئية تحفز الطفل على القراءة، ندوة ثقافية للطفل العربي، القاهرة 22-26 ديسمبر، 1979، ص 13.

321. **الأمانة العامة لاتحاد الإذاعات العربية**

كتب الأطفال في عصر الوسائل السمعية والبصرية، القاهرة، ندوة ثقافة الطفل العربي 22 / 26 ديسمبر 1979، ص 8.

322. **أمان كبارة شعراني**

تعليم اللغة العربية في مدارس بيروت الرسمية، بيروت، دار العلم للملايين، 1981.

323. **أمة المجيد منيرة**

مفردات اللغة العربية المستخدمة في كتب اللغة الأردية في الصف الأول إلى الصف الخامس في مدارس الباكستان والاستفادة منها في كتاب اللغة العربية للصف السادس، الكتاب الأول للغة العربية، دبلوم، الخرطوم: معهد الخرطوم الدولي للغة العربية، 1984.

324. **أمة المجيد منيرة**

إعداد منهج مقترح لتعليم اللغة العربية للتلاميذ الناطقين بالأردية مبني على الكلمات العربية الشائعة في المواقف المختلفة للغة الحياة اليومية في باكستان، ماجستير، الخرطوم: معهد الخرطوم الدولي للغة العربية، 1985.

325. **أم سلمى محمد علي مك**

حول تعليم مهارة الحديث للأجنبي، الخرطوم: معهد الخرطوم الدولي للغة العربية، 1980.

326. **أم رونتي**

تقويم التلميذ وتقدمه، ترجمة محمد نسيم رأفت، القاهرة: الهيئة المصرية العامة للكتاب، 1977.

327. **الأمم المتحدة**

العربية في الأمم المتحدة والمرحلة الثانوية كتاب النصوص والتمرينات، نيويورك: الأمم المتحدة، 1976.

328. **أمير بقطر**

" ماذا يقرأ العامة "، دار الهلال بالقاهرة، مجلة الهلال، ديسمبر، 1933، ص 201 - 208.

329. **أميرة علي توفيق**

تعليم القراءة بين الكتاب المدرسي والمعلم وطريقة التدريس، القاهرة: مجلة الرائد السنة الرابعة العدد الثاني، ديسمبر، 1961، نقابة المهن التعليمية، القاهرة، ص 16 - 17.

330. **أميرة علي توفيق**

دراسة تجريبية للتأخير في القراءة بين تلاميذ الصف الرابع في المدرسة الابتدائية تشخيصه وعلاجه، رسالة ماجستير، كلية التربية، جامعة عين شمس، 1961، ص 232 (على الآلة الكاتبة).

331. **أميرة علي توفيق**

كيف تهيئين طفلك لتعلم القراءة، مجلة الرائد السنة الرابعة العدد الثاني، أكتوبر، 1958، ص 22 - 23، نقابة المهن التعليمية، القاهرة.

332. **أميرة علي توفيق**

علمي طفلك الكلام، مجلة الرائد، السنة الثالثة، العمود السابع، مارس 1958، ص 30.

333. **أميرة علي توفيق**

لماذا يفشل طفلك في تعلم القراءة، مجلة الرائد، السنة الرابعة، العدد العاشر، يونيه، 1959، ص 36 - 37، نقابة المهن التعليمية بالقاهرة.

334. **أميرة علي توفيق**

النحو المبسط، القاهرة: م السعادة 1392، 1972، ط2.

335. **أميرة نشوي، جونغ سون**

مقارنة بين اللغة الكورية والعربية على مستوى تركيب الجملة الأساسية، دبلوم، الخرطوم: معهد الخرطوم الدولي للغة العربية، 1985.

336. **إميل بديع يعقوب**

معجم الطلاب في الإعراب والإملاء، بيروت: دار العلم للملايين، 1983 و 1984.

337. **أمين إسحاق آدم**

لغة الوداق واللغة العربية: دراسة تعريفية تقابلية على المستوى الصوتي، الخرطوم: معهد الخرطوم الدولي للغة العربية، 1980.

338. **أمين بدر علي الكخن**

طريقة التصحيح وتأثيرها في أداء التلاميذ الإملائي، دراسات العلوم الإنسانية، 10- 1 (6/ 1983)، ص 81 - 109.

339. **أمينة غصن**

عقلانية اللغة والإيصال، الفكر العربي المعاصر16، العدد 10 و11، 1981، ص83 – 68.

340. **أمين الخولي**

مشكلات حياتنا اللغوية، معهد الدراسات العربية العالية، القاهرة، 1965.

341. **أمين الخولي**

مناهج تجديد في النحو والبلاغة والتفسير والآداب، دار المعرفة بالقاهرة، سبتمبر 1961.

342. **أمين الخولي**

هذا النحو، القاهرة، الجمعية الجغرافية الملكية، 1943.

343. **أمين الخولي وعبد العزيز السيد ومحمد سعيد العريان**

القراءة الحرة والمكتبات المدرسية، مطبعة وزارة التربية والتعليم، 1955.

344. **الأمين صالح أبو اليمن**

اختبارات القراءة في اللغة العربية لغير الناطقين بها وأسس تعليمها ودراسة اختباراتها، الخرطوم: معهد الخرطوم الدولي للغة العربية، 1976.

345. **الأمين صالح أبو اليمن**

تجربة معهد الدراسات التكميلية المفتوحة لإعداد كتب تعليم اللغة العربية لتلاميذ يعيشون في مناطق التداخل اللغوي في السودان، وقائع ندوات تعليم اللغة العربية لغير الناطقين بها، ج3.

346. **الأمين صالح ناصر**

تحليل الأخطاء الكتابية للتلاميذ الكبار بمدرسة جونقلي المسائية، الصف السادس الابتدائي التكميلي، الخرطوم: معهد الخرطوم الدولي للغة العربية، 1982.

347. **أمين عبدالمالك محمود**

أبناؤنا بين المكتوب والمنطوق، الأردن: مجلة رسالة المعلم، وزارة التربية والتعليم، العدد الثالث والرابع، لسنة 7 آذار، 1964، ص 87 – 90.

348. **أمين فارس ملحس**

محتويات كتب القراءة الأردنية ومدى ملاءمتها للتلاميذ المقررة لهم، القاهرة: سرس الليان، 1954.

349. **أمين الكخن**

حول تنمية المهارات القرائية لدى الطلبة في الأردن، مجلة مجمع الأردن، العدد الثاني، المجلد الأول تموز 1978.

350. **أمين الكخن**

حول تنمية المهارات القرائية لدى الطلبة الأردنيين، عمان: مجلة دراسات العدد الثاني، 1978.

351. **الأمين محمد أحمد أبسر**

الإبدال والقلب في العربية وعامية الخرطوم، الخرطوم: معهد الخرطوم الدولي للغة العربية، 1981.

352. **إنجلينا د. كاسي**

الموارد والوسائل اللازمة لبرنامج محو الأمية للكبار، مجلة آراء المركز الدولي للتعليم الوظيفي بسرس الليان، العدد الثاني، اكتوبر، 1931، ص 11 – 30.

353. **أندريه لوجل**

التأخر الدراسي تشخيصه، تقويمه، ترجمة حسن الحريري، أحمد مصطفى زيدان، حلمي قلادة، القاهرة، دار النهضة العربية، 1965.

354. **أندريه مارتينيه**

أيمكن أن يقال عن لسان ما إنه جميل، ترجمة فهد عكام، المعرفة.

355. **أنستاس الكرملي**

أغلاط المستشرقين، مجلة مجمع اللغة العربية بدمشق، العدد السابع عشر، 1942، 232 – 237، 324 – 327.

356. **أنستاس ماري الكرملي**

اللغة العامية توأمة اللغة الفصيحة، المقتطف، المجلد 41، الجزء 6 كانون الأول 1912، ذو الحجة 1330.

357. **أنطوان الدحداح**

معجم قواعد اللغة العربية في جداول ولوحات، بيروت: مكتبة لبنان، 1981.

358. **أنطوان مسعود البستاني**

قواعد العرب، بيروت، دار الكتاب اللبناني، 1963.

359. **أنطون شال**

اللغة العربية، مرآة قواعدها القومية، ترجمة إدريس الخطابي، اللسان العربي، المجلد 10، الجزء 1.

360. **أنطون الصياح**

تطور مفهوم البيان في اللسانية الحديثة، الفكر العربي المعاصر: 25 (3، 4/ 1983)، ص 26 – 21.

361. **أنطون مقدسي**

من الترجمة إلى التعريب، الآداب، 32: 1– 3 (1 - /1984)، ص 138.

362. **إنعام سعيد البزاز وشذى حسين**

استطلاع المحصول اللفظي لأطفال مدينة بغداد، بغداد، 1981.

363. **إنمار مصطفى الكيلاني**

تأثير عملية التفاعل اللفظي الصفي على تحصيل الطلبة الأردنيين وأدائهم في عينة من طلبة المرحلة الإعدادية، رسالة ماجستير، الجامعة الأردنية، كلية التربية، 1976.

364. **أنور الجنيدي**

التبشير واللغة العربية، مجلة اللسان العربي، الرباط، العدد السابع، الجزء الأول 1970، ص 97 – 100.

365. **أنور الجنيدي**

الفصحى لغة القرآن، اللسان العربي، المجلد 10، الجزء 1.

366. **أنور الجنيدي**

مجمع الفصيح في العامية المغربية، اللسان العربي العدد 50.

367. **أنور حسين عبد الرحمن**

الميول القرائية لدى الطلبة المراهقين في المرحلة الإعدادية وعلاقتها بالتحصيل الدراسي، بغداد: جامعة بغداد، كلية التربية، 1984.

368. **أنور حمدي كديمي**

الأميون يعرفون القراءة لأنهم يحفظون القرآن، تعليم الجماهير، العدد الثاني عشر، السنة الخامسة، مايو 1978، ص 97 – 100.

369. **أنور العابد**

طفلنا المبتدىء وقدرته على القراءة، مجلة رسالة المعلم، العدد الرابع السنة 11، نيسان 1968.

370. **أنيس فريحة**

تبسيط قواعد اللغة العربية على أسس جديدة، مجلة الأبحاث، الجامعة الأمريكية- بيروت- العدد الحادي عشر1960، ص 107- 190، بيروت، دار الكتاب، 1959.

371. **أنيس فريحة**

تدريس اللغة العربية من مشاكل اللغة العربية، مجلة الأبحاث، الجامعة الأمريكية، بيروت السنة 4 العدد الرابع، 1951، ص 378 - 339.

372. **أنيس فريحة**

في اللغة العربية وبعض مشكلاتها، 1966، ط1، بيروت: دار النهار، 1980، ط2.

373. **أنيس فريحة**

نحو عربية ميسّرة، بيروت، دار الثقافة، 1955.

374. **أنيس فريحة**

يسروا أساليب تعليم العربية هذا أيسر، 1956.

375. **الأهرام**

اللغة العربية في أزمة، القاهرة، صحيفة الأهرام 1978/11/15.

376. **أوبانغ إليانج**

دراسة تقابلية بين العربية والشاك على المستوى الصوتي، الخرطوم، معهد الخرطوم الدولي للغة العربية، رسالة جامعية غير منشورة، 1979.

377. **أوتو جبرسن**

اللغة بين الفرد والمجتمع، ترجمة عبد الرحمن أيوب، الأنجلو، 1954م.

378. **أوجيني مدانات**

الطفل ومشكلاته القرائية، عمان، دار مجدلاوي، 1985.

379. **أودي إستيفنسون**

لعب الأطفال قبل سن المدرسة، ترجمة حسن شكري، القاهرة، مطبوعات اليونسكو، 1977.

380. **أول أبو بكر سليمان**

كتابة لغة الهوسا بالحروف العربية "أجم" الخرطوم: معهد الخرطوم الدولي للغة العربية، 1982.

381. **أ. ولفنسون (أبو ذؤيب)**

تاريخ اللغات السامية، دار القلم، بيروت.

382. **إيرول ل ميلر**

من البحوث إلى التنفيذ – سياسة اللغة في جامايكا، ترجمة: إبراهيم عصمت مطاوع، مستقبل التربية 11 : 3 -/ 1981، ص 132 – 145.

383. **أيوب علي قاسم**

تعليم اللغة العربية في سيريلانكا، دبلوم، الخرطوم: معهد الخرطوم الدولي للغة العربية، 1984.

384. **أيوب علي قاسم**

دراسة تقابلية بين اللغتين العربية والحنطية على مستوى تركيب الجمل الهيئية، ماجستير، الخرطوم: معهد الخرطوم الدولي للغة العربية، 1985.

ب

385. **بابكر أحمد البشير وهاشم الإمام فخر الدين.**

تعليم التعبير للناطقين بلغات أخرى، مجلة معهد اللغة العربية، العدد الثاني، 1404-1984 السعودية، جامعة أم القرى، معهد اللغة العربية، وحدة البحوث والمناهج، مكة المكرمة، ص427- ص466.

386. **بابكر أحمد البشير.**

الحوار في تعليم العربية لغير الناطقين بها أهميته وطرق تدريسه، مجلة معهد اللغة العربية، العدد الثاني، 1404-1984 السعودية، جامعة أم القرى، معهد اللغة العربية، وحدة البحوث والمناهج، مكة المكرمة ص403- ص426.

387. **بابكر أحمد البشير.**

دوافع تعليم اللغة العربية في منطقة جبال النوبة، الخرطوم: معهد الخرطوم الدولي للغة العربية، 1976.

388. **بابكر محمد بابكر.**

الألفاظ العربية التي تشرح أسماء الأصوات، الخرطوم: معهد الخرطوم الدولي للغة العربية، 1980.

389. **بابكر يوسف عبد الله.**

تحليل دلالي معجمي للمنجد في اللغة العربية، الخرطوم: معهد الخرطوم الدولي للغة العربية، 1979.

390. **بابلي وانيد.**

الدراسات العربية في الولايات المتحدة، مجلة مجمع اللغة العربية بدمشق، العدد الواحد والثلاثون، 1956، ص271-282.

391. **باسمه اليعقوبي.**

الطريقة الحديثة لتعليم اللغة العربية، بيروت: دار الكتاب اللبناني، 1973.

392. **باسمه اليعقوبي.**

الطريقة الحديثة لتعليم اللغة العربية للناطقين بالإنجليزية، بيروت: دار الكتاب اللبناني، 1981.

393. باكزه رفيق حلمي.
الجموع في اللغة العربية مع بعض المقارنات السامية، بغداد، جامعة بغداد، 1972.

394. باني الناصر آمال.
تحليل امتحان اللغة العربية لمرحلة الدراسة الابتدائية، الامتحان الوزاري لسنة 1971-1972 وزارة التعليم العالي والبحث العلمي، جامعة بغداد، مركز البحوث التربوية والنفسية، شباط، 1974، ص47.

395. بتزنز.
الطفل ودراسة الأدب في المدرسة الابتدائية، ترجمة د. ماهر كامل، مكتبة النهضة المصرية، د.ت.

396. بحري رشيد.
الألفاظ العربية المستخدمة في اللغة الأندونيسية، الخرطوم: معهد الخرطوم الدولي للغة العربية، 1979.

397. بخت الرضا (معهد التربية).
الإملاء الموضوعية والامتحانات القومية، مجلة بخت الرضا، عدد3، 1979.

398. بخت الرضا (معهد التربية).
سرعة القراءة، مجلة بخت الرضا، عدد 32.

399. بخت الرضا (معهد التربية).
مذكرة عن منهج النحو في المدرسة المتوسطة، مجلة بخت الرضا عدد 11، 1955.

400. بخت الرضا (معهد التربية).
مقياس مدى ارتباط مستوى التلميذ في اللغة العربية مع مستواه في اللغات الأخرى، مجلة بخت الرضا عدد 30، 1978.

401. بخيته أمين.
ثقافة الطفل في السودان، المنظمة العربية للتربية والثقافة والعلوم، "حلقة ثقافة الطفل العربي"، الكويت 8-21، ديسمبر 1979.

402. البدراوي زهران
في علم الأصوات اللغوية وعيوب النطق، ط1، دار المعارف، القاهرة، 1994م.

403. بدوي محمد الأمين قنجاري.
بناء الكلمة العربية وخصائصها، دبلوم الخرطوم: معهد الخرطوم الدولي، 1983.

404. **بدوي محمد الأمين قنجاري.**
لغة خطاب الخدمات العامة في الصحافة المعاصرة، ماجستير، الخرطوم، معهد الخرطوم الدولي للغة العربية، 1984.

405. **بديع شريف.**
أصول تدريس اللغة العربية، بغداد، 1946.

406. **برجسراسر.**
التطور النحوي للغة العربية، القاهرة: مطبعة السماح، 1926.

407. **بركات جمعة إدريس.**
دراسة تحليلية للأخطاء اللغوية في النشرات الإخبارية المذاعة من راديو أم درمان، الخرطوم: معهد الخرطوم الدولي للغة العربية، 1976.

408. **بسام بركة.**
الإشارة، الجذور الفلسفية والنظرية واللسانية، الفكر المعاصر: 30 و 31، (صيف/1984)، ص44-54.

409. **بسام بركة.**
اللغة بين الدراسات النفسية والدراسات اللسانية، الفكر العربي المعاصر، مجلد 23، العدد 21، 1982، العدد 1، 1983، ص48-56.

410. **بسام بركة.**
اللغة والبنية الاجتماعية، الفكر العربي المعاصر، العدد 40، 1986، ص66-79.

411. **بسام بركة.**
اللغة والفكر بين علم النفس وعلم اللسانية، الفكر العربي المعاصر 82 و 19 العددان 2، 3، 1982، ص65-71 .

412. **بسيوني الحلواني.**
الإذاعة واللغة العربية، السعودية: المجلة العربية العدد 83، السنة 8، ذو الحجة 1204، أيلول سبتمبر 1984، ص55.

413. **بشارة صارجي.**
الاختبار التنظيري التفسيري للغة عند هيرغر، الفكر العربي المعاصر: 18 و19، العددان 2، 3/1982، ص52-56.

414. **بشرى السيد هاشم.**
الصعوبات التي تقابل معلمي المرحلة الابتدائية في تعليم مناهج اللغة العربية بمناطق جبال البحر الأحمر لغير الناطقين بها، الخرطوم: معهد الخرطوم الدولي للغة العربية، 1976.

415. **بشر فارس.**
اللغة والقومية، المقتطف، المجلد 105، الجزء 5، ديسمبر كانون الأول 1944، ذو الحجة 1363.

416. **بشول (ش) العلاف.**
مفردات إسبانية عربية الأصل، بغداد، 1962.

417. **البشير بن سلامة.**
أزمة اللغة العربية أزمة قيم لا تنمية، مجلة فكر، مجلد 16، ص408، 1971.

418. **البشير بن سلامة.**
الأسلوب واللغة: التجاوز، مجلة فكر مجلد 14، ص502، 1969.

419. **البشير بن سلامة.**
تطور الجملة العربية عند المولدين، مجلة فكر مجلد 17، ص33، 1971.

420. **البشير بن سلامة.**
التعريب إرادة وولاء، مجلة فكر مجلد 16، ص423، 1971.

421. **البشير بن سلامة.**
التفاوت بين اكتمال اللغة وبدائية الكتابة، مجلة فكر مجلد 13، ص916، 1967-1968.

422. **البشير بن سلامة.**
خطوة أخرى في سبيل الكتابة، مجلة فكر مجلد 25 ص389، 1980.

423. **البشير بن سلامة.**
الشباب التونسي واللغة العربية، مجلة فكر مجلد 14 ص 110، 1968.

424. **البشير بن سلامة.**
العربية وتعليم الطفل، مجلة فكر مجلد 14، ص17، 1968.

425. **البشير بن سلامة.**
اللغة العربية والتقدم الفكري، مجلة فكر، مجلد 14، ص302، 1969.

426. **البشير بن سلامة.**
اللغة العربية ومشاكل الكتابة، مجلة المجلة، القاهرة يوليو، 1968.
427. **البشير بن سلامة.**
لماذا التعريب، مجلة فكر، مجلد 16، ص711، 1971.
428. **البشير بن سلامة.**
هل الفكر وليد اللغة أم اللغة وليدة الفكر، مجلة فكر مجلد 17، ص68، 1971.
429. **بشير حسن أبو بكر عثمان.**
تحليل معجمي ودلالي لرواية (ثقوب في الثوب الأسود) للكاتب المصري إحسان عبد القدوس، دبلوم، الخرطوم: معهد الخرطوم الدولي للغة العربية، 1985.
430. **البشير الخريف.**
خطر الفصحى على العامية، مجلة فكر، المجلد 4، 1958-1959.
431. **البشير خريف.**
علم اللغة بين علماء العربية وابن خلدون، مجلة فكر، المجلد 6، 1961/1960.
432. **بشير عبد الماجد.**
طرق تدريس القراءة في الصفين الأول والثاني، الخرطوم: وزارة التربية والتعليم، 1974.
433. **بشير عبد الماجد بشير.**
مقدمة تدريس اللغة العربية، الخرطوم: 1972.
434. **بشير عبد الماجد بشير.**
الصعوبات التي يواجهها الفرنسي في تعليم اللغة العربية وكيفية معالجتها.
435. **بشير علي بشير.**
تصميم منهج لتعليم اللغة العربية للصف والجنود في الإقليم الجنوبي بالسودان، الخرطوم: معهد الخرطوم الدولي، رسالة ماجستير، 1983.
436. **بكري عبد الله جميل الله.**
تحليل معجمي ودلالي لرواية (اللص والكلاب)، الخرطوم: معهد الخرطوم الدولي للغة العربية، 1980.

437. بكري علاء الدين.
تجربة اللغة لدى الأرسوزي، مجلة المعرفة، وزارة الثقافة والإرشاد القومي، دمشق، العدد 178، كانون أول 1976.
438. بلاشير.
اللغة العربية، تطورات اللغة العربية، مجلة فكر، المجلد الرابع، ص574، 1959.
439. بلاشير.
مختارات من العربية و الفصحى، الطبعة الثانية، باريس، 1952.
440. بلاشير.
معجم عربي فرنسي إنجليزي بالاشتراك مع مصطفى الشويحي وغيره، الجزء الأول، باريس، 1967.
441. بلة أحمد محمد الكرسني.
دور علم النفس التربوي في تعليم اللغة العربية لغير الناطقين بها، دبلوم، الخرطوم: معهد الخرطوم الدولي للغة العربية، 1985.
442. بندر عبد الكريم داود.
علاقة المقروئية ببعض المتغيرات اللغوية، رسالة ماجستير، جامعة بغداد، 1972.
443. بندر عبد الكريم.
علاقة المقروئية ببعض المتغيرات اللغوية، بغداد، جامعة بغداد، كلية التربية، 1977.
444. بهاء الدين الزهوري.
علم اللسان العربي بين التراث والمناهج الحديثة، المجلة العربية، 5: 4 ، 1981/7، ص58-61.
445. بهي الدين بركات.
رسم الكلمات العربية الصعوبة التي يلاقيها النشء في ضبط المنطق، القاهرة، مجلة التربية الحديثة، العدد الثالث فبراير، 1938.
446. بوان خير حسن محمد
المفردات العربية الشائعة في السواحلية، دبلوم معهد الخرطوم الدولي للغة العربية، 1985م.

447. **بوقره فضيل.**

الأسلوب التربوي لتعليم اللغة العربية لغير الناطقين بها، الخرطوم: معهد الخرطوم الدولي للغة العربية، 1978.

448. **بول ديتي.**

الطفل والقراءة الجيدة، ترجمة سامي ناشد، سلسلة دراسات سيكولوجية رقم 32 مكتبة النهضة المصرية، القاهرة 1960.

449. **بول شوشار.**

اللغة والفكر/ ترجمة صلاح أبو الوليد، بيروت: دار عويدات.

450. **بول ويرسي.**

نحو استخدام وسيلتي الإذاعة والتلفزيون في تعزيز اللغة العربية بجنوب السودان، دبلوم، الخرطوم: معهد الخرطوم الدولي للغة العربية، 1985.

451. **بول ويني.**

تيسير القراءة، ترجمة سامي ناشد، القاهرة: مكتبة النهضة المصرية، 1960.

452. **بول ويني.**

الطفل والقراءة الجيدة، ترجمة سامي ناشد، القاهرة: مكتبة النهضة المصرية، 1965.

453. **بيتر عبود.**

دراسة تقابلية في بعض الخصائص النحوية والدلالية للأفعال العربية والإنجليزية في صناعة المعجم العربي لغير الناطقين بالعربية، الرباط، مكتب تنسيق التعريب، 1981.

454. **بيداوية روفائيل المطران.**

الدراسات العربية في إسبانيا، مجلة المجمع العلمي، العدد السابع 160، ص 211- 221.

455. **بيرش.**

معجم فرنسي، عربي، ألف اعتماداً على إحصاء المفردات المستعملة في الصحافة التونسية يحتوي على 500 كلمة، تونس، 1953.

456. **بير كاليا.**

457. العريف، معجم في مصطلحات النحو العربي: عربي انجليزي وانجليزي عربي، بيروت ولندن، مكتبة لبنان ولونجمان، 1973.

458. بيرنز.
الطفـل ودراسـة الأدب في المدرسـة الابتدائيـة ترجمـة مـاهر كامـل، مكتبـة النهضـة المصرية، القاهرة، د.ت.

459. بيلا وسكي.
اللغة العربية: دورها وأهميتها في القرون الوسطى وفي أيامنا الحاضرة، مجلة اللسـان العربي، الرباط، العدد السابع، الجزء الأول، 1970، ص 249-251.

460. بيلغ حميد محمد الشوك.
أثر استخدام أسلوب الندوة في تحصيل طلاب الصف الخامس الأدبي، دكتوراة، بغداد: جامعة بغداد، كلية التربية 1985.

461. بيلي.
قائمة كلمات اللغة العربية الحديثة، القاهرة: مطبعة النيل (د.ت).

ت

461. تاج السر حمزة الريح.

مختبر اللغة ودوره في تعليم اللغة العربية لغير الناطقين بها، الخرطوم: معهد الخرطوم الدولي للغة العربية، 1978.

462. تاج السر محمد عبد الحليم.

وحدة تعريفية عن الحج للمرحلة المتوسطة لتعليم العربية لغير الناطقين بها، الخرطوم: معهد الخرطوم الدولي للغة العربية، 1981.

463. تبريز.

الطفل ودراسة الأدب في المدرسة الابتدائية، ترجمة ماهر كامل وآخرين، القاهرة: مكتبة النهضة المصرية، 1958.

464. التجاني محمد إمام.

دراسة تقابلية بين اللغتين العربية والهوسا على مستوى الجملة البسيطة، دبلوم، الخرطوم: معهد الخرطوم الدولي للغة العربية، 1985.

465. تحسين فالح مبارك.

المفردات الشائعة في المقال السياسي، الصحافة العراقية خلال السنة الأولى من الحرب العراقية الإيرانية، رسالة ماجستير، الخرطوم، معهد الخرطوم الدولي، 1983.

466. التربية المستمرة.

تعليم اللغة العربية للعمانيين العائدين، التربية المستمرة، المجلد 5:3 ، العدد 10، 1982، ص144-149 .

467. التربية المستمرة.

مراكز تعليم اللغة العربية لغير الناطقين، 4 بدولة البحرين، التربية المستمرة 5:3 (10-83)، ص142-143.

468. تركي رابح

من قضايا الثقافة العربية، نشر اللغة العربية في العالم بين التقصير والطموح، المجلة العربية للعلوم الإنسانية، مجلد6، عدد21.

469. تركي رابح.

هل تصبح اللغة العربية في القرن الخامس عشر الهجري لغة عالمية من جديد، مجلة الفيصل، المجلد 45:4، العددان الأول والثاني 1981.

470. ترنس هوكز

البنيوية وعلم الإشارة، ترجمة مجيد الماشطة، ط1، بغداد، 1986م.

471. تشن جيان من.

تعميم بعض التدريبات على بعض ظواهر النحو العربي لأبناء الصين، الخرطوم: معهد الخرطوم الدولي: 1983.

472. تشويون شيا.

تعليم اللغة العربية لأعضاء البعثات الطبية الصينية في الوطن العربي، ماجستير، الخرطوم: معهد الخرطوم الدولي، 1983.

473. تمّام حسان.

التمهيد في اكتساب اللغة العربية لغير الناطقين بها، جامعة أم القرى معهد اللغة العربية، مكة المكرمة، 1984، وحدة البحوث والمناهج، سلسلة دراسات في تعليم اللغة العربية.

474. تمام حسان.

جدوى استعمال التقابل في تعليم اللغة العربية لغير أبنائها، وقائع ندوات تعليم اللغة العربية لغير الناطقين بها، الجزء الثاني، ص73، مكتب التربية العربي لدول الخليج، 1406-1985.

475. تمام حسان.

فعالات في اللغة والأدب، مكة المكرمة، جامعة أم القرى، 1985.

476. تمام حسان.

كيف نعلم غير الناطقين بالعربية تحديد المعنى النحوي في غيبة العلامة الإعرابية، مجلة معهد اللغة العربية، مكة المكرمة، جامعة أم القرى، العدد الأول 1982-1983، وحدة البحوث والمناهج، ص19-35.

477. تمام حسان.

اللغة العربية والحداثة، فصول 3:4 (4-1984/6)، ص128-140.

478. **تمام حسان.**

مشكلات تعليم الأصوات لغير الناطقين بالعربية، مجلة معهد اللغة العربية، العدد الثاني 1984، السعودية، جامعة أم القرى، معهد اللغة العربية، وحدة البحوث والمناهج، مكة المكرمة، ص353- 364.

479. **تمام حسان.**

مناهج البحث في اللغة، دار الثقافة، الدار البيضاء، ط2، 1974م.

480. **تمام حسان.**

من خصائص العربية، وقائع ندوات تعليم اللغة العربية لغير الناطقين بها، الجزء الثاني، ص27، مكتب التربية العربي لدول الخليج، 1406-1985.

481. **تمام حسان.**

وظيفة اللغة في مجتمعنا المعاصر، القاهرة، مجلة المجلة، العدد الرابع عشر ـ بعد المائة، يونيو، 1966.

482. **التهامي الراجي الهاشمي.**

كيفية تعريب السوابق واللواحق في اللغة العربية، اللسان العربي 21/(1983)، ص63-96، جداول.

483. **التوثيق التربوي.**

الملتقى المغربي وطرق تدريس اللغة العربية، التوثيق التربوي، السودان، المجلد 14، 58، 59، العدد 12/9، 1981، ص67-72.

484. **توفيق أحمد مرعي.**

مفاهيم تعليم الأطفال ومدى وضوحها عند معلمي المدرسة الابتدائية، المعدين مهنياً في مدارس وكالة الغوث بالأردن، رسالة ماجستير، الجامعة الأردنية، كلية التربية، 1979.

485. **توفيق برج.**

العربية والإسلام بين الغابر والحاضر، اللسان العربي، الجزء الأول، المجلد السابع، المكتب الدائم لتنسيق التعريب، الرباط، 1970.

486. **توفيق برج.**

مشكلة تعليم العربية لغير الناطقين بها مع حلول علمية وعملية، ضمن السجل العلمي للندوة العالمية الأولى لتعليم العربية لغير الناطقين بها، جامعة الرياض، نشر 1980، ج2، ص131-151.

487. **توفيق الرحاوي.**

رأي ونقد في تدريس اللغـة العربيـة، مكتبـة دار النهضـة، مصر ـ بالفجالـة-القـاهرة، 1949، ص256.

488. **توفيق سلطان اليوزبكي.**

الأصول التاريخية للفكر العربي الإسلامي، الإسلام اليوم 1:1 (1983/4)، ص30-54.

489. **توفيق الشاوي.**

اللغة العربيـة والتربيـة الإسلاميـة، مكـة المكرمـة: المركـز العـالمي للتعلـيم الإسـلامي 1403هـ

490. **توفيق الرحاوي.**

في تـدريس اللغـة العربيـة وتفتيشـها بـالتعليم الثـانوي، القـاهرة: مكتبـة النهضـة المصرية، 1949.

491. **توماس جريفز.**

فائدة اللغة العربية وأهميتها، أكسفورد، 1639.

492. **تيسير شبيب.**

نظرية الجشطالت وتوظيفها في تعليم اللغة العربية لغـير النـاطقين بهـا، الخرطوم: معهد الخرطوم الدولي للغة العربية، 1981.

ث

493. **ثابت إدريس الخطيب.**

اللغة العربية في موكب الإسلام، صدر في بحوث ودراسات مع إطلالة القرن الخامس عشر الهجري، عمان - جمعية الدراسات والبحوث الإسلامية، 1982.

494. **ثريا مرسي إدريس.**

دور الخبرات المبسطة والفنية في تعليم اللغة العربية لغير الناطقين بها، الخرطوم: معهد الخرطوم الدولي للغة العربية، 1980.

ج

495. **جابر عبد الحميد جابر**
الإملاء تعليمه وتعلمه وعلاقة الأخطاء فيه بمستوى التعليم، حولية كلية الإنسانيات والعلوم الاجتماعية، ع12، 1989، ص7-61.

496. **جابر عبد الحميد جابر /مترجم**
الوجبات المدرسية والاستذكار الموجه، ط2، القاهرة، 1977.

497. **جابر عبد الحميد جابر وآخرون.**
الطرق الخاصة لتدريس اللغة العربية وآداب الأطفال، وزارة التربية والتعليم، القاهرة، 1974.

498. **جابر عبد الحميد جابر وآخرون.**
مهارات التدريس، القاهرة: دار النهضة العربية، 1982.

499. **جابر وليد.**
محاضرات في أساليب تدريس اللغة العربية، عمان، دار الفكر، الطبعة الثانية، 1985.

500. **جاسم السعدي.**
الدراسات النحوية واللغوية ومنهجها التعليمي في البصرة إلى القرن الثالث الهجري، النجف، 1973.

501. **جاسم علي وزيدان علي.**
نظرية علم اللغة التقابلي في التراث العربي، إنترنت.

502. **جاسم محمد الخلف.**
تقويم الكتاب المدرسي، المؤتمر الثقافي العربي الخامس، الرباط 1961.

503. **جامعة الأزهر.**
التطبيقات النحوية: أسئلة وأجوبة تستوعب الجزء المقرر على طلاب السنة الرابعة، في كلية الدراسات الإسلامية والعربية بجامعة الأزهر. القاهرة: جامعة الأزهر، كلية الدراسات الإسلامية والعربية، 1399، 1979.

504. **جامعة أم القرى.**

الأخطاء اللغوية التحريرية لطلاب المستوى المتقدم، معهد اللغة العربية، جامعة أم القرى، بحوث لغوية وأدبية، 1990م.

505. **جامعة أم القرى**

قائمة مكة للمفردات الشائعة، معهد اللغة العربية، مطابع الصفا، مكة المكرمة.

506. **الجامعة التونسية.**

أشغال ندوة اللسانيات في خدمة اللغة العربية، تونس 23-25 نوفمبر 1981، سلسلة اللسانيات عدد5، المطبعة العصرية، تونس، 1983.

507. **جامعة الدول العربية.**

حلقة إعداد المعلم العربي، بيروت، 1957، القاهرة، طبعة لجنة التأليف والترجمة والنشر، 1958.

508. **جامعة الدول العربية الإدارة الثقافية.**

حلقة العناية بالثقافة القومية للطفل العربي، بيروت، 1970.

509. **جامعة الرياض**

أبحاث الندوة العالمية الأولى لتعليم العربية لغير الناطقين بها (م1)، إعداد وتحرير وتقديم محمد باكلا، الرياض، 1980م.

510. **جامعة الرياض.**

دليل معهد اللغة العربية 1981، الرياض، جامعة الرياض، 1401هـ

511. **جامعة الرياض.**

السجل العلمي للندوة العالمية الأولى لتعليم العربية لغير الناطقين بها، (ج1 و ج3)، حرره محمود صيني وعلي القاسمي، الرياض، 1980م.

512. **جامعة الكويت.**

ندوة قسم اللغة العربية، الكويت، 1978.

513. **جان بياجيه.**

اللغة والفكر عند الطفل/ ت: أحمد عزت راجح، مكتبة النهضة المصرية 1954، ص299.

514. **جان شك وإيرشان جودسمان.**
كيف يلعب الأطفال لمرحلة التعليم، ترجمة محمد عبد الحميد أبو العزم وعبد العزيز القوصي، القاهرة، مكتبة النهضة، ط1961.
515. **جبرائيل أده.**
القواعد الجلية في علم العربية، بيروت، 1898م.
516. **جبرائيل بشارة.**
آفاق جديدة للبحث التربوي في مجال اللغات، المجلة العربية للبحوث التربوية، 1:4.
517. **جبران مسعود.**
الرائد، القاهرة، 1965.
518. **جبران هلال.**
مستقبل اللغة العربية، آراء في النهضة، المعرفة، 22: 262 (1983/12)، ص71-89.
519. **ج داين رايتسون.**
اختبارات للفنون اللغوية المختلفة، التقويم في التربية الحديثة (ترجمة عاشور)، محمد محمود وآخرون، مكتبة الأنجلو المصرية، القاهرة: 1965.
520. **جرجورة جرادات.**
التدرج في تعليم اللغة العربية حسب النهج المتبع في تعليم اللغات الأجنبية، حوليات جامعة القديس يوسف.
521. **جرزي كوتكوفسكي.**
تأثير اللغة العربية على اللغة البولونية، مجلة مجمع اللغة العربية بدمشق، العدد الخامس والعشرون، 1950 .
522. **الجرولي الأمين الريح.**
معجم المفردات اللغوية لتلاميذ الصف الثالث الثانوي العام، الخرطوم: معهد الخرطرم الدولي للغة العربية، 1977.
523. **جعفر دك الباب.**
أصالة اللسان العربي، (4) التراث العربي 1:3 (1983/1)، ص53-69.
524. **جعفر دك الباب.**
تحديد أصل الكلام الإنساني، المعرفة: 237:2 عدد 1981/11، ص28-47.

525. **جعفر دك الباب.**

الخصائص البنيوية للفعل والاسم في العربية، التراث العربي 8:2 عدد 1982/7، ص52-63.

526. **جعفر دك الباب.**

الساكن والمتحرك في علم اللغة العربية، اللسان العربي: 2 - /1983، ص31، 16.

527. **جعفر دك الباب.**

اللسان العربي المبين، التراث العربي، مجلد 9:3 العدد 1982/10، ص145-164.

528. **جعفر دك الباب.**

مدخل إلى اللسانيات العامة والعربية المنهج الوصفي والوظيفي، الموقف الأدبي 135، 136، عددان 7، 1982/8، ص42-64.

529. **جعفر دك الباب.**

المشكلة اللغوية العربية المعاصرة، الموقف الأدبي 144-146، 4-1983/6، ص96-110.

530. **جعفر دك الباب.**

نظرة جديدة في تاريخ نشأة اللسان العربي، التراث العربي 11:3 و 12، 4و1983/7، ص197-211.

531. **جعفر دك الباب**

النظرية اللغوية العربية الحديثة، منشورات اتحاد الكتاب العرب، 1996م.

532. **جعفر ماجد.**

اللغة العربية ومشاكل الكتابة، مجلة فكر، مجلد 16، ص11، 1971.

533. **جعفر محمد أحمد البدوي.**

الاتجاهات نحو تعليم اللغة العربية في منطقة جبال النوبة: دراسة لغوية اجتماعية، الخرطوم: معهد الخرطوم الدولي للغة العربية، 1976.

534. **جعفر ميرغي.**

جرس اللسان العربي، الخرطوم، معهد الخرطوم الدولي للغة العربية، 1985-ص117.

535. **جعفر ميرغي.**

قواعد تعريب الألفاظ، المجلة العربية للدراسات اللغوية، 2:2 (1984/6)، ص9-32.

536. **جعفر نايف عبابنة.**
هل كان في العربية الفصيحة وزنا اتفعل واتفاعل؟، دراسات العلوم الإنسانية ببلوغرافية ملخص باللغة الإنجليزية، ص145.

537. **جفري سامسون، ترجمة محمد زياد كُبّة**
مدارس اللسانيات، التسابق والتطور، جامعة الملك سعود، 1417هـ.

538. **جلال أمين صالح.**
المرشد في كتابة الهمزات، الطائف: دار الزايدي، 1979.

539. **جليل رشيد فالح.**
في سبيل عربية سليمة، العراق، الجامعة، مجلد9، عدد4.

540. **جماعة من الأساتذة.**
الدرس اللغوي التربوي للمراكز التربوية، الدار البيضاء، دار الثقافة، 1982.

541. **ج ماكس دينجو ورالي شو ريتج.**
التربية التعليمية للمعلمين بالمدارس الابتدائية، ترجمة سامي ناشر عبد السيد، القاهرة: دار النهضة العربية، 1967.

542. **جمال أبو ريه.**
الأسطورة الشعبية العربية في كتاب الطفل، بحث مقدم إلى حلقة بحث كتاب الطفل ومجلته، المجلس الأعلى لرعاية الفنون والآداب والعلوم الاجتماعية، القاهرة. في المدة من 7-1972/2/10، ص9 (آلة كاتبة).

543. **جمال أبو ريه.**
ثقافة الطفل العربي، القاهرة، دار المعارف، 1978.

544. **جمال أبو ريه.**
ثقافة الطفل العربي، القاهرة، دار المعارف، 1987.

545. **جمال أبو ريه.**
الدراما للأطفال في الراديو والتلفزيون ، "برامج الأطفال في الإذاعة والتلفزيون(حلقة دراسية)"، اتحاد إذاعات الدول العربية رقم (7) مؤسسة روز اليوسف، القاهرة: 1972، ص37-44.

546. **جمال أبو ريه.**

الكتاب الثقافي للطفل العربي، ندوة ثقافة الطفل العربي، القاهرة: 22-26 ديسمبر 1979، ص7.

547. **جمال الدين الرمادي.**

انصراف الشباب عن القراءة أسبابه وعلاجه، القاهرة: مجلة المجلة السنة الثالثة، العدد الواحد والثلاثون، يوليو 1959، ص53-55.

548. **جمال مرسي بدر.**

حول بحث الإنسان بين اللغة واللسان، مجلة فكر، المجلد10، ص487، 1964-1965.

549. **جمال مناع علي.**

أثر الثقافة الهندية في الثقافة العربية، مجلة ثقافة الهند، العدد السادس عشر، 1965، ص71-84.

550. **ج.م.ع تلفزيون.**

التلفزيون والطفل، القاهرة، إصدار هيئة تلفزيون، ج.م.ع، بمناسبة مهرجان التلفزيون الدولي، الخامس، 1966.

551. **جمعية المعلمين الكويتية.**

المعلم ومهنة التعليم، الكويت، جمعية المعلمين، 1978.

552. **ج. ميالا ريه.**

سيكولوجية استخدام الوسائل السمعية والبصرية في التعليم الابتدائي، ترجمة مصطفى بدران، القاهرة: مؤسسة سجل العرب، 1967.

553. **جميل أحمد.**

حركة التأليف باللغة العربية في الإقليم الشمالي الهندي في القرنين الثامن عشر والتاسع عشر، دمشق: وزارة الثقافة 1977، ص647.

554. **جميل أحمد.**

الصلات اللسانية بين الهند والعرب، مجلة مجمع اللغة العربية بدمشق، ج4، 1975، ص777-ص805.

555. **جميل أحمد.**

نظرة إجمالية في حركة التأليف في العربية في الهند، مجلة مجمع اللغة العربية بدمشق، العدد5، 1975.

556. **جميلة كامل.**
برامج الأطفال والمجتمع، مجلة الطليعة، العدد الرابع، السنة الثانية، إبريل 1966، القاهرة.

557. **جميل علوش.**
التعجب دراسة لغوية مقارنة، أفكار، ع45، 1979، ص10-25.

558. **جميل علوش.**
التعجب صيغه وأبنيته. دراسة لغوية نحوية مقارنة، ط1، 2000، أزمنة للنشر والتوزيع، عمان، 2000.

559. **جميل الملائكة.**
استخدام اللغة العربية في التعليم العالي، اللسان العربي، المجلد 11، الجزء الأول.

560. **الجنيدي خليفة.**
تعليم الخط- نحو عربية أفضل، دار مكتبة الحياة دمشق.

561. **الجنيدي خليفة.**
على هامش حياة اللغة العربية، مجلة فكر، المجلد الخامس، 1958-1959.

562. **الجنيدي خليفة.**
نحو عربية أفضل، دار مكتبة الحياة، بيروت 1974.

563. **جهاد فاضل.**
قضايا بارزة، الواقفون ضد اللغة العربية، آفاق عربية 3:9 (1983/11)، ص116-119.

564. **الجهاز الإقليمي العربي لمحو الأمية.**
دليل إعداد كتب تعليم القراءة والكتابة للأميين الكبار، القاهرة، المنظمة العربية للتربية والثقافة والعلوم، 1972.

565. **الجهاز الإقليمي العربي لمحو الأمية.**
المؤتمر الإقليمي الثاني لتقويم نشاط محو الأمية في الدول العربية، الوثيقة الأولى، تحليل وتقويم الوضع الحالي لمحو الأمية في البلاد العربية، القاهرة، ديسمبر 1971.

566. **الجهاز الإقليمي العربي لمحو الأمية.**
محو الأمية في إطار العمل العربي المشترك، القاهرة، أغسطس، 1967.

567. جودت الركابي.
طرق تدريس اللغة العربية، دمشق: دار الفكر، 1973.
568. جودت الركابي.
طرق تدريس اللغة العربية، مجلة التوثيق، مجلد 8 العدد 35، ديسمبر 1975.
569. الأب جورج جراف.
المفردات العربية، 1929.
570. جورج دميان.
نظرية المرجع في الألسنية، الفكر العربي المعاصر: -25 (1983/4.3)، ص32-40، بيبلوغرافية، رسوم توضيحية.
571. جورج ق. ثيوذوري.
تأثير أسلوب المدرسة على تحصيل التلاميذ، المجلة العربية للبحوث التربوية 1:2 العدد الأول/1982، ص95-107.
572. جورج كلاس.
الألسنية ولغة الطفل العربي (نموذج الطفل اللبناني)، بيروت 1981.
573. جورج مونان.
علم اللغة في القرن العشرين، ترجمة: د. نجيب غزاوي، وزارة التعليم العالي، الجمهورية العربية السعودية.
574. جورج نعمة سعد.
مشكلات اللاتترجم بين اللغتين العربية والإنجليزية، صدر في صناعة المعجم العربي لغير الناطقين بالعربية، الرباط: مكتب تنسيق التعريب، 1981.
575. جوزيف عبد الله.
الألسنية التحويلية والتوليدية، الفكر العربي المعاصر: 26 (7.6 /1983).
576. جوزيني جابريلي.
قيمة دراسة العربية تاريخا ولغويا، روما، 1916.
577. جوستان فون نمر بناوم.
المفردات الفارسية في العربية، 1937.

578. **جومبري محمد.**
الألفاظ العربية المستخدمة في اللغة الأندونيسية في المجـال الأدبي، الخرطـوم: معهد الخرطوم الدولي للغة العربية، 1980.

579. **جوناثان بول.**
التخطيط اللغوي، اللسان العربي، المجلد 14، الجزء الأول، 1976.

580. **جون جوزيف**
اللغة والهوية، ترجمة عبد النور خراقي، عالم المعرفة، 342، الكويت.

581. **جون ليونز.**
أصل اللغة: ترجمة مجيد الماشطة، مجلة البصرة: 15 و 16 /1982، ص217-224.

582. **جير الدس ليسير.**
الأطفال والتلفزيون، ترجمة ميرغني دفع الله أحمد، مجلة تكنولوجيا التعليم، 2,4 ديسمبر، 1979، ص70-81.

583. **الجيلاني بشير جبريل.**
برامج تعليم الراشدين في الجماهيرية: الحاجـة إليها وطريقـة تحديـدها، المواجهـة الشاملة 8:4، 1983/6، ص36-45.

584. **الجيلي أبو بكر.**
من مشكلات تعليم اللغة العربية، بخت الرضا، العدد 29 يناير، 1977.

585. **جيمس بيتر.**
أثر العربية في اللغة الإنجليزية، مجلة اللسان العربي، الرباط، 1976، ص37-64.

586. **جيمس هربز.**
مجلات الأطفال/ ترجمة محمد فكري أنور، الرياض: الفيصل، العدد22، السنة2، مارس 1979، ص53-57.

587. **جين إسطفان جليل.**
تصميم لغة مبرمجة عربية للأغراض التعليمية على نمط الحاسـبات الإلكترونيـة- 9 :(- / 1982) ، ص7-41.

ح

588. **حاتم عماد**

اللغة العربية: قواعد ونصوص، طرابلس: الكتاب والتوزيع والإعلان والمطابع، 1982، ط2.

589. **حاج حمد محمد بابكر**

الخصائص المميزة للصوائت العربية/ دراسة نظرية معملية، دبلوم، الخرطوم: معهد الخرطوم الدولي للغة العربية، 1985.

590. **حاج سليمان عمر**

دراسة تقابلية بين اللغتين العربية والسواحيلية على مستوى الجملة البسيطة، ماجستير، الخرطوم: معهد الخرطوم الدولي للغة العربية، 1984.

591. **الحاج نصر الله غزالي**

دراسة تقابلية للفونيم في اللغة العربية والأندونيسية المعاصرة، الخرطوم: معهد الخرطوم الدولي، 1980.

592. **حارث عبود**

تقييم برنامج (افتح يا سمسم) من وجهة نظر الأطفال، البحوث، عدد 21، 1984.

593. **حازم عبدالله خضر**

انتشار اللغة العربية في الأندلس ونتائجه، الجامعة، العراق، مجلد9، عدد 5، 1979.

594. **حازم علي كمال الدين**

علم اللغة المقارن، مكتبة الآداب، القاهرة، 1999م.

595. **حازم النعيمي**

مجلات الأطفال العربية ودورها في تكوين المفاهيم، المجلة العربية، بيروت، العدد 8، المجلد السابع، 1979، ص 125 – 143.

596. **حافظ سعد الرشيد**

دراسة تقابلية بين اللغتين العربية والأردية على مستوى الجملة البسيطة ماجستير، الخرطوم: معهد الخرطوم الدولي للغة العربية، 1984.

597. **حافظ سعد الرشيد**

دراسة تقابلية بين اللغتين العربية والبشتو على مستوى الجملـة المركبـة، الخرطوم: معهد الخرطوم الدولي، بحث دبلوم، 1983.

598. **حافظ غلام أحمد طارق**

دراسة تقابلية بين اللغة العربية والأرديـة عـلى المستوى الصرفي، الخرطوم: معهد الخرطوم الدولي للغة العربية، 1980.

599. **حافظ محمد عبدالله**

دراسة المفردات العربية في اللغة الأردية دراسة إحصائية لغوية، ماجستير، الخرطوم: معهد الخرطوم الدولي، 1983.

600. **حافظ نظام الدين غازي**

دراسـة إحصائيـة للألفـاظ العربيـة المستخدمة في اللغـة السـندية، الخرطوم: معهـد الخرطوم الدولي للغة العربية، 1978.

601. **حامد بدر**

دفاع عن اللغة العربية، الدوحة 6 : 69، عدد 1981، ص 48 و 49.

602. **حامد حمزة طعمة**

الدافعية نحو مهنة التعليم لدى معلمي المدارس الابتدائية، بغـداد: جامعـة بغـداد، كلية التربية، 1979.

603. **حامد حنفي داود**

الطرق الخاصة في تدريس فروع اللغة العربية والدين، مطبعة المنيرية بالأزهر، د.ت.

604. **حامد عبد الرزاق**

مكانة العربي في المجتمع العالمي تلزمه بنشر اللغة العربية وتعليمها، دراسة مقدمة إلى المؤتمر التاسع لاتحاد المعلمين العرب، الخرطوم، 1976.

605. **حامد عبد العزيز الفقي**

التأخر الدراسي تشخيصه وعلاجه، القاهرة: عالم الكتب 1974.

606. **حامد عبد العزيز الفقي وعبد الرحيم صالح**

النمو اللغوي عند الأطفال في مرحلة الروضة بالكويت وعلاقته ببعض جوانب النمـو الأخرى، مجلة كلية الآداب والتربية – جامعـة الكويت 1304 – حزيران 1978، ص 41 – 54.

607. **حامد عبد القادر**

تحرير الرسم العربي، مجلة مجمع اللغة العربية، إعداد البحوث والمحاضرات، مؤتمر الدورة التاسعة والعشرين لسنة 63/62، ص 281 – 292، المطابع الأميرية بالقاهرة، 1963.

608. **حامد عبد القادر**

دفاع عن الأبجدية والحركات العربية، بحث بمجلة مجمع اللغة العربية الجزء الثاني عشر، مطبعة التحرير، القاهرة: 1960، ص 73 – 101.

609. **حامد عبد القادر**

الحروف والحركات العربية بين شقي الرحى، مجلة التربية الحديثة، العدد الرابع، 1938.

610. **حامد عبد القادر**

المنهج الحديث في أصول التربية وطرق التدريس الخاصة لفروع الدين واللغة العربية، القاهرة، مكتبة نهضة مصر، 1961.

611. **حامد محمود صفراطة**

تعريب التدريس والعلوم في الجامعات العربية ضرورة حضارية، رسالة الخليج العربي، المجلد 5 : 15 -/ 1985، ص 91 – 115.

612. **حب الرسول الصديق مصطفى**

أثر التطبيع الاجتماعي في اكتساب أصوات اللغة العربية في مناطق التداخل اللغوي بمحافظة الخرطوم، رسالة ماجستير، الخرطوم: معهد الخرطوم الدولي، 1983.

613. **الحبيب إبراهيم**

الإنسان بين اللغة واللسان، مجلة فكر، مجلد 9 و 10، ص 719، 1964 – 1965.

614. **حبيب الخوري**

مذهبي في القراءة، مجلة رسالة المعلم، وزارة التربية والتعليم، الأردن كانون ثاني آذار 1964، العدد الثالث والرابع السنة السابعة.

615. **حبيب سلوم**

أثر اللغة العربية وثقافتها في اللغة الإنجليزية واللغات الأوروبية الأخرى، ترجمة أنس الجابي، الآداب الأجنبية، المجلد 10 : 37 خريف 1983.

616. **الحبيب الشاوش**

اللغة العربية، مجلة فكر، مجلد 15، 1969.

617. **حبيب عبد الرحمن بن عبد الرحمن عزيز**

الاسم في علم التصريف والمورفولوجيا، دبلوم، الخرطوم: معهد الخرطوم الدولي للغـة العربية، 1985.

618. **الحبيب عمار والحبيب الصدام**

التنمية اللغوية دراسة وصفية لوضعية المادة خلال السنة الدراسية، تـونس: المجلـة التونسية لعلوم التربية، العدد الرابع السنة الثالث، 1976.

619. **حبيب مصطفى زين العابدين**

استعمال اللغة العربية في المجالات العلمية والتقنية، جدة: مجلة التجارة المجلد 29، العدد 314.

620. **الحبيب الهامي**

التعليم الهيكلي للغات الحية، الحياة الثقافيـة (تـونس)، المجلد 2، العـدد 6، السنة 1976.

621. **حداد سلوم**

الألفاظ العربية المستعارة في لغة الهوسا، مجلة كلية الآداب – جامعة بغداد، العـدد الواحد والعشرون 1977.

622. **حسام الخطيب**

لغة الثقافة ولغة الإعلام، الآداب 32: 1– (1– 3/ 1984)، ص51– 19.

623. **حسام الخطيب**

هموم اللغة العربية في عصرنا، دراسة مقدمـة إلى المـؤتمر التاسـع لاتحاد المعلمين العرب، تطوير تدريس علوم اللغة العربية وآدابها، الخرطوم: فبراير 1976.

624. **حسام الخطيب**

هموم اللغـة العربيـة في عصرنا، مجلة المعرفة، دمشق العـدد 178، كـانون أول، ديسمبر 1976.

625. **حسام الدين محمد بيروز خان**

ميول طلاب المرحلة الثانوية في القراءة الخارجية الحرة بالعراق، ماجستير، المنصورة، كلية التربية، جامعة المنصورة، 1980.

626. **حسان الخوري**

التعريب وتنسيقه في الوطن العربي، مراجعة كتاب: التعريب وتنسيقه في الـوطن العربي، تأليف محمد المنجي الصيادي، حوليات 5 : 22، ربيع/ 1981، ص 62 – 65.

627. **ح ، س عبد الرحيم**

دراسة تقابلية بين اللغتين العربية والأندونيسية من ناحية الضمائر، دبلوم، الخرطوم: معهد الخرطوم الدولي للغة العربية، 1985.

628. **حسن إبراهيم حسن عبد العال**

أصول تربية الطفل في الإسلام، رسالة دكتوراة مقدمة إلى قسم أصول التربيـة كليـة التربية، جامعة طنطا، 1980.

629. **حسن أحمد علي الغرباوي**

خطة بناء قائمة المفردات الشائعة بين أطفال المرحلة الابتدائية، مكة المكرمة، جامعة أم القرى، 1984.

630. **حسن أحمد محمود**

الإسلام والثقافة العربية في إفريقيا، القاهرة: مكتبة النهضة المصرية، 1958.

631. **حسناء الحمزاوي**

اللغة والإعاقة الذهنية التجربة التونسية في تنشيط اللغة عند مجموعة من المعوقين ذهنياً من الدرجة المتوسطة، تونس: المنظمـة العربيـة للتربيـة والثقافـة والعلوم، 1984.

632. **حسن حسني عبد الوهاب**

رواة اللغة والأدب، مجلة الفكر، المجلد 21، ص 592، 1956 / 1957.

633. **حسن الحريري وآخرون**

الطرق الخاصة بتدريس اللغة العربية والدين، القاهرة: مكتبة مصر 1955.

634. **حسن الحريري**

اللغة العربية في المدرسة النموذجية، القاهرة: صـحيفة التربيـة، العـدد الأول، السـنة الأولى، يونيو 1948، ص 91 – 93.

635. **حسن خطاب صبحي**

تقييم تعيينات مشروع تدريب المعلمين متعدد الوسائل في ضوء احتياجات المعلمين من التدريب، بغداد، جامعة بغداد، كلية التربية، 1977.

636. **حسن رشاد**

القراءة الحرة والمكتبات المدرسية من مقال الوظيفة التربوية للمكتبات المدرسية، مجلة صحيفة التربية، العدد الرابع السنة الخامسة، القاهرة: مايو 1953، ص 51 - 59.

637. **حسن شحاتة**

الأخطاء الشائعة في الإملاء في الصفوف الثلاثة الأخيرة من المرحلة الابتدائية، تشخيصها وعلاجها، القاهرة: جامعة عين شمس، كلية التربية رسالة ماجستير، 1978.

638. **حسن شحاتة**

أساسيات في تعليم الإملاء، القاهرة: مؤسسة الخليج العربي، 1984.

639. **حسن شحاتة**

تطور مهارات القراءة الجهرية في مراحل التعليم بمصر، القاهرة: رسالة دكتوراة، كلية التربية جامعة عين شمس، 1981.

640. **حسن ظاظا**

كلام العرب، الإسكندرية، 1971.

641. **حسن عبدالله القرش**

اللغة العربية ووسائل الإعلام، مجلة مجمع اللغة العربية، القاهرة: الجزء 43، جمادى الآخرة، 1399، مايو، أيار، 1979.

642. **حسن عبده**

التطبيق الحديث، القاهرة، م المتوسطة، 1927.

643. **حسن عبدون محمد أحمد**

الألفاظ العربية في اللغة المحسية، الخرطوم: معهد الخرطوم الدولي، بحث دبلوم، 1983.

644. **حسن عبدون محمد أحمد**

لغة الخطاب الاقتصادي في بعض الصحف المعاصرة: الأهرام: الفجر الجديد: قوات الشعب، ماجستير، الخرطوم: معهد الخرطوم الدولي للغة العربية، 1984.

645. **حسن عثمان عبد الرحيم**

تحليل الأخطاء اللغوية لطلاب المركز الإسلامي الإفريقي في المستوى الثانوي العالي، الخرطوم: معهد الخرطوم الدولي للغة العربية، 1981.

646. **حسن عثمان محمد خير**

منهج وطريقة تعليم اللغة الفرنسية كلغة أجنبية وإمكانية الاستفادة منها في تعليم اللغة العربية لغير الناطقين بها، الخرطوم: معهد الخرطوم الدولي، رسالة ماجستير، 1983.

647. **حسن علي الداقوتي**

تأسيس مكتبات عامة للأطفال، مجلة المعلم الجديد بغداد المجلد 25، الجزء الأول، 1962.

648. **حسن علي فرحان**

أثر بعض الطرائق التدريسية في تحصيل طلاب المرحلة الإعدادية في قواعد اللغة العربية، بغداد: جامعة بغداد، كلية التربية، 1984.

649. **حسن عون**

دراسات في اللغة والنحو العربي، القاهرة: معهد البحوث والدراسات العربية، 1969.

650. **حسن محمد باجودة**

اللغة العربية والتربية الإسلامية، مكة المكرمة: جامعة الملك عبد العزيز.

651. **حسن محمد حسان**

طفل ما قبل المدرسة الابتدائية، مكة المكرمة، مكتبة الطالب الجامعي، 1986.

652. **حسن محمد محمود**

بعض المشاكل التي تواجه لتعليم اللغة العربية في الصومال، دبلوم، الخرطوم: معهد الخرطوم الدولي للغة العربية، 1985.

653. **حسني شحاته**

دور المطالعة في تنمية الوعي، التربية، عدد 48، 1981.

654. **حسني محمود**

اللهجات العامية لماذا وإلى أين، اللسان العربي، مجلد 2، 1983، 17- 20.

655. **حسن يوسف بخيت**

إعداد وحدة تعليمية مبنية على الترادف للمتوسطين الأجانب، الخرطوم: معهد الخرطوم الدولي للغة العربية، 1981.

656. **حسين أبو رحمة**

أثر كل من الطريقة الكلية (الطريقة المنطقية للغة) والطريقة التحليلية للجملة في تعليم مهارات القراءة باللغة العربية لتلاميذ الصف الأول، رسالة ماجستير الجامعة الأردنية، كلية التربية، 1984.

657. **حسين أحمد يوسف**
التعريب في الصومال، دبلوم، الخرطوم: معهد الخرطوم الدولي للغة العربية، 1984.

658. **حسين أحمد يوسف**
العلاقة بين الثقافة الصومالية والثقافة العربية، ماجستير، الخرطوم: معهد الخرطوم الدولي للغة العربية، 1985.

659. **الحسين الخزين عبد الرحمن**
علامات الترقيم وتعليمها لغير الناطقين بالعربية والتدريبات عليها، دبلوم، الخرطوم: معهد الخرطوم الدولي للغة العربية، 1985.

660. **حسين خضر**
علاج الكلام، القاهرة: مطبعة خلف وولده بمصر – 1984.

661. **حسين سليمان قورة**
تعليم اللغة العربية، دراسة تحليلية ومواقف تطبيقية، القاهرة، دار المعارف، الطبعة الأولى، 1969.

662. **حسين سليمان قورة**
دراسات تحليلية ومواقف تطبيقية في تعليم اللغة العربية والدين الإسلامي، ط1، دار المعارف، القاهرة، 1981م.

663. **حسين سليمان قورة وآخرون**
التخلف في القراءة والكتابة بالمرحلة الأولى أسبابه وأساليب علاجه، صحيفة التربية، العدد الثاني، يناير 1967.

664. **حسين طبي**
دراسة تقابلية على المستوى الصوتي بين اللغة العربية واللغة الفرنسية، الخرطوم: معهد الخرطوم الدولي للغة العربية، 1978.

665. **حسين الطيب الشيخ**
كتابة اللغة السواحلية بالحرف العربي، الخرطوم: معهد الخرطوم الدولي للغة العربية 1977.

666. **حسين علي محفوظ**
أثر اللغة العربية في اللغة الأردية، مجلة كلية الآداب، جامعة بغداد، العدد 21، 1971، ص 139 – 166.

667. **حسين علي محفوظ**

أثر اللغة العربية في الشعوب الشرقية، مجلة المورد، المجلد التاسع، العدد الرابع، ص 215 – 231، شتاء 1981.

668. **حسين علي محفوظ**

أثر اللغة العربية في اللغة التاجيكية، بغداد (1960 – 1964)، جزءان.

669. **حسين علي محفوظ**

أثر اللغة العربية في اللغة التاجيكية، مجلة المجمع العلمي العراقي، العدد الحادي عشر، 1984، ص 158 – 181، العدد الثاني عشر، 1985، ص 139 – 164.

670. **حسين علي محفوظ**

أثر اللغة العربية في اللغة الفارسية، مجلة المجمع المصري، العدد 40، 1974، ص 301، 303.

671. **حسين علي محفوظ**

تقريب العامية الأولى من الفصحى، القاهرة، مجلة مجمع اللغة العربية، الجزء 41، جمادى الأول، 1398، مايو أيار، 1978.

672. **حسين قدوري**

لعب وأغاني الأطفال في الجمهورية العراقية، منشورات وزارة الثقافة والإعلام مطابع الرسالة، الكويت، 1979.

673. **حسين قورة**

دراسات تحليلية ومواقف تطبيقية في تعلم اللغة العربية والدين الإسلامي.

674. **حسين محمد جميل**

منهج الخلوة السودانية في تعليم القرآن الكريم للناطقين بلغات مختلفة دراسة وصفية نقدية، ماجستير: الخرطوم، معهد الخرطوم الدولي، 1983.

675. **حسين يسري عليوة**

التعريب وأهمية تأكيد مقومات الحضارة العربية المعاصرة، مجلة اللسان العربي، الرباط، العدد 12، الجزء الأول، 1975، ص 199.

676. **حلمي محمد عبد الهادي**

الهادي في قواعد اللغة العربية، عمان، دار الفكر، 1987.

677. **حليم السعيد بشاي**

كيفية التخطيط وتحديد البرامج التلفزيونية للطفل مـا قبـل الدراسـة الابتدائيـة في الخليج العربي، بناء الطفل في الخليج العربي للمستقبل العربي، حلقة دراسية ينظمها الاتحاد العام لنساء العراق وجامعة البصرة من 13 – 9/15، 1979 رقم البحث 20.

678. **حمادة إبراهيم محمد إسماعيل**

أثر العلوم العصرية في تعليم اللغة العربية، مجلـة الـدارة، المجلـد 11 العـدد 3 دارة الملك عبد العزيز، الرياض.

679. **حماد محمد حماد**

اللغة أهميتها كيفية فهمها وأسباب تطورها، بخت الرضا العدد 27/ يناير، 1975.

680. **حمد أبو شيخة عيسى**

المشكلات التي يواجهها المعلم المبتدىء كما يراها المعلمون المبتدئون المتخرجـون في مراكز تدريب عمان، رسالة ماجستير، الجامعة الأردنية، 1976.

681. **حمدان علي نصر**

أثر استخدام نشاطات كتابية وكلامية مصاحبة علـى تنميـة بعـض مهـارات القـراءة الناقدة، دراسة تجريبية، المجلة العربية للتربية، م16، ع1، 1996م.

682. **حمدان علي نصر**

علاقة اتجاهات طلبة الصف الثانوي الأول نحو اللغة العربية بتحصيلهم في مهارات النحو والاستيعاب اللغوي، رسالة ماجستير، الجامعة الأردنية، كلية التربية، 1981.

683. **حمد رضا**

العامي والفصيح، مجلة المجمع العلمي العربي، المجلد 19 الجزءان 1 ، 2 كانون ثاني وشباط 1944، محرم وصفر 1363.

684. **حمد عبد المجيد الكبيسي**

الصعوبات التي تجابه الأجانب عند تعلمهم اللغة العربية، مجلة آداب المستنصرية، المجلد 6، 1982.

685. **حمد القروز عبد العزيز وآخرون**

ظاهرة عزوف الشباب العربي عن مهنة التدريس، المنظمة العربية للتربيـة والثقافـة، تونس 1983.

686. **حمدي قفيشة**

تحليل الأخطاء، وقائع ندوات تعليم اللغة العربية لغير الناطقين بها، الجزء الثاني، ص 73، مكتب التربية العربية لدول الخليج، 1406، 1985.

687. **حمدي قفيشة**

الحوار في الكتاب المدرسي، السجل العلمي للندوة العالمية الأولى لتعليم العربية لغير الناطقين بها، ج2، الرياض: عمادة شؤون المكتبات، 1980، ص 109 - 118.

688. **حمزة عبد الواحد حمادي**

دراسة مقارنة لأثر أسلوبي تدريس اللغة العربية التقليدي والتكاملي في تحصيل الطلبة، دكتوراة، بغداد، جامعة بغداد، كلية التربية، 1986.

689. **حمزة علي حماد**

تعليم اللغة العربية في زنجبار، دبلوم، الخرطوم: معهد الخرطوم الدولي للغة العربية، 1985.

690. **حمزة فتح الله**

دراسة الكلمات غير العربية، القاهرة: مطبعة بولاق 1902.

691. **حميد بن سالم**

الثقافة الإسلامية ومكانة اللغة العربية في الجزائر قبل الاستقلال، اللسان العربي العدد (1) صفر 1382 يونيو حزيران، 1964.

692. **حميد خلف الهيتي وآخرون**

اللغة العربية لغير الناطقين بها، كلية الآداب، الجامعة المستنصرية، مطبعة الصباغي، جزءان الأول عام 1979 والثاني، 1980.

693. **حميد مجيد الحمادي**

الفصيحة بين الواقع والطموح، المورد، مجلد 8، عدد 3.

694. **حنا نمر**

بين العامية والفصحى، مجلة المجمع العلمي العربي، المجلد 19، الجزءان (11 ، 12) تشرين الثاني، كانون أول، 1944 ذو القعدة، ذو الحجة 1362.

695. **حنفي ناصف وآخرون**

دروس البلاغة، القاهرة، المطبعة الكبرى الأميرية، 1903.

696. **حنفي ناصف وآخرون**

الدروس النحوية، القاهرة، المطبعة الكبرى الأميرية، 1903.

697. **حنفي ناصف، ومحمد دياب ومحمد عمر وسلطان محمد ومصطفى طمطوم**

قواعد اللغة العربية لتلاميذ المدارس الثانوية، بولاق، 1324هـ.

698. **حنفي ناصف وآخرون**

كيف نعالج مشكلة الضبط، مجلة المعلم العدد الأول، السنة السابعة، مايو، 1958، القاهرة، ص 7 – 9.

699. **حورية الخياط**

إعادة بناء مفاهيم النحو في المرحلة الإعدادية، جامعة عين شمس، رسالة دكتوراة، 1982.

700. **حورية الخياط**

فعالية التعليم المبرمج في تدريس مادة النحو في المرحلة الإعدادية، المجلة العربية للبحوث التربوية 2 : 1، العدد الأول / 1981.

701. **حياة عبد الوهاب التهامي**

أهمية الوسائل التعليمية في تعليم اللغة العربية لغير الناطقين بها، دبلوم، الخرطوم: معهد الخرطوم الدولي للغة العربية، 1985.

702. **حياة عيد علي حسين**

أهمية متحف الطفل كوسيلة تثقيف بناء الطفل في الخليج العربي بناء للمستقبل العربي، حلقة دراسية ينظمها الاتحاد العام لنساء العراق وجامعة البصرة في الفترة من 13 – 1979/1/15، البحث رقم 22، ص 32.

703. **حيمور حسن يوسف**

وظيفة الحركات في بنية الكلمة وإعرابها، الخرطوم: معهد الخرطوم الدولي للغة العربية، 1978.

خ

704. **خالد الأعظمي.**
بين الفارسية والعربية، مجلة سوق بغداد 1963، ص171-192.

705. **خالد الأمين جاكيتي.**
دراسة تقابلية بين اللغة السوننكية واللغة العربية على المستوى الصوتي، دبلوم، الخرطوم: معهد الخرطوم الدولي، 1983.

706. **خالد الأمين جاكيتي.**
دراسة تقابلية بين اللغة العربية واللغة السوننكية على المستوى الصرفي، ماجستير، الخرطوم: معهد الخرطوم الدولي للغة العربية، 1984.

707. **خالد بن عبد الله الأزهري.**
موصل الطلاب إلى قواعد الإعراب، 1299هـ.

708. **خالد مفتاح.**
تيسير الكتابة العربية، المجلة العربية، 3:5، العدد6، 1981، ص57-58.

709. **خالد يوسف يوسف.**
تقويم الاستيعاب القرائي للطلبة الذين أنهوا الصف الثالث الإعدادي وعلاقته بتفرعهم في التخصصات الأكاديمية والمهنية في المرحلة الثانوية، عمان، الجامعة الأردنية، كلية التربية، رسالة ماجستير، 1983.

710. **خديجة نورجيهان.**
إحصاء المفردات وتراكيب اللغة العربية المستخدمة في لغة الإسلام للصف السادس والسابع والثامن بالمدارس الثانوية الباكستانية واقتراح منهج للصف التاسع، دبلوم، الخرطوم: معهد الخرطوم الدولي للغة العربية، 1984.

711. **خديجة نورجيهان.**
تدريب معلمي اللغة العربية في جمهورية باكستان، ماجستير، الخرطوم: معهد الخرطوم الدولي للغة العربية، 1985.

712. **خرمان بيراني.**
اللغة العربية ومشاكل تعليمها في إسرائيل كلغة أجنبية، القدس، مطبعة دار الأيتام الإسلامية، 1972.

713. **خلدون الشمعة.**
الجذور المعرفية الإبداعية لأدب الأطفال، سوريا، مجلة الموقف الأدبي العدد95، آذار/مارس 1979.

714. **خلف نصار.**
القيم السائدة في صحافة الأطفال العراقية، ماجستير، بغداد: جامعة بغداد، كلية التربية، 1977.

715. **الخليفة خليفة.**
نحو عربية أفضل، دار مكتبة الحياة، بيروت 1974.

716. **خليل إبراهيم الجبوري.**
دراسة مقارنة للقيم في كتب المطالعة للمرحلة المتوسطة بين العراق وسوريا، رسالة ماجستير، جامعة بغداد، كلية التربية، 1980.

717. **خليل إبراهيم الحماش.**
المحتوى التربوي للدراسات اللغوية، بغداد: مجلة الأقلام، الجزء الرابع، السنة الثالثة، كانون أول 1966، ص49-54.

718. **خليل إبراهيم الحماش.**
مشكلات الدلالة في المعجم الثنائي اللغة، صدر في صناعة المعجم العربي لغير الناطقين بالعربية، الرباط: مكتب تنسيق التعريب، 1981.

719. **خليل إبراهيم العطية.**
دراسات في اللهجات العربية واللهجة الصنعائية، الخليج العربي، 1:16، ص47-57.

720. **خليل أحمد عمايره.**
رأي في بعض أنماط التركيب الجملي في اللغة العربية في ضوء علم اللغة المعاصر، المجلة العربية للعلوم الإنسانية 8،2 ، خريف 1982، ص57-77.

721. **خليل أحمد قيصر.**
المفردات العربية المستخدمة في اللغة البنجابية، دبلوم الخرطوم: معهد الخرطوم الدولي، 1983.

722. **خليل الحماس.**

المحتوى التربوي للدراسات اللغوية، بغداد، الأقلام، الجزء الرابع 3 كانون الأول، 1966، ص49-54.

723. **خليل الزهاوي.**

كراسة الخط العربي وقواعد التعليق، مطبعة أوفست الميناء، بغداد، 1977.

724. **خليل السكاكيني.**

الأصول في تعليم اللغة، القاهرة: مطبعة الاعتماد، 1952.

725. **خليل السكاكيني.**

مبادىء وأصول في تعليم اللغة العربية، القدس: 1936.

726. **خليل سمعان (ترجمة).**

أسبقية الفصحى على العامية، مجلة اللسان العربي، الرباط: العدد التاسع، الجزء الأول، 1972.

727. **خليل سمعان.**

على هامش دعوة الصعوبة في تعليم العربية، دمشق: مجمع دمشق، م، 42، 1967-1968.

728. **خليل العاني ومولود الدوري.**

دروس في قواعد اللغة العربية، النجف: م النعمان 1966.

729. **خليل محمود عساكر.**

طريقة لضبط النصوص العربية المطبوعة بشكل مخفف، مجلة معهد اللغة العربية وحدة البحوث والمناهج، العدد الأول، 1402-1403، 1982-1983، مكة المكرمة، جامعة أم القرى.

730. **خليل محمود عساكر.**

الكتابة العربية بين نموها الرأسي ونمو أفقي مقترح، أبحاث الندوة العالمية الأولى لتعليم العربية لغير الناطقين بها، الرياض، 1980.

731. **خليل مطران.**

اللغة العربية في ربع قرن، الهلال السنة 26، الجزء الأول، 1917-1335.

732. خميس بن حميدة.

لعب الأطفال: وما وصلت إليه النظرية والبحوث، مساهمات في النمو البشري، المجلـة العربية للبحوث التربوية 1:4 (1984/1)، ص184 و 185.

733. خولة أحمد النوري.

القيم في قصص الأطفال في بعض الأقطار العربية (دراسـة مقارنـة) دكتـوراه، بغـداد: جامعة بغداد، كلية التربية، 1985.

734. خولة طالب الإبراهيمي.

طريقـة تعليـم التراكيـب العربيـة في المـدارس المتوسـطة الجزائريـة، الجزائـر: مجلـة اللسانيات، العدد الخامس، 1981.

735. خولة عبد الوهاب القيسي.

تحليل عمل معلمة رياض الأطفال في بغداد، ماجستير، بغـداد: جامعـة بغـداد، كليـة التربية، 1978.

د

736. **داجلاس بيرس.**
إنتاج الكتب الدراسية في البلدان النامية: بعض مشكلات الإعداد والإنتاج والتوزيع، ترجمة: ك. بسطوروس، التربية الجديدة، مجلد 10، عدد 28، 1983.

737. **دافيد لويس.**
تاريخ علم المشرقيات في البرتغال، دمشق: مجلة مجمع اللغة العربية، العدد الثالث 1923، ص14-55.

738. **دانييل سيمينوف.**
قواعد تركيب جمل اللغة العربية الفصحى استناداً إلى نصوص الأدب العربي المعاصر، لينغراد، 1941.

739. **داوود حلمي السيد.**
نحو تصور جديد لتعليم اللغة العربية لغير الناطقين بها بين النظرية والتطبيق، ندوة تأليف كتب تعليم اللغة العربية للناطقين بلغات أخرى، الرباط: 7/4، مارس 1980.

740. **داوود حلمي السيد.**
نحو تصور جديد للكتاب المدرسي، ندوة تأليف كتب تعليم العربية للناطقين بلغات أخرى، الرباط:1980.

741. **داوود سلام.**
أثر التكرار في تثبيت المفردات والتراكيب، ندوة تأليف كتب تعليم العربية للناطقين بلغات أخرى، الرباط: 1980.

742. **داوود سلوم.**
أثر اللغة العربية في اللغات الأجنبية، المورد المجلد 9 : 4، شتاء 1981.

743. **داوود سلوم**
الألفاظ المستعارة من العربية في اللغة السواحلية، مجلة كلية الآداب- جامعة بغداد، العدد التاسع عشر 1975.

744. **داوود سلوم.**
الألفاظ المستعارة من العربية في لغة اليوربا، مجلة كلية الآداب- جامعة بغداد العدد العشرون 1976.

745. **داود عبده.**
أبحاث في اللغة العربية، بيروت، مكتبة لبنان، 1973.

746. **داود عبده.**
البنية الداخلية للجملة الفعلية في العربية، الأبحاث 31، عدد خاص (1983/-)، ص37-54 .

747. **داود عبده.**
التراكيب اللغوية في كتب تعليم العربية للناطقين بلغات أخرى، ندوة تأليف كتب تعليم العربية للناطقين بلغات أخرى، الرباط، 1980.

748. **داود عبده.**
ترتيب تطبيق القواعد الصوتية في اللغة العربية، المجلة العربية للدراسات اللغوية، المجلد 1:1، العدد8، 1982، ص9، 1-136 .

749. **داود عبده.**
التركيب في القواعد الصوتية في اللغة العربية، أشغال ندوة اللسانيات في خدمة اللغة العربية، الجامعة التونسية، مركز الدراسات والأبحاث، تونس، سلسلة اللسانيات، عدد 5، 1981.

750. **داود عبده.**
علم اللغة النفسي، مجلة العلوم الاجتماعية، المجلد 13: العدد1، ربيع 1985، ص193-197 .

751. **داود عبده، وسلوى الحلو.**
في اكتساب مفردات الطفل، المجلة العربية للعلوم الإنسانية، جامعة الكويت الجزء الثالث، 1918، ص95-116.

752. **داود عبده.**
فهم اللغة، آفاق عربية، 9: 6 (1984/2)، ص88-95.

753. **داود عبده.**

نحو تعليم اللغة العربية وظيفياً، مؤسسة دار العلوم- الكويت 1979.

754. **داود عطية عبده.**

المفردات الشائعة في اللغة العربية، دراسة في قوائم المفردات الشائعة في اللغة العربية، الرياض، معهد اللغة العربية، جامعة الرياض-1399-1979.

755. **داود كاون.**

استخدام المعجم في تعليم اللغة العربية، صدر في صناعة المعجم العربي لغير الناطقين بالعربية، الرباط، مكتب تنسيق التعريب، 1981.

756. **داود كاون.**

المعجم في تعليم العربية لغير الناطقين بها، الرباط: دراسة ندوة تأليف كتب تعليم العربية للناطقين بلغات أخرى، 1980.

757. **درغام يوسف الرحال**

دراسة تحليلية: الأفيزيا (الحبسة الكلامية) كأحد أشكال اضطرابات الكلام أسبابها وأشكالها المختلفة وطرق علاجها، المعرفة (سوريا) 38/426-427، 1999.

758. **د.ر. كاليا.**

تشجيع القراءة في البلاد العربية، مجلة التربية الأساسية، المجلد السابع، العدد الثاني، 1960، مركز التربية الأساسية في العالم العربي، سرس الليان، جمهورية مصر-العربية، ص42-58.

759. **درويش الجندي.**

تقوية المعنى في العربية، مجلة كلية اللغة العربية، 1981/11 ، ص357-384.

760. **درويش مصطفى الفار.**

حول لغتنا العربية التوضيح... نعم التبسيط لا، الدوحة: 6: 64، عدد 1981/4، ص12-13.

761. **دشارد توماس.**

دليل المصطلحات الدينية إنجليزي عربي، بيروت رابطة المطبوعات المسيحية العربية، 1969.

762. دفع الله أحمد محمد صالح.
اتجاهات التيسير في النحو العربي ومدى الاستفادة منها في تعليم اللغة العربية لغير الناطقين بها، الخرطوم: معهد الخرطوم الدولي للغة العربية 1977.
763. دفع الله محمد حسان.
من المفاهيم الحديثة للقراءة، مجلة بخت الرضا، العدد 1956.
764. د.ل. بيران.
مهمة تدريس المطالعة، مجلة الرائد، السنة الأولى، العدد الأول يناير، 1956، نقابة المهن التعليمية، القاهرة، 26-27.
765. دمياطي عبد العزيز.
أهمية انتشار اللغة العربية في أندونيسيا، دبلوم الخرطوم: معهد الخرطوم الدولي للغة العربية 1985.
766. د. هدسن
علم اللغة الاجتماعي، ترجمة محمود عياد، دار الشؤون الثقافية العامة، بغداد، ط1، 1987م.
767. دوجلاس براون
أسس تعلم اللغة وتعليمها، ترجمة عبده الراجحي وعلي أحمد شعبان، دار النهضة العربية للطباعة والنشر، بيروت، 1994م.
768. دوجلاس براون
مبادئ تعلم وتعليم اللغة، ترجمة إبراهيم بن حمد القعيد وعيد بن عبدالله الشمري، مكتب التربية العربي لدول الخليج، الرياض، 1994م.
769. دونالد بيران.
القراءة الوظيفية، ترجمة قدري لطفي، مكتبة مصر، القاهرة (بدون تاريخ)، ص1-ص127.
770. ديرية ورسمة أبكر.
إحصاء المفردات العربية الواردة في الصحف الصومالية المعاصرة، الخرطوم: معهد الخرطوم الدولي للغة العربية، 1979.

771. **ديريك ماهمان.**
دراسة تقابلية بين العربية والتايلاندية على المستوى الصوتي، ماجستير، الخرطوم: معهد الخرطوم الدولي، 1979.

772. **ديفلين هاري.**
تنمية القدرة على التعلم عند الأطفال، ترجمة محمد عياد الدين إسماعيل، القاهرة: مكتبة النهضة المصرية، 1961.

773. **ديلوي ويرت.**
أضواء على العملية الإبداعية في اكتساب اللغة، ترجمة عادل الكفيش، آفاق عربية، 9: 1 و 2(1983/10)، ص 105-108 .

774. **ديمتر ييف (1898 – 1954).**
العناصر العربية في اللغة البشكيرية، موسكو 1930 .

775. **راتب السعود.**

مفردات الطفل الأردني عند التحاقه بالصف التمهيدي في رياض الأطفال في مدينة عمان، رسالة ماجستير غير منشورة- الجامعة الأردنية- كلية التربية، 1982.

776. **راجية محمد محمد شكري.**

أثر أسلوب التدريس في تحصيل التلاميذ وميولهم نحو المادة الدراسية، جامعة عين شمس، رسالة ماجستير، كلية التربية، 1981.

777. **راجي رموني.**

الترابط بين الأساليب النثرية والتطورات اللغوية في العربية بعد الحرب العالمية الثانية، آن آربر مركز الأبحاث في اللغة والسلوك اللغوي، جامعة ميتشجان.

778. **راجي عنايت.**

مسرح الأطفال بين الواقع والأسطورة، القاهرة: مجلة الطليعة، العدد الرابع، السنة الثانية، إبريل 1966، ص73-76.

779. **راجي محمود رموني.**

طريقة التدريبات الموحدة مفهومها ودورها في تدريس العربية لغير الناطقين بها، الندوة العالمية الأولى لتعليم العربية لغير الناطقين بها، ج2، الرياض: 1978.

780. **راجي محمود رموني.**

المكونات الأساسية لتدريس اللغة العربية لغير الناطقين بها، مجلة الثقافة العربية، السنة السادسة، الجزء الأول.

781. **راشد عيسى.**

لغتنا يقومها القرآن الكريم، المجلة العربية، 5:5، 1981/8، ص81.

782. **راضي رحمة جبر السيفي.**

أثر أسلوبين تدريسيين على تحصيل التلاميذ في الإملاء، بغداد: جامعة بغداد، كلية التربية، 1980.

783. **رافعة رافع الزعبي.**

تطوير قائمة مفردات مقياس ستانفورد بينيه (الصورة ل-م) في صورة معدلة للبيئة الأردنية، الجامعة الأردنية، كلية التربية، رسالة ماجستير، 1977.

784. **رؤوف محمد أحمد.**

قياس سرعة القراءة- الفهم في مرحلة الدراسة المتوسطة، بغداد، جامعة بغداد- كلية التربية، 1984.

785. **رجا توفيق خضر.**

تحليل لغوي جديد للتداخل الصوتي في اكتساب وتعلم لغة أجنبية، المجلة العربية للدراسات اللغوية، المجلد 1، العدد1، 1982، ص103.

786. **ربيكا أكسفورد.**

إستراتيجيات تعلم اللغة ترجمة وتعريب، السيد محمد وعدور، مكتبة الأنجلو المصرية.

787. **رجاء محمود أبو بكر.**

حصيلة المفردات لدى طفل الروضة في الخرطوم دراسة مقارنة بين منطقة وسط الخرطوم ومنطقة عشش فلاتة، دبلوم، الخرطوم، معهد الخرطوم الدولي، 1983.

788. **رجاء محمود أبو بكر.**

قضايا التعريب في كلية الطب بجامعة الخرطوم، ماجستير، الخرطوم: معهد الخرطوم الدولي للغة العربية، 1984.

789. **رحيم علي العويتي.**

استطلاع آراء ورغبات الأطفال في برامجهم من إذاعتي بغداد وصوت الجماهير، البحوث، عدد 15، 1985.

790. **رزق الطويل.**

النحو الوسيط، القاهرة: م الدعوة الإسلامية، 1980.

791. **رزوق عيسى.**

نظر تاريخي في لغة الإسبرانتو، مجلة لغة العرب، م2، ع4، 1912-1913.

792. **رسلان بن عبد الوهاب.**

دراسة تقابلية بين اللغة العربية واللغة الإندونيسية على مستوى الحرف، دبلوم، الخرطوم: معهد الخرطوم الدولي للغة العربية، 1985.

793. **رشاد الحمزاوي.**
التداخل الأسلوبي في الفرنسية والعربية، حوليات الجامعة التونسية، العدد الحادي عشر، 1974، ص27 – 38.

794. **رشاد الحمزاوي.**
المجمع العلمي العربي بدمشق ومشكلة ترقية اللغة، مجلة فكر المجلد6، ص922، 1960-1961.

795. **رشاد دارغوت**
تيسير اللغة العربية، صيدا، المطبعة العصرية، 1947.

796. **رشاد دارغوت.**
تيسير اللغة العربية، مجلة فكر، المجلد الرابع، 1958-1959.

797. **رشاد دارغوت وعفيف دمشقية ونزيه كباره.**
في قواعد اللغة العربية، بيروت 1978م، ط2.

798. **رشاد دارغوت.**
هل اللغة العربية صعبة؟ وكيف يمكن تيسيرها؟، مجلة اللسان العربي، العدد الخامس، أغسطس 1967، ص56-63.

799. **رشدي أحمد طعيمه.**
اختبارات سرس الليان للتعليم الوظيفي للكبار في العالم العربي، اختبار القراءة الصامتة، 1971.

800. **رشدي أحمد طعيمة.**
دليل عمل في إعداد المواد التعليمية لبرامج تعليم العربية، معهد اللغة العربية بجامعة أم القرى، مكة المكرمة 1985م.

801. **رشدي أحمد طعيمة.**
دور أدب الأطفال في إشباع حاجاتهم النفسية، القاهرة، كلية التربية، جامعة عين شمس، مارس، 1979.

802. **رشدي أحمد طعيمة**
قضايا وتوجيهات في تدريس الأدب العربي، مجلة معهد اللغة العربية، ع1، 1983.

803. رشدي أحمد طعيمة.
مشكلات الانقرائية في كتب تعليم اللغة العربية لغير الناطقين بها، الرباط: نـدوة تأليف كتب تعليم العربية للناطقين بلغات أخرى، 1980.

804. **رشدي أحمد طعيمة**
نحن نتعلم العربية، وحدة في تعليم العربية لغير الناطقين بها، الخرطوم: 1978.

805. رشدي أحمد طعيمة.
نحو أداة موضوعية لتقويم كتب تعليم اللغة العربية لغير الناطقين بها، المجلـة العربية للدراسات اللغوية، الخرطوم، م1، ع2، 1983.

806. رشدي أحمد طعيمة.
وضع مقياس للتذوق الأدبي عند طلاب المرحلة الثانوية فن الشعر، رسالة ماجستير، كلية التربية، جامعة عين شمس، 1971.

807. **رشدي أحمد طعيمة وأحمد أبو شنب**
المهارات اللغوية ومستوياتها تحليـل نفسي- لغـوي، دراسـة ميدانيـة، معهد اللغـة العربية، جامعة أم القرى 1990م.

808. **رشدي أحمد طعيمة ومحمود كامل الناقة.**
تعليم العربية لغير الناطقين بها (الكتاب الأساسي، الجزء الأول، مرشد المعلم). معهـد اللغة العربية، جامعة أم القرى، مكة المكرمة 1984.

809. **رشدية الحلبي.**
خبراتي التربوية والتدريسية في التعليم للصف الأول، بغداد، 1953.

810. **رشدية الحلبي.**
خطط تدريسية في تعليم الألفباء، بغداد، 1963.

811. **رشدي خام منصور.**
تقويم مناهج محو الأمية، بحث مقدم إلى المسؤولين مـن إعـداد المناهج الدراسية نحو الأمية في البلاد العربية، في الفترة مـن 1/25 إلى 69/2/20، سرس الليـان، مصر- 1969.

812. **الرشيد أبو بكر.**
استخدام التحويلات النحويـة في دراسة اللغة العربية، المجلة العربية للدراسات اللغوية، المجلد 1:1 العدد 2، 1982، ص65-91.

813. **الرشيد أبو بكر.**
البحث اللغوي عند العرب، ترجمة محمد عطا المنان، المجلة العربية للدراسات اللغوية 1:1 العدد 1982/8، ص208-218.

814. **رشيد بن عبد الله الشرتوني.**
مبادئ العربية في الصرف والنحو، بيروت: م الكاثوليكية، ط6، بيروت: دار المشرق، 1973.

815. **رشيد سليم الخوري.**
لغة العروبة، التراث العربي 1:3 (1983/1)، ص30.

816. **رشيد عبد الرحمن العبيدي.**
عيوب اللسان واللهجات المذمومة، مجلة المجتمع العلمي العراقي، م36/3-1985/4.

817. **رشيده خنوقة.**
تعليم اللغة العربية لأبناء المغتربين في فرنسا، الخرطوم: معهد الخرطوم الدولي، بحث دبلوم 1983.

818. **رضا السويسي.**
التعليم الهيكلي للعربية الحية، مجلة فكر، مجلد 23-1978.

819. **رضا السويسي.**
التعليم الهيكلي للغات الحية، تونس: الدار العربية للكتاب 1980.

820. **رضا السويسي.**
التعليم الهيكلي للغات الحية، تونس: الشركة التونسية للفنون والرسم 1979.

821. **رضا السويسي.**
من المنطلقات اللسانية واللسانية النفسية في طرق تدريس اللغة العربية لأبنائها على مستوى الثانوي، أشغال ندوة اللسانيات في خدمة اللغة العربية، تونس: الجامعة التونسية 1981، مركز الدراسات والأبحاث الاقتصادية والاجتماعية، سلسلة اللسانيات، عدد5.

822. **رضا الكشو.**
تعليم اللغة العربية لغير الناطقين بها، آفاق عربية، مجلد 5، عدد 4.

823. **رضوان أبو الفتوح وآخرون.**
الكتاب المدرسي، القاهرة، مكتبة الأنجلو المصرية، 1962.

824. **رضوان القضماني.**
اللغة العربية والكتابة الصوتية، الموقف الأدبي، 140، العدد 1982/12، ص23-37.

825. **رضوان القضماني.**
اللغة منطوقة وبنية، نظرة مادية، الموقف الأدبي، 148(1983/8)، ص23-39.

826. **رعد أحمد محمد.**
اختبار الاستيعاب الشفوي، وقائع ندوات تعليم اللغة العربية لغير الناطقين بها، الجزء الثاني، ص11، مكتب التربية العربي لدول الخليج، 1406-1985.

827. **رفائيل بابو إسحاق.**
الطريقة الاستقرائية في دروس قواعد العربية، بغداد 1925م.

828. **الأديب رفائيل اليسوعي نخلة.**
قاموس المترادفات والمتجانسات، بيروت، 1957.

829. **رقية رجب رابح.**
منهج مقترح للغة العربية الخاصة للصف الأول الثانوي بجنوب السودان، ماجستير، الخرطوم: معهد الخرطوم الدولي للغة العربي، 1984.

830. **رقية رجب رابح.**
منهج اللغة العربية الخاصة للصف الثالث الثانوي بالإقليم الجنوبي، الخرطوم: معهد الخرطوم الدولي، بحث دبلوم 1983.

831. **رقية السيد الطيب.**
معجم مفردات التربية الإسلامية على ضوء كتاب التربية الإسلامية (الصف الثالث الثانوي العام)، الخرطوم: معهد الخرطوم الدولي للغة العربية، 1977.

832. **رقية قطبي علي.**
دراسة تحليلية نقدية لمنهج النحو للصف الرابع الابتدائي، الخرطوم: معهد الخرطوم الدولي للغة العربية، 1982.

833. **رقية مضوي محمد.**
المشكلات التي تواجه متحدث اللغة السواحلية عند تعلمه اللغة العربية، دبلوم، الخرطوم: معهد الخرطوم الدولي للغة العربية، 1984.

834. **رقية مضوي محمد.**
المشكلات التي تواجه متحدث اللغة السواحلية عند تعليمه (اللغة العربية)، دراسة صوتيه، الخرطوم: معهد الخرطوم الدولي للغة العربية، 1981.

835. **ر.ل بلاشير.**
تطبيق قواعد اللغة العربية صرفاً ونحواً، باريس 1952، ط2.

836. **رمزي بعلبكي.**
ظواهر المحافظة والتطور في الصوامت العربية على ضوء المناهج المقارنة لعلم اللغات السامية، الأبحاث 31: عدد خاص 1983، ص5-24.

837. **رمزية الغريب.**
القدرة اللغوية والقدرة العملية كأساس للتوجيه الدراسي، صحيفة التربية، العدد الرابع، السنة الثانية، القاهرة، يوليو 1950، ص80-86.

838. **رمضان عبد التواب.**
أهم الوسائل السمعية في تحسين الأداء اللغوي بحث مقدم لمؤتمر اللغة العربية في الجامعات، عقد في الإسكندرية، 30/26، ديسمبر 1981.

839. **رمضان عبد التواب.**
التطور اللغوي وقانون السهولة والتيسير، مجلة المجمع المصري، العدد السادس والثلاثون، 1975، ص196-205.

840. **رمضان عبد التواب.**
التطور اللغوي مظاهره وعلله وقوانينه، مكتبة الخانجي بالقاهرة، دار الرفاعي بالرياض، الطبعة الأولى 4-14، 1983.

841. **رمضان عبد التواب.**
العربية الفصحى وتحديات العصر، مجلة كلية اللغة العربية، جامعة الإمام محمد بن سعود، العددان 14/13، 1984.

842. **رمضان عبد التواب.**
قضية الإعراب في العربية الفصحى بين أيدي الدارسين، مجلة المجلة، 5 العدد الرابع عشر بعد المائة، السنة العاشرة، القاهرة، يونيو 1966، ص102-109.

843. **رمضان عبد التواب.**
لحن العامة والتطور اللغوي، مطبعة دار المعارف بمصر، القاهرة، 1972.

844. **رمضان عبد التواب.**

اللغة العربية بين المدرس والمنهج دراسة مقدمة إلى ندوة خبراء ومسؤولين لبحث وتطوير إعداد اللغة العربية، الرياض: من 10/5، مارس 1977.

845. **رمضان عبد التواب.**

المدخل إلى علم اللغة ومناهج البحث اللغوي، مكتبة الخانجي بالقاهرة، ودار الرفاعي بالرياض، ط1، 1982.

846. **رمضان عبد التواب.**

مشكلة الهمزة العربية، مكتبة الخانجي بالقاهرة، ط1، 1996.

847. **رمضان لاوندا.**

خواطر بين يدي لغتنا العربية، مجلة فكر، مجلد 15.

848. **رملي الحاج إسماعيل.**

مشكلات العربي في ماليزيا، ندوة تأليف كتب تعليم العربية للناطقين بلغات أخرى، الرباط، 1980.

849. **ر.هـ. روبنز ترجمة أحمد عوض**

موجز تاريخ علم اللغة (في الغرب)، عالم المعرفة، 227، الكويت.

850. **رهف ناصر علي العيساوي.**

المعلم: إعداده وتدريبه، دبلوم، الخرطوم: معهد الخرطوم الدولي للغة العربية، 1985.

851. **روب.**

الصعوبات المدرسية عند الطفل، ترجمة محمد مصطفى زيدات وآخرين، القاهرة، مكتبة الأنجلو المصرية، 1966.

852. **روبرت دوترنز.**

منهج المدرسة الابتدائية، ترجمة بدوي بخيت يوسف، سلسلة الألف كتاب، دار الفكر العربي، القاهرة، 1952.

853. **روت بيرد.**

جان بياجيه وسيكولوجية نمو الأطفال، ترجمة فيولفارس البيلاوي، القاهرة، مكتبة الأنجلو المصرية، 1976.

854. رونالد إيلوار

مدخل إلى اللسانيات،ترجمة بدرالدين القاسم، مطبعة جامعة دمشق، 1980م.

855. رياض جنزرلي.

قدرات اللغة العربية والعقبات التي تعترض الدارسين، وقائع نـدوات تعليم اللغـة العربيـة لغـير النـاطقين بهـا، الجـزء الثـاني، مكتـب التربيـة العربي لـدول الخلـيج، 1406هـ/1985م، ص115.

856. رياض جنزرلي ومحمد حامد سليمان.

المرجع في الكتابة العربية، مكة المكرمة، جامعة أم القرى، 1985.

857. ريجيس بلاشير.

اللغة الفصحى لغة اعتزاز، مجلة فكر، المجلد الخامس، ص408، 1958، 1959.

858. ريغال فرانسواز.

دراسة تقابلية بين اللغة الفرنسية واللغة العربية عـلى مسـتوى الجملـة الموصـولة، دبلوم، الخرطوم: معهد الخرطوم الدولي، 1983.

ز

859. زاهي خوري.

مقروئية الحرف الطباعي العربي، شؤون عربية، ع11، 1982.

860. زبير لادين.

كتابة اللغة الأندونيسية بالحرف العربي كوسيلة لنشر اللغة العربية والثقافة الإسلامية في أندونيسيا، ماجستير، الخرطوم: معهد الخرطوم الدولي للغة العربية، 1983.

861. زكاوية لولوبر.

مضمون المعجم العلمي وعرضه، صدر في صناعة المعجم العربي لغير الناطقين بالعربية، الرباط، مكتب تنسيق التعريب، 1981.

862. زكريا إبراهيم.

اللغة أعظم مخلوقات البشر الكويت، مجلة العربي، العدد 159، فبراير 1972، ص67-73.

863. زكريا إبراهيم

مشكلة البنية، مكتبة مصر، القاهرة.

864. زكريا تامر.

أدب الأطفال في سوريا، مجلة الموقف الأدبي، العدد الحادي عشر، السنة الثالثة، آذار، مارس 1974.

865. زكية حجازي.

مقومات النمو المتكامل للطفل في المرحلة الابتدائية، القاهرة، الدار القومية للطباعة والنشر، 1966.

866. زكي الجابر.

اللغة العربية والإعلام: عرض وتحليل وحلول، ماذا يريد التربويون من الإعلاميين، الرياض 6-9 شعبان 1402، 29 مايو 1982، الرياض إدارة البرامج التربوية، مكتب التربية العربي لدول الخليج.

867. زكي خفاجي.

ندوة استخدام مختبرات اللغات في تدريس اللغة العربية، الشارقة ،الإمارات العربية المتحدة، 12-17، مارس 1983، مجلة تكنولوجيا التعليم، المجلد 6، العدد 11، 1983، المركز العربي للتقنيات التربوية الكويت.

868. **زكي صالح.**
موجز تاريخ الكتاب المدرسي، القاهرة، مطابع النشر العربي، 1960.

869. **زكي علي سويلم وعبد السميع محمد السنباطي.**
تيسير النحو، القاهرة: الإدارة العامة للمعاهد الأزهرية 1980.

870. **زكي مبارك.**
إصلاح الخط العربي، مجلة التربية الحديثة، ع4، 1938م.

871. **زكي نجيب محمود.**
انتصار اللغة العربية رهن بمدى إسهامها في الواقع الحضاري، اللسان العربي، العدد5.

872. **زكي نجيب محمود.**
الفكر العربي فن لغته، العربي 268، العدد 1981/3، 18-19.

873. **زهدي صبري الخواجا.**
دروس في اللغة العربية، الرياض: معهد الإدارة العامة، 1981-1401.

874. **زهراء عثمان بابكر.**
دراسة معجمية دلالية لديوان أنشودة المطر لبدر شاكر السياب، الخرطوم: معهد الخرطوم الدولي للغة العربية، 1981.

875. **زهير حطب.**
الآثار الاجتماعية لاعتماد اللغة الأجنبية في تدريس المواد الاجتماعية في المراحل ما قبل الجامعة، الفكر العربي، المجلد3، 21 العدد 7/6/5 1981، ص 400-404.

876. **زينب عبد الحميد لطفي.**
دراسات عيوب النطق بين أطفال المدارس الابتدائية، جامعة الإسكندرية، رسالة دكتوراه مقدمة إلى المعهد العالي للصحة العامة، 1980.

877. **زين العابدين حسين.**
المعجم في النحو والصرف، تونس: الدار العربية للكتاب، 1401هـ-1981م.

878. **زين العابدين السنوسي.**
وحدة اللغة العربية، مجلة فكر، المجلد السادس، ص184-196، 1961.

 س

879. **ساطع الحصري**
أصول تدريس العربية، دار الكشاف للنشر والطباعة والتوزيع، بيروت، 1948.

880. **ساطع الحصري**
حول إصلاح رسم الكتابة العربية، القاهرة: مجلـة التربيـة الحديثـة، العـدد الرابـع، 1938.

881. **ساطع الحصري**
حول الفصحى والعاميـة، مجلـة المجمـع العلمـي العربـي، المجلـد 32، الجـزء الثـاني، نيسان 1975، رمضان 1376.

882. **ساطع الحصري**
دروس في أصول التدريس، بغداد، مطبعة التفيض الأهلية، 1940.

883. **ساطع الحصري**
دروس في أصول التدريس (الجزء الثاني) أصول تدريس اللغة العربية، بيروت: مطابع الغندور، 1962.

884. **ساطع الحصري**
العروبة بين دعاتها ومعارضيها، مركز دراسات الوحدة العربية، بيروت، 1984.

885. **ساطع الحصري**
قضية الفصحى والعامية، اللسان العربي، المجلد 13.

886. **ساطع الحصري**
ما هي القومية، أبحاث ودراسات علـى ضـوء الأحـداث والنظريـات، مركـز دراسـات الوحدة العربية، بيروت، 1958.

887. **سالم بسيوني سالم**
تبسيط قواعد النحو العربي للمبتدئين الأجانـب، الخرطـوم: معهـد الخرطـوم الـدولي للغة العربية 1980.

888. **سالم عيدان عبد النبي الطائي**
شخصية مدرس اللغة العربية، دبلوم، الخرطوم، معهد الخرطوم الدولي للغة العربية، 1984.

889. **سالم عيدان عبد النبي الطائي**

علم النفس اللغوي عند العرب، ماجستير، الخرطوم: معهد الخرطوم الدولي للغة العربية، 1985.

890. **سالم محمد غانم**

مشكلة التخلف في التعليم الابتدائي وخطة علاجه، مجلة صحيفة التربية، السنة الخامسة والعشرون، العدد الرابع، مايو 1973، القاهرة، ص 19- 24.

891. **سامية حسين أحمد نور**

الصعوبات اللغوية التي تواجه متعلمي العربية من غير الناطقين بها للغرض الديني، دبلوم، الخرطوم: معهد الخرطوم الدولي للغة العربية، 1984.

892. **سامية كاظم سل**

تقويم كتابي تعلم القراءة للأكراد في الصفين الخامس والسادس الابتدائي على ضوء الجمل العربية، الخرطوم: معهد الخرطوم الدولي للغة العربية، 1976.

893. **سامي الحفار الكزبري**

أثر اللسان العربي في اللغة الإسبانية، مجلة اللسان العربي، الرباط، العدد السابع، الجزء الأول 1970.

894. **سامي حنان**

الازدواجية اللغوية وتعليم اللغة العربية للكبار، التربية المستمرة، 5 : 9 (12 / 1984م)، ص 60 – 67.

895. **سامي الرباع**

اللغة العربية والتجديد، دراسات عربية، 20: صيف 1984، ص 83 – 95، ببليوغرافية.

896. **سامي السلاموني**

السينما العربية بين المحلية والقومية، الآداب، السنة20، العدد 6، حزيران، 1972.

897. **سامي سويدان**

من أجل مشروع علم دلالة عربي، المستقبل العربي7: 68 (10/ 1984)، ص 66 – 108.

898. **سامي عبد الحميد نوري**

طرق تدريس الإلقاء، بغداد، وزارة التعليم العالي، 1979.

899. **سامي عبد الحميد نوري**

طرق تدريس الإلقاء، بغداد، الدار الوطنية للتوزيع، 1980.

900. **سامي عزيز**

تطور صحافة الأطفال، بحث مقدم إلى حلقة بحث كتاب (الطفل ومجلته) المجلس الأعلى لرعاية الفنون والآداب والعلوم الاجتماعية، القاهرة، في المدة من 7 - 1972/2/10.

901. **سامي عزيز**

صحافة الأطفال، القاهرة، عالم الكتب، 1970.

902. **سامي عياد**

تدريس اللغة العربية كلغة حية في الولايات المتحدة، الرباط: مجلة اللسان العربي، العدد 8، الجزء الأول 1971، ص 212 - 215.

903. **سامي عياد ونجيب جرجس**

تدريس اللغة العربية كلغة حية في الولايات المتحدة، اللسان العربي، العدد الأول، المجلد 8، الرباط: 1971.

904. **سامي محمود عبدالله رزق**

بعض العيوب الشائعة في القراءة الصامتة بين تلاميذ الصف الرابع الابتدائي. رسالة ماجستير مقدمة إلى قسم المناهج وطرق التدريس، كلية التربية جامعة الأزهر، 1975.

905. **سامي يوسف يوسف**

الفقه اللغوي الجديد: أولياته وإشكالاته، الكرمل: 6 ربيع، 1982، ص 82 - 112.

906. **ساندمان لومالد**

دراسة تقابلية بين الفعل في اللغة العربية والمرانوية، دبلوم، الخرطوم: معهد الخرطوم الدولي، 1983.

907. **س. بيت كودر، ترجمة جمال صبري**

مدخل إلى اللغويات التطبيقية، اللسان العربي، 16/1-2، 1978.

908. **ستانلي جاكسون**

تذوق اللغة من كتاب (اللغة والفكر)، مطبوعات معهد التربية العالمي للمعلمين، القاهرة: المطبعة الأميرية 1948.

909. **سترستين**

تاريخ المشرقيات في السويد، مجلة مجمع اللغة العربية بدمشق، العدد الرابع 1924.

910. **س دونياك**

مشكلات في تصنيف المعجم العربي الإنجليزي، صدر في صناعة المعجم لغير الناطقين بالعربية، الرباط مكتب تنسيق التعريب، 1981.

911. **سعاد خليل إسماعيل وقيس عبد الفتاح مهدي**

التحليل الإحصائي لفقرات اختبار القدرة على القراءة الصامتة للصف الخامس الابتدائي، بغداد: جامعة بغداد، مركز البحوث التربوية والنفسية، 1975.

912. **سعد الغريبي**

الأصوات العربية وتدريسها لغير الناطقين بها من المرشدين، مكة المكرمة: مكتبة الطالب العربي، 1986.

913. **سعد لبيب**

التلفزيون، نصوصه ومواده الثقافية بين قومية الثقافة ومجالاتها، الآداب، السنة 20، العدد 6، حزيران 1972.

914. **سعد محمد جبر العكيلي**

الطريقة السمعية البصرية التركيبية الإجمالية دراسة تحليلية تقويمية مقارنة، الخرطوم: معهد الخرطوم الدولي للغة العربية.

915. **سعد مصلوح**

دراسات إحصائية استطلاعية في العربية المعاصرة، الخرطوم: معهد الخرطوم الدولي للغة العربية، 1985.

916. **سعد مصلوح**

المدخل إلى علم الأصوات، دراسة مقارنة، المجلة العربية للدراسات اللغوية، 3 : 1، (8 / 1984)، ص 77 – 106.

917. **سعدية بهادر**

تكنولوجيا التعليم المناسبة لإكساب أطفال الرياض المفاهيم الأساسية، تكنولوجيا التعليم، العدد 4، السنة الثانية، ص 5.

918. **سعيد أحمد عناية الله**

دراسة تقابلية بين اللغتين العربية والأردية (على المستوى الصوتي)، ماجستير، الخرطوم: معهد الخرطوم الدولي، 1977.

919. **سعيد الأفغاني**

تقرير عن أضرار المنجد والمنجد الأدبي، دمشق 1969.

920. **سعيد الأفغاني**

مذكرات في قواعد اللغة العربية، دمشق: مطبعة جامعة دمشق 1955، ص 236.

921. **سعيد الأفغاني**

مذكرات في قواعد اللغة العربية، دمشق: م جامعة دمشق، 1955، 1963.

922. **سعيد الأفغاني**

من حاضر اللغة العربية، دار الفكر، الطبعة الثانية، 1971.

923. **سعيد إقبال القرشي**

تحليل محتوى كتب تعليم اللغة العربية لمتحدثي الأردية في باكستان، الخرطوم: معهد الخرطوم الدولي للغة العربية، 1979.

924. **سعيد الجيري**

دراسات لغوية تطبيقية في العلاقة بين البنية والدلالة، مكتبة زهراء الشرق، القاهرة.

925. **سعيد سعيد بنية**

دراسة تحليلة للمدارس الابتدائية، رسالة ماجستير مقدمة إلى كلية الفنون الجميلة، جامعة حلوان، 1973.

926. **السعيد محمد بدوي**

مستويات العربية المعاصرة في مصر، القاهرة، دار المعارف.

927. **السعيد محمد بدوي وفتحي يونس**

الكتاب الأساسي في تعليم اللغة العربية لغير الناطقين بها، ج1، تونس: المنظمة العربية للتربية والثقافة والعلوم، 1983.

928. **سكينة يسن حسين**

أثر رياض الأطفال في نمو المحصول اللفظي للطفل في محافظة الخرطوم، الخرطوم: معهد الخرطوم الدولي للغة العربية، 1982.

929. **سلامة غانم وسالم سعد**

العربية للعمانيين العائدين الجزء الثالث، مسقط المديرية العامة للتعليم بوزارة التربية والتعليم بسلطنة عمان، د.ت.

930. **سلامة موسى**

البلاغة العصرية واللغة العربية، مطبعة التقدم، القاهرة، الطبعة الثالثة، 1958.

931. **سلام عثمان حسن**

الألفاظ العربية المستخدمة في اللغة الماليزية المعاصرة، الخرطوم: معهد الخرطوم الدولي اللغة العربية، 1980.

932. **سلمى عبدالله الزين**

إعداد وحدات تعليمية في المستوى الأول لتعليم اللغة العربية لغير الناطقين بها، الخرطوم: معهد الخرطوم الدولي للغة العربية، 1978.

933. **سلمى عبد المنعم إسماعيل**

دراسة تقويمية للمرحلة الأولى للكتاب الأساس في تعليم اللغة العربية لغير الناطقين بها (مع إخراج الكتاب)، دبلوم، الخرطوم: معهد الخرطوم الدولي للغة العربية، 1985.

934. **سلوى محمد عبادي**

منهج القراءة العربية للصف الثاني الابتدائي لأبناء البيجة: دراسة تحليلية نقدية، الخرطوم: معهد الخرطوم الدولي للغة العربية، 1982.

935. **سليمان أبو غوش**

عشرة آلاف كلمة إنجليزية من أصل عربي، الكويت، مطابع مؤسسة مهند المرزوق.

936. **سليمان داود الواسطي**

كيفية تقديم المفردات في الكتاب المدرسي، ندوة تأليف كتب تعليم اللغة العربية للناطقين باللغات الأخرى، الرباط: 5/ 7، مارس، 1980.

937. **سليمان داود الواسطي**

دارسو اللغة العربية من الأجانب ونوعياتهم، وقائع ندوات تعليم اللغة العربية لغير الناطقين بها، الجزء الثاني، ص 219، مكتب التربية العربي لدول الخليج، 1406 - 1985.

938. **سليمان عبد الرحمن الزهير**

جهود دول مجلس التعاون الخليجي في مجال محو الأمية وتعليم الكبار، الرياض: العبيطان، 1986.

939. **سليمان قطاية**

اللغة العربية والطب، شؤون عربية -: 30 (8 ، 1983)، ص169- 177.

940. **سليمان قطاية**
اللغة ليست كائناً مستقلاً بذاته، اللسان العربي، العدد 5.

941. **سليمان الندوى**
تأثير اللغات الهندية على الآداب العربية، مجلة ثقافة الهند، العدد 2، الجزء الأول، 1971، ص 7 – 22.

942. **سليمان الواسطي**
المفردات في تعليم العربية لغير الناطقين بها، ندوة تأليف كتب تعليم اللغة العربية للناطقين باللغات الأخرى، الرباط، 1980.

943. **سليم بن خليل تقلا**
مدخل الطلاب إلى فردوس لغة الإعراب، بيروت، 1873.

944. **سليم حكيم**
تعليم اللغة العربية في نيجيريا، بغداد وزارة الثقافة والإرشاد، 1966.

945. **سليم حكيم**
تعليم اللغة العربية في نيجيريا، دمشق: وزارة الثقافة والإرشاد، دمشق، 1966.

946. **سليم خلف وهيب**
علاقة تدريب المعلمين أثناء الخدمة بتحصيل التلاميذ، بغداد جامعة بغداد، كلية التربية، 1977.

947. **سليم الخميس ونجم الدين مروان**
موضوعات القراءة التي يميل طلبة المدارس الإعدادية في مدينة بغداد إلى قراءتها، وزارة التعليم العالي والبحث العلمي، رئاسة جامعة بغداد، مركز البحوث التربوية النفسية.

948. **سميرة عبد الواحد**
المحصول اللفظي لتلاميذ الصف الثالث والرابع الابتدائي، كلية التربية جامعة بغداد، 1982.

949. **سميرة عوض الكريم**
الخطاب السياسي في صحيفة الأهرام، 1982: بحث لغوي إحصائي، ماجستير، الخرطوم: معهد الخرطوم الدولي للغة العربية، 1984.

950. **سميرة عوض الكريم**

طريقة معهد الخرطوم الـدولي في تعليم اللغة العربيـة للنـاطقين بغيرهـا، دبلـوم، الخرطوم: معهد الخرطوم الدولي للغة العربية، 1983.

951. **سمير عبد الرحيم الجلبي (مترجم)**

تصميم استعمال مختبر اللغة لتدريس الترجمة الشفهية، العراق: الجامعة، مجلـد 9، عدد 8.

952. **سميرة محمد زين**

اللغة العربية لغير الناطقين بها: قديماً وحديثاً، السودان: التوثيـق التربـوي 15: 60 – 63 (3 – 12/ 1982)، ص 33 – 49.

953. **سميرة محمد زين**

مدخل إلى تعليم مهارة القراءة العربية لغير النـاطقين بهـا في السـوادان، الخرطـوم: معهد الخرطوم الدولي للغة العربية، 1977.

954. **سمير الجميلي**

التدخل اللغوي مصـدر صعوبة للطلبـة العراقيين والعرب الـذين يتعلمـون اللغـة الإنجليزية، إنترنت.

955. **سمير شريف استيتية**

أساليب تدريس اللغـة العربيـة في المرحلـة الابتدائيـة الـدنيا، مسـقط: وزارة التربيـة والتعليم، 1985.

956. **سمير شريف استيتية**

تعرف الأخطاء الشائعة لدى الطلبة في قواعد اللغة العربية في نهاية المرحلة الثانوية في الأردن، كلية التربية، الجامعة الأردنية، 1976.

957. **سمير شريف استيتية**

القراءة في الصف الأول الابتدائي، رسالة المعلم مجلد 20، عدد 2، 1977.

958. **سناء محمد حسن أحمد**

أنماط الجمل الشائعة في اللغة المكتوبة لدى طلاب المرحلة الثانوية ومقارنتها باللغـة الفصحى، ماجستير، كلية التربية بسوهاج، 1986.

959. **سهام توفيق مناع**
أنماط الميول عند الأطفال في المرحلتين الابتدائية العليا والاعدادية، ماجستير، الجامعة الأردنية، كلية التربية، 1980.

960. **سهير محمد خليفة**
تيسير النحو، القاهرة م. السعادة، 1401هـ 1981م.

961. **سهيلة الجبوري**
الحروف العربية رمز وتراث، المجلة العربية للثقافة، 9/16-17، 1989م.

962. **سهيل كامل نزال**
أثر مشكلات الإدراك البصري علي التأخير القرائي لدى أطفال المرحلة الابتدائية في مدارس وكالة الغوث في الأردن، رسالة ماجستير، الجامعة الأردنية، كلية التربية.

963. **سو الحاج دنيل**
دراسات تقابلية بين اللغتين العربية والفلانية على المستوى الصوتي، الخرطوم: معهد الخرطوم الدولي بحث دبلوم، 1983.

964. **سو الحاج دنيل**
دراسة تقابلية بين اللغتين العربية والفلانية على مستوى تركيب الجملة البسيطة (النحوي)، ماجستير، الخرطوم: معهد الخرطوم الدولي للغة العربية، 1984.

965. **سو داريمي يوركان صالح**
دراسة تقابلية بين العربية والأندونيسية على المستوى الصرفي، الخرطوم: معهد الخرطوم الدولي للغة العربية، 1979.

966. **سوزانا ميلر**
سيكولوجية اللعب، ترجمة رمزي حليم يسي، القاهرة: الهيئة المصرية العامة للكتاب، 1974.

967. **سوزان إيزكس**
الطفل في المدرسة الابتدائية، ترجمة محمد مختار متولي، القاهرة: مطبعة لجنة التأليف والترجمة والنشر، 1948.

968. **سوهاج سنع**
تعلم لتقرأ واقرأ للتتعلم ترجمة أحمد سليمان وجورد أين، المنظمة العربية للتربية والثقافة والعلوم، القاهرة: 1977.

969. **سيد أبو إدريس أبو عاقلة**

أغنية الحقيبة السودانية: لغوياً واجتماعياً الخرطوم: معهد الخرطوم الدولي للغة العربية، 1983.

970. **سيد أحمد حاج سعيد**

دراسة معجمية دلالية في مجلة الدوحة، الخرطوم: معهد الخرطوم الدولي للغة العربية، 1980.

971. **السيد أحمد محمد أحمد المنصور**

تأثير لغة البجا على متحدثي اللغة العربية في شرق السودان، منطقة كسلا، دبلوم، الخرطوم: معهد الخرطوم الدولي للغة العربية، 1984.

972. **السيدة أحمد محمد أحمد**

دلالة الألفاظ في همزية شوقي، ماجستير، الخرطوم: معهد الخرطوم الدولي للغة العربية، 1985.

973. **سيد بندر عبد الكريم داود**

قياس مقروئية كتاب قرائتي المفيدة للصف الخامس الابتدائي، العراق مركز البحوث التربوية والنفسية البصرة، العدد 1، سنة 1979.

974. **السيد التلباني**

مشكلات تعليم اللغة العربية بمرحلة التعليم الابتدائي، الإدارة العامة للبحوث الفنية، وزارة التربية والتعليم، القاهرة، 1972.

975. **سيد حامد حريز**

تعريب التعليم الجامعي في السودان، المجلة العربية للدراسات اللغوية، المجلد 2 : 1، العدد 8 / 1983، ص 37 – 65.

976. **سيد حامد حريز**

الثقافة السواحلية، أصولها ومقوماتها وتطورها، المجلة العربية للثقافة، المجلد 3 : 4، العدد 3، 1983، ص 167 – 182.

977. **سيد حامد حريز**

اللغة السواحلية واللغة العربية، المجلة العربية للدراسات اللغوية 3 : 1 (8/ 1984)، ص 39 – 54.

978. **سيد خير الله**

القراءة الحرة ووسائل تشجيعها، مجلة صحيفة التربية، السنة الثامنة عشرـ العـدد الرابع مايو، 1966.

979. **السيد شحاتة**

رسم الكلمات العربية الصعوبة التي يلاقيها النشء في ضبط النطق، مجلة التربيـة الحديثة، ع4، 1938م.

980. **سيد صبحي**

الأسس النفسـية لتعليم وتعلـم اللغـة العربية دراسـات تطبيقيـة في تعليم اللغـة العربية، معهد الخرطوم الدولي، لتعليم اللغة العربية لغير الناطقين بهـا، الخرطوم، 1978.

981. **سيد صبحي وثريا مرسي**

الدلالة النفسية للحكاية الشعبية للغة العربيـة عند الطفـل السوداني، الخرطوم: معهد الخرطوم الدولي للغة العربية، 1979.

982. **السيد عبد العال**

الأخطاء اللغوية الشائعة في ضوء الدراسات المعاصرة، التربية، س8، ع34، 1979م.

983. **السيد عبد العال وآخرون**

تعليم العربية، الجزء الثاني الدوحة، معهد اللغات بالدوحة، الدوحة، مطابع قطر الوطنية، 1977 / 1978.

984. **السيد عبد العال السيد**

معايير وأسس تأليف كتب تعليم العربية لغير الناطقين بها، ندوة الخبراء والمختصين في أداء وتأليف الكتب والمواد التعليمية لتدريس اللغة العربية لغـير الناطقين بهـا، الرياض: من 28 فبراير الى 2 مارس 1982.

985. **سيد علي أنور**

دراسة تقابلية بين الفعل في اللغة العربية ولغة البشتو، الخرطـوم: معهد الخرطـوم الدولي للغة العربية، 1982.

986. **السيد علي الهاشمي،**

المفرد العلم في رسم القلم، القاهرة: المطبعة التجارية الكبرى (د.ت).

987. **السيد عوض الكريم محمد الدوش**
معجم المفردات الشائعة في التعبير التحريري الحر لدى تلاميذ الصف السادس الابتدائي بمدارس العاصمة المثلثة (منطقة أم درمان) معجم ودراسة دلالية، الخرطوم: معهد الخرطوم الدولي للغة العربية 1977.

988. **السيد محمد الثاني حسني**
علم اللغة واللغويين في الهند، مجلة ثقافة الهند العدد السادس عشر، اكتوبر، 1965، ص 38 - 49.

989. **السيد محمد عزام**
خطة عمل بشأن المعجم المصور للأطفال، حلقة العناية بالثقافة القومية للطفل العربي، جامعة الدول العربية.

990. **السيد محمد العزاوي**
خطة عمل بشأن إعداد المعجم المصور للأطفال، حلقة العناية بالثقافة القومية للطفل العربي، جامعة الدول العربية، بيروت، 7 - 17 -1970/9.

991. **السيد محمد العزاوي وهدى برادة**
قائمة الكلمات الشائعة في كتب الأطفال، القاهرة: الهيئة المصرية العامة للكتاب، 1976.

992. **سيد محمد غنيم**
اللغة والفكر عند الطفل، مجلة عالم الفكر، المجلد الثاني العدد الأول، الكويت، 1971، ص 91 - 139.

993. **السيد محمد يوسف**
الدراسات العربية في البلاد الإسلامية غير العربية، مجلة اللسان العربي، الرباط، العدد الخامس، الجزء الأول، 1986، ص 10 - 21.

994. **سيد يعقوب بكر**
العربية لغة عالمية، القاهرة، جامعة الدول العربية، 1966.

995. **سيرل بيرت**
كيف يعمل العقل؟ جزءان، ترجمة محمد خلف الله أحمد، لجنة التأليف والترجمة والنشر، القاهرة، 1946، ص 212 - 251.

996. **السيوطي إبراهيم محمد**

خطة عملية لتعليم الكتابة بالرموز العربية، الخرطوم: معهد الخرطوم الدولي للغة العربية، 1977.

997. **سيونغ شياويين**

تأليف وحدات تعليمية باللغة العربية للمبتدئين الصينيين، ماجستير، الخرطوم: معهد الخرطوم الدولي للغة العربية، 1983.

ش

998. **الشاذلي الفيتوري.**

الأسس النفسية والاجتماعية للغة العربية، صدر في اللغة العربية والـوعي القـومي، بيروت: مركز دراسات الوحدة العربية، 1984.

999. **الشاذلي الفيتوري.**

الأسس النفسية والاجتماعية والأنثروبولوجية للغة العربية ودورهـا في دعـم الوحـدة العربية، المستقبل العربي 6: 95 (1984/1)، ص68-87.

1000. **الشاذلي القليبي.**

بين اللغات العامية واللسان المدون، القاهرة: مجلة مجمع اللغة العربية، الجزء 41 جمادى الأول، 398، أيار 1978.

1001. **الشاذلي القليبي.**

مجمع اللغة العربية بالقاهرة، مجلة فكر، مجلد 16، ص683، 1971.

1002. **شارل بوتون.**

اللسانيات التطبيقية، ترجمة قاسم المقداد ومحمد المصري ، دار الوسيم، دمشق.

1003. **شاكر عطية قنديل.**

العلاقة بين اللغة والفكر ودورها في تنمية مهارات اللغة الثانية، مجلـة معهـد اللغة العربية، العدد الأول، 1982-1983، جامعة أم القرى.

1004. **شجاع مسلم العاني.**

قصص الأطفال في العراق، بناء الطفل في الخليج العربي بناء المستقبل العربـي، حلقـة دراسية ينظمها الاتحاد العام لنساء العراق وجامعة البصرة، 13-1979/1/15.

1005. **شحادة الخوري.**

تعريب التعليم العالي وصلته بالترجمـة والمصطلح، اللسان العربي -21 (-/1983)، ص137-156 جداول.

1006. **شذى عبد الباقي محمد.**

دراسة تحليلية لقصص الأمهـات العراقيـات، بغـداد، جامعـة بغـداد، كليـة التربيـة، 1979.

1007. **شذى عبد الباقي محمد العجيلي.**
دراسة مقارنة للقيم في كتب المطالعة للمرحلة الثانوية في الـوطن العـربي، دكتوراه، بغداد، جامعة بغداد، كلية التربية، 1985.

1008. **شذى كاظم السعدي.**
تقويم الاستيعاب القرائي في مستوى الجامعة، دكتوراه، بغداد، جامعـة بغـداد، كليـة التربية، 1985.

1009. **الشرتوني (ت1324هـ).**
تمرين الطلاب في التصريف والإعراب، بيروت: 1886، 1888.

1010. **شعيب أحمد الدربي.**
قضية الحرف العربي، مجلة التربية، العدد 43، أكتوبر 1980، قطر.

1011. **شعيب محمد أمين.**
منهج ومادة مقترحـة لتعلـيم العربيـة للمبتـدئين في المـدارس الحكوميـة في ماليزيـا، ماجستير، الخرطوم: معهد الخرطوم الدولي، 1983.

1012. **شفيق أحمد خان.**
أهمية القصة في تعليم اللغة العربيـة للأجانـب، الخرطـوم: معهـد الخرطـوم الـدولي للغة العربية، 1981.

1013. **شفيق جبري.**
لكل عصر لغة، مجلة مجمع اللغة العربية بدمشق، المجلد الواحد والأربعون، الجـزء الرابع، تشرين الأول 1966، جمادى الآخر، 1386.

1014. **شكري عياد.**
عناصر الثقافة المعاصرة اللازمة لمدرس اللغة العربية، دراسة مقدمة إلى نـدوة خـبراء ومسؤولين لبحث وتطوير إعداد معلم اللغة العربية، الرياض: 5-10، مارس 1977.

1015. **شكري فيصل.**
تجربة اللغة لدى الحصري، مجلة المعرفة وزارة الثقافـة والإرشـاد القـومي، دمشـق: العدد 178، كانون أول، 1976.

1016. **شكري فيصل.**

الدراسات الإسلامية لمدرس اللغة العربية، دراسة مقدمة إلى ندوة خبراء مسؤولين البحث ووسائل تطوير إعداد معلمي اللغة العربية الرياض: 5-10، مارس 1977، ص87-94.

1017. **شكري فيصل.**

قضايا اللغة العربية المعاصرة، بحث في الإطار العام للموضوع تقديم أحمد عبد الحليم، المجلة العربية للدراسات اللغوية، المجلد 1:2 العدد 8، 1983، ص8-36.

1018. **شكري فيصل.**

اللغة العربية خلال ربع قرن في ميدان التعليم والتعلم، مجلة مجمع اللغة العربية بدمشق، العدد الثالث والخمسون، الجزء الرابع، 178، ص740-764.

1019. **شكري نجار.**

ملاحظات حول حضارية اللغة العربية وتطويرها، دراسات عربية، 4118، العدد 1982/2، ص158-168.

1020. **شمس الدين سوكيمي حسن.**

الصعوبات النحوية والصرفية التي تواجه الدارس الماليزي للغة العربية، الخرطوم، معهد الخرطوم الدولي للغة العربية، 1980.

1021. **شنشول فريح عسكر.**

دوافع الكبار لتعليم العربية كلغة أجنبية، الخرطوم: معهد الخرطوم الدولي للغة العربية، 1980.

1022. **شودري محمد فواز.**

دراسة تقابلية بين اللغتين العربية والأردية، ماجستير، الخرطوم: معهد الخرطوم الدولي للغة العربية، 1977.

1023. **شوقي ضيف.**

تيسير النحو، مجمع اللغة العربية، دورة 33، 1977.

1024. **شونل.**

بعض نتائج الأبحاث الحديثة في المطالعة، القاهرة: مجلة صحيفة التربية، السنة الأولى، العدد الثالث فبراير 1949، ص68-72.

1025. **شيت نعمان.**

المصطلح الفني في اللغة العربية، مجلة المجمع العلمي العراقي، العدد الثاني، 1952، ص32-126.

1026. **الشيخ الحاج أحمد الرفاعي.**

إعداد وحدات دراسية للمستوى الثانوي في ولاية كانو بنيجيريا، ماجستير، الخرطوم: معهد الخرطجوم الدولي، 1983.

1027. **الشيخ فتح الرحمن.**

دراسة تقابلية بين اللغتين العربية والبشتو على مستوى الجملة البسيطة، الخرطوم: معهد الخرطوم الدولي رسالة جامعية غير منشورة، 1982.

1028. **الشيفاليه دي رعد.**

الألفاظ الحبشية في اللغة العربية، أ- مجلة مجمع اللغة العربية بدمشق، العدد الثاني 1922، ب- العدد الثالث 1923، ص122-123. ج- العدد الرابع 1924.

ص

1029. صادق إبراهيم عرجون.

اللغة العربية بين القوة والضعف، مجلة الأزهر، المجلد 9، الأجزاء 1، 2، 5-10.

1030. الصادق عبد الله حامد.

ماضي اللغة العربية وتدريب المعلمين في الإقليم الجنوبي، مجلة بخت الرضا، العدد 33، 1981.

1031. صافي حاج ومحاسن عبد القادر.

الخلفية التاريخية والحضارية لتدريس العربية لغير الناطقين بها في شرق إفريقيا، الندوة العالمية الأولى لتعليم العربية لغير الناطقين بها، الرياض، 1978.

1032. صالح أبو إصبع وتوفيق يعقوب.

قراءة الصحف بدولة الإمارات العربية المتحدة: دراسة استكشافية، مجلة كلية الآداب (جامعة الإمارات العربية)، العدد الأول، 1985.

1033. صالح إسماعيل صالح.

تحليل معجمي ودلالي لرواية السراب لنجيب محفوظ، الخرطوم: معهد الخرطوم الدولي للغة العربية، 1980.

1034. صالح بلعيد.

دروس في اللسانيات التطبيقية، دار هومة، الجزائر.

1035. صالحة سسر.

الموجز في طرائق تدريس اللغة العربية وآدابها، مراجعة كتاب الموجز في طرائق تدريس اللغة العربية وآدابها تأليف محمود السيد، مجلة المعرفة المجلد،19، 227، العدد1، السنة 1981.

1036. صالح جواد الطعمة.

مشكلات تدريس اللغة العربية، عرض وتحليل لآراء مدرس اللغة العربية، وزارة التعليم العالي والبحث العلمي، بغداد 1972.

1037. صالح جواد الطعمة.
ملاحظات حول الجانب اللغوي من إعداد معلم العربية لغير الناطقين بها، السجل العلمي للندوة العالمية الأولى لتعليم العربية لغير الناطقين بها، الرياض، ج2، 1980.

1038. صالح سليمان العمر.
دراسة مشكلة ضعف طلاب المرحلة الثانوية في اللغة العربية في منطقة مكة التعليمية، رسالة ماجستير، جامعة الملك عبد العزيز بمكة المكرمة، كلية التربية، 1398/79.

1039. صالح الشماع.
ارتقاء اللغة عند الطفل من الميلاد إلى السادسة،ط3، القاهرة، دار المعارف 1962.

1040. صالح الشماع.
عامل اللغة في القومية العربية، قضايا عربية، المجلد 8، 6، العدد 6، 1981.

1041. صالح الشماع.
اللغة عند الطفل من الميلاد إلى السادسة، مطبعة دار المعارف بمصر، القاهرة، 1955.

1042. صالح علي صالح.
تطور منهج اللغة العربية في مدارس ومعاهد جهاز التعليم الأرتري، دبلوم، الخرطوم: معهد الخرطوم الدولي للغة العربية، 1983.

1043. صالح علي صالح.
تقويم الدورات التدريبية لمعلمي جهاز التعليم الأرتري، الخرطوم: معهد الخرطوم الدولي للغة العربية، 1984.

1044. صالح فكاك مسمر.
تجربة مدرسة تأهيل المعلمين للأميين باللغة العربية في كل المواد، دبلوم، الخرطوم: معهد الخرطوم الدولي للغة العربية، 1983.

1045. صالح فكاك مسمر.
دراسة مقارنة بين اللغة العربية والتجربة على المستوى الصرفي، الضمير واسم الإشارة واسم الموصول، ماجستير، الخرطوم: معهد الخرطوم الدولي للغة العربية، 1984.

1046. صالح القرمادي.
الترجمة من حيث هي عامل هام من عوامل العدوى اللغوية، ملتقى العلاقات بين اللغة العربية والفرنسية، المجلس الدولي للغة الفرنسية ، باريس، 1974.

.1047 **صالح القرمادي.**

مشاكل الإمكانيات اللغوية لتطوير اللغة، مجلة فكر، المجلد الخامس. ص415، 1959-1985.

.1048 **صالح الكشو.**

النحو التحويلي التوليدي: علاقة اللغة بالفكر، الموقف الأدبي، 135-136، العدد 7و8 1982، ص124-133 .

.1049 **صالح محجوب محمد التنقادي.**

معجم أحادي اللغة لمتعلمي اللغة العربية من غير الناطقين بها، إعداد صالح محجوب محمد، ماجستير، الخرطوم: معهد الخرطوم الدولي للغة العربية، 1983.

.1050 **صالح مزحم البكاري.**

أنماط تنشئة الطفل اجتماعياً، تونس، الدار العربية للكتاب، 1984.

.1051 **صالح هاوي الشماع.**

اللغة في الطفولة الأولى، رسالة ماجستير مقدمة إلى كلية الآداب، جامعة القاهرة: 1954.

.1052 **صال كنغا (فنلندا)**

نفي أوهام الأوروبيين في صعوبة تعليم العربية، مجلة مجمع اللغة العربية بدمشق، العدد الرابع، 1924، ص483-492.

.1053 **الصاهر الجزائري.**

التقريب لأصول التعريب، القاهرة، 1337-1919.

.1054 **صباح باقر وفائزة الناصري.**

تحليل التفاعل اللفظي بين مدرسات اللغة الإنجليزية والطالبات في بعض المدارس الإعدادية في مركز محافظة بغداد، آداب المستنصرية، مجلد6، عدد 6، 1982، ص163-201.

.1055 **صباح حنا هرمز.**

الثروة اللغوية للأطفال العرب ورعايتها، الكويت: الجمعية الكويتية لتقدم الطفولة العربية، 1987.

.1056 **صباح هرمز ويوسف حنا إبراهيم.**

تقويم كتاب القراءة للصفوف الرابعة، مجلة البحوث التربوية والنفسية، 1982.

1057. **صبحي الصالح.**
تقويم تجربة التعريب في المشرق العربي، المجلة العربية، 5: 39، العدد 5، 1982، ص252-363.

1058. **صبحي مارديني.**
اللهجات العامية والفصحى، دمشق: مجلة مجمع اللغة العربية، المجلد 245 الجزء3، ربيع الآخر، 1389، تموز، 1970 .

1059. **صبيح حمود الشاتي.**
من الفصيح المهجور:تتبع لغوي تاريخي لألفاظ من لهجة ميسان، الخليج العربي13: 2، - /1981، ص135-148.

1060. **صحيفة التربية.**
أطفال المدرسة الابتدائية يضعون كتباً، القاهرة، صحيفة التربية، العدد 11، السنة 2، أكتوبر 1949.

1061. **صحيفة التربية.**
توصيات المؤتمر الدولي الثاني عشر للتعليم العام بخصوص تعليم القراءة في المدة من 4-49/12.القاهرة، صحيفة التربية، العدد الأول، السنة الثانية، أكتوبر 1949، ص126-128.

1062. **صحيفة التربية.**
اللغة في المرحلة الأولى.القاهرة، صحيفة التربية، السنة الأولى، العدد3، مارس 1952، ص93-100.

1063. **صحيفة التربية.**
مكتبات الفصول في المدرسة النموذجية، السنة الأولى، العدد الأول، يونيو، 1948، ص69-74.

1064. **صفوان عثمان عبد الرحيم.**
الصوائت العربية وكيفية تدريسها لمتعلم اللغة العربية من غير الناطقين بها، الخرطوم: معهد الخرطوم الدولي للغة العربية، 1978.

1065. **صفية خلف الله بابكر.**
تحليل التراكيب النحوية في عينة من كتاب شجرة البؤس وبناء تدريبات عليها لغير الناطقين بالعربية، ماجستير: الخرطوم: معهد الخرطوم الدولي، 1983.

1066. **صلاح حسنين**
المدخل في علم الأصوات المقارن، توزيع مكتبة الآداب، 2005-2006م.
1067. **صلاح الدين حسين.**
التقابل اللغوي وأهميته في تعليم اللغة العربية لغير الناطقين بها، مجلة معهد اللغة العربية، العدد الثاني، 1404-1984، السعودية، مكة المكرمة، جامعة أم القرى، معهد اللغة العربية، وحدة البحوث والمناهج.
1068. **صلاح الدين الزعيلاوي.**
مذاهب وآراء حول نشوء اللغات، التراث العربي 7:2، عدد 1982/4، ص82-112.
1069. **صلاح الدين المنجد.**
مجلات الأطفال والناشئين، مجلة المعلم الجديد، العدد4، بغداد، 1939، ص412.
1070. **صلاح الدين ناصر الأنصاري.**
اللغة العربية في الهند، مجلة ثقافة الهند:العدد الثامن عشر إبريل 1967، ص41-66
1071. **صلاح الصاوي.**
النحو التجريبي لتعليم الطلبة الإيرانيين اللغة العربية في جامعة طهران، 1970.
1072. **صلاح عبد الصبور.**
أنقذوا اللغة العربية من كراهية التلاميذ، القاهرة: مجلة روز اليوسف، العدد 2408، الاثنين 1984/8/5.
1073. **صلاح عبد المجيد العربي.**
تعلم اللغات الحية وتعليمها بين النظرية والتطبيق، بيروت، مكتبة لبنان، 1981.
1074. **صلاح عبد المجيد العربي.**
دور التكنولوجيا الحديثة في تعليم اللغات الأجنبية، القاهرة، مجلة صحيفة التربية، السنة 125، العدد2، 1973.
1075. **صلاح عبد المجيد العربي.**
معامل اللغات، مجلة صحيفة التربية، القاهرة: السنة 16، مارس 1964.
1076. **صلاح عبد المنعم حوطر.**
قائمة معنوية المقاطع العربية الثلاثية، الرياض، عمادة شؤون المكتبات، جامعة الرياض، د.ت.

1077. صلاح عوض الله صديق.

الخطاب الرياضي في صحافة مصر، السودان، ليبيا، 1983، دبلوم، الخرطوم: معهد الخرطوم الدولي للغة العربية، 1984.

1078. صلاح عوض الله صديق.

الظواهر الصوتية في الدراما الإذاعية السودانية،ماجستير، الخرطوم: معهد الخرطوم الدولي للغة العربية، 1985.

1079. صلاح عيد.

كيف نعلم العربية لغير العرب، القاهرة، دار المعرفة، 1973.

1080. صلاح الفرطوسي.

مشاركة علماء العربية في مباحث نشأة اللغة: المناهل، 27:10، (1983/7)، ص112-129.

ض

1081. ضرار صالح ضرار.
محو الأمية الوظيفي وإنتاج مواد القراءة والكتابة للمتابعـة وتوزيعهـا مـن كتـاب
دراسات في إعداد المواد التعليمية لمحـو الأميـة الـوظيفي، المركـز الـدولي للتعليم
الوظيفي للكبار في العالم العربي، سرس الليان، 1969.

1082. ضهورا ظهر.
دراسة اللغة العربية، لاهور، عزيز بيلشدرز، 1974، ص222.

1083. ضياء خضير.
مشروعا الرصيد اللغوي الوظيفي، الأقلام، مجلد 14، العدد6.

ط

1084. **طائب أحمد الألوسي.**

أساليب التربية المدرسية في تنمية قدرات التفكير الابتكاري، رسـالة الخليج العربي،
عدد (15)،1985.

1085. **طارق إسماعيل النعيمي.**

مجالات استخدام اللغة وصعوبات تعليم اللغة العربيـة للطلبـة الـتركمان في العراق
مرحلة الدراسة الابتدائية، الخرطوم: معهد الخرطوم الدولي للغة العربية، 1981.

1086. **طارق رديف نصيف.**

تحليل الأخطاء الشائعة في كتابات الطلبة الأكـراد في المرحلـة المتوسطة، الخرطوم:
معهد الخرطوم الدولي للغة العربية، 1980.

1087. **طارق صالح إبراهيم.**

اتجاهات طلبة دور المعلمين والمعلمات في العراق نحو مهنة التعليم، بغداد جامعـة
بغداد، كلية التربية، 1987.

1088. **الطالب سيدي بن إبراهيم.**

دراسة صوتية للهجة الحسانية في موريتانيا، دبلوم، الخرطوم: معهد الخرطوم الـدولي
للغة العربية، 1985.

1089. **طالب عبد الرحمن.**

نحو تقويم جديد للكتابة العربية، وزارة الأوقـاف والشـؤون الإسـلامية، قطـر، ط1،
1999م.

1090. **طاهر أحمد بن حسين.**

نمـوذج لمعجـم ثنـائي اللغة: عربي- بـنغلا لمستعملي اللغة العربيـة في بـنغلادش،
ماجستير، الخرطوم: معهد الخرطوم الدولي للغة العربية، 1984.

1091. **طاهر أحمد بن حسين.**

وحـدة دروس نموذجيـة للمبتـدئين الكبـار في بـنغلادش، دبلوم، الخرطوم: معهـد
الخرطوم الدولي للغة العربية، 1983.

1092. **طاهر أحمد الطناجي.**

هل يمكن إصلاح العروض العربية، القاهرة مجلة الهلال، دار الهلال، مايو 1938،
ص829-833.

1093. **الطاهر أحمد مكي.**

تيسير اللغة العربية للأجانب، مجلة المجلة، العدد الرابع عشر ـ بعد المائة، 1966،
مجلة اللسان العربي، مجلد5، 1968.

1094. **الطاهر أحمد مكي.**

الدراسات العربية في إسبانيا، مجلة الثقافة العربية، ليبيا، العدد 12، السنة الأولى،
نوفمبر، 1974، ص37-44.

1095. **الطاهر الخميري.**

التقريب بين لغة الحديث ولغة الكتابة، مجلة فكر، المجلد الثالث، 1958، ص426.

1096. **الطاهر الخميري.**

خطوات عملية للتعريب بين لغة الحديث ولغة الكتابة، مجلة فكر المجلد 52،
1959، 1960.

1097. **الطاهر لبيب.**

البعد السياسي للتعريب وصلته بالوحدة والديمقراطية، المستقبل العربي، المجلد4،
36، العدد 2، 1982، ص83-87.

1098. **الطاهر محمد عبد العزيز.**

تجربة اللغة الثالثة عند توفيق الحكيم، ماجستير، الخرطوم: معهد الخرطوم الدولي
للغة العربية، 1985.

1099. **الطاهر محمد عبد العزيز.**

منهج الوحدات ودوره في تعليم اللغة العربية لغير الناطقين بها، دبلوم، الخرطوم:
معهد الخرطوم الدولي للغة العربية، 1984.

1100. **طاهر واتيه.**

تعليم اللغة العربية بمؤسسة مومبينج للثقافة الإسلامية في جنوب تايلاند، دبلوم،
الخرطوم: معهد الخرطوم الدولي للغة العربية، 1983.

1101. **طاهر واتيه.**
دراسة تقابلية بين اللغتين العربية والتايلاندية على مستوى الجملة الاستفهامية، ماجستير، الخرطوم: معهد الخرطوم الدولي للغة العربية، 1984.

1102. **الطبيب أحمد الفقيه.**
أدب الأطفال في تونس، الحياة الثقافية، تونس، مجلد 4 السنة 6، 1979.

1103. **الطبيب زين العابدين.**
دور السودان في نشر اللغة العربية في إفريقيا، بحث مُقدم للمؤتمر الأول للغة العربية في السودان، الخرطوم، 105، ديسمبر 1982.

1104. **طلال الخليل.**
تحليل لغوي للأطفال، الإنجليزية الدخيلة في اللغة العربية المكتوبة، رسالة ماجستير، جامعة اليرموك- كلية التربية، شباط 1983.

1105. **طلعت منصور.**
سيكولوجية الاتصال، عالم الفكر، م11، ع2، 1980.

1106. **طه حسين.**
اللغة الفصحى وتعليم الشعب، بحث من كتاب المؤتمر الأول للمجامع اللغوية والعلمية، دمشق، 1956، القاهرة: مطابع جريدة الصباح بمصر.

1107. **طه حسين.**
اللغة الفصحى وتعليم الشعب، مجلة المجمع العلمي العربي، المجلد 31، الجزء1 .

1108. **طه حسين.**
اللغة الفصحى وتعليم الشعب، مجلة مجمع اللغة العربية بدمشق، العدد الثاني والثلاثون، 1967، ص64-56 .

1109. **طه علي حسين الدليمي.**
دراسة مقارنة لأثر بعض الطرق التدريسية على تحصيل الطلاب في قواعد اللغة العربية، رسالة ماجستير- جامعة بغداد، 1980.

1110. **طه محمد محمود.**
الكلمات الشائعة في المواقف المختلفة للغة الحياة اليومية في السودان، دراسة ميدانية، الخرطوم: معهد الخرطوم الدولي للغة العربية، 1978.

1111. **طه محمود طه.**

وسائل الاتصال الحديثة وأبعاد جديدة لإنسان القرن العشرين، عالم الفكر، 11، 1980-1981.

1112. **الطيب البكوشي.**

التعريب والازدواجية اللغوية في تونس (من خلال بعض البحوث الحديثة) مجلة اللسانيات (الجزائر) م1/ج1972/2.

1113. **الطيب الفقيه أحمد.**

أدب الأطفال في تونس، تونس: الحياة الثقافية، العدد6 السنة 4 نوفمبر وديسمبر، 1979، ص103-110.

1114. **الطيبي بورحيل.**

حول مشكلة التعريب، مجلة فكر مجلد 17، ص320، 1971 .

ظ

1115. **ظهور الحسن.**

التبويب الصرفي للمفردات الواردة في سورتي الفاتحة والبقرة مـع بعـض التطبيقـات التربوية في مجال تعليم اللغة العربية لغير الناطقين بها وبخاصـة مـن الباكسـتانيين، الخرطوم: معهد الخرطوم الدولي للغة العربية، 1978.

ع

1116. **عائشة إبراهيم سعيد الحوري**
دراسة تحليلية نقدية لتدريبات كتاب العربية المعاصرة: الجزء الأول، معهد بورقيبة، دبلوم، الخرطوم، معهد الخرطوم الدولي للغة العربية، 1984.

1117. **عائشة إبراهيم سعيد الحوري**
دور علم النفس اللغوي في تعليم اللغة العربية، ماجستير، الخرطوم: معهد الخرطوم الدولي للغة العربية، 1985.

1118. **عائشة الأرناؤوط**
ألعاب للصف الأول الابتدائي، مجلة تكنولوجيا التعليم، العدد 4 السنة 2، ص 29.

1119. **عائشة صبري**
موسيقى وأناشيد الأطفال، القاهرة اللجنة العامة لتدريب العاملين في ميادين الطفولة والأسرة، 1966.

1120. **عائشة طوالبة**
دراسة مقارنة للقيم في كتب المطالعة العربية في إسرائيل والأردن، ماجستير، جامعة بغداد، كلية التربية، 1975.

1121. **عائشة عبد الرحمن**
تعليم العربية ورأي في أزمتنا اللغوية، مجلة الرائد، العدد الثاني، إبريل 1973.

1122. **عائشة عبد الرحمن**
رسم الكلمات العربية، مجلة التربية الحديثة، العدد الثالث، فبراير، 1935.

1123. **عائشة عبد الرحمن**
القيم الروحية والخلقية وأثرها في تكوين العربية، أسس التربية في الوطن العربي، المجلس الأعلى لرعاية الفنون والآداب، العلوم الاجتماعية مطابع الشعب، 1965.

1124. **عائشة عبد الرحمن**
اللغة العربية وعلوم العصر، اللسان العربي، المجلد 13.

1125. **عائشة عبد الرحمن**
لغتنا والحياة، معهد البحوث، الدراسات العربية، جامعة الدول العربية، 1969.

1126. عائشة عبد الرحمن
المعركة اللغوية على أرض البطولات الجزائر، جامعة أم درمان الإسلامية، محاضرات الموسم الثقافي الثالث العام الجامعي، 69/68.

1127. عائشة عبدالله غلوم
قواعد اللغة العربية أهميتها ومشكلاتها وتعلمها، التربية المستمرة، المجلد 3، 5، العدد 10، 1982، ص 6 – 15.

1128. عابد توفيق الهاشمي
اللغة العربية، الطرق العلمية لتدريسها، بغداد، مطبعة الإرشاد، 1967.

1129. عابد الهاشمي
الموجه العلمي لمدرسي اللغة العربية، بغداد، مطبعة الارشاد، 1972.

1130. عادل أبو شنب
أدب الأطفال بين أشكال اللغة وتخلف البيئة، جريدة الثورة سبتمبر، 1979.

1131. عادل أبو شنب
ثقافة الطفل العربي حلقة ثقافية للطفل العربي، الكويت ديسمبر، 1979.

1132. عادل أبو شنب
الفصحى واللهجات المحلية، مجلة الثقافة العربية، العدد 3، السنة الثانية مارس 1975، ص 25 – 27.

1133. عادل أمين الصيرفي
لغة الصحافة، مجلة كلية الآداب، جامعة الملك سعود، مجلد 8–1981، ص 353 – 366.

1134. عادل صلاح الدين محمد
دراسة تحليلية عن دور الحضانة ورياض الأطفال في مصر، رسالة ماجستير مقدمة إلى مكتبة الفنون الجميلة، جامعة حلوان، 1975.

1135. عارف الكندي
تيسير الإملاء، مجلة مجمع دمشق، مجلد 38ج، ع 1963.

1136. عارف الكندي
اللغة العربية بين الفصحى والعامية، مجلة الأزهر، 1966.

1137. **عارف الكندي**

العربية بين الفصحى والعامية، دمشق: مجلة مجمع اللغة العربية، المجلد 44، الجزء1، 2 شوال، 1388، كانون الثاني، 1969.

1138. **عارف الكندي**

العربية بين الفصحى والعامية وكتاب رد العامي على الفصيح، مجلة المجمع العربي، دمشق، الجزء 1، المجلد 32، رجب 1379.

1139. **عايد الهرش**

أثر تلوين بعض المفاهيم الرئيسية في مادة اللغة العربية في التحصيل المباشر لتلاميذ الصف الخامس الابتدائي وقدرتهم على الاحتفاظ بها في الأردن، إربد، جامعة اليرموك، رسالة ماجستير، 1984.

1140. **عباس التونسي**

نصوص متفرقة في العامية المصرية، القاهرة: مركز الدراسات العربية، الجزء الأول، 1981.

1141. **عباس حسن**

ازدهار الأدب العربي للمدارس الثانوية، القاهرة، 1955.

1142. **عباس حسن**

النحو الوافي، القاهرة، دار المعارف، 1973، ط2.

1143. **عباس سراج عباس**

الكلمات السواحلية ذات الأصول العربية، الخرطوم: معهد الخرطوم الدولي للغة العربية، 1977.

1144. **عباس محمود العقاد**

أغراض البحوث في الفصحى والعامية، مجلة مجمع اللغة العربية، القاهرة، الجزء 11 – 1959.

1145. **عباس مهدي**

أثر بعض الوسائل التدريسية في تعليم القراءات للأطفال المبتدئين، ماجستير، جامعة بغداد، كلية التربية، 1976.

1146. **عباسي خضر**

تعليم العربية في جنوب السودان، الرسالة، مجلد 17، العدد 838 يوليو، 1949.

1147. عبد الأكبر حضرت عمر

دور الصـلات في اللغـة العربيـة ومشـكلات متحـدثي اللغـة الأرديـة في استخدامها، ماجستير، الخرطوم: معهد الخرطوم الدولي، 1983.

1148. عبد الإله خضير أحمد

الأخطاء العربية الشائعة في كتابات التلاميذ الأكراد في المرحلـة الابتدائيـة الخرطوم: معهد الخرطوم الدولي للغة العربية، 1979.

1149. عبد الإله محمد حمد السيد

تحليل الأخطاء الإملائية لتلاميذ الصف السادس الابتدائي بمنطقـة سـنكات البحـر الأحمر، الخرطوم: معهد الخرطوم الدولي للغة العربية، 1982.

1150. عبد الباسط عطية الله عجيب

تعليم اللغة العربية من خلال البرامج التلفزيونية، دبلوم، الخرطوم: معهد الخرطـوم الدولي للغة العربية، 1984.

1151. عبد الباسط محمد حسن

أصول البحث الاجتماعي، مكتبة الأنجلو المصرية، القاهرة، 1971، ط3.

1152. عبد الباقي المبارك البشير

وسائل تنمية مفردات اللغة العربية وأثرها في تعلـيم غـير النـاطقين بهـا، الخرطوم: معهد الخرطوم الدولي للغة العربية، 1978.

1153. عبد البديع القمحاوي

الفكاهة والطرائف في مجلات الأطفال، حلقة بحـث كتـاب الطفل ومجلة المجلـس الأعلى لرعاية الفنون والآداب والعلوم الاجتماعية، 1972.

1154. عبد التواب رمضان

حرف القاف هل يختفي من اللغة العربية، المجلـة العربيـة 5: 6، 1981/9، ص 106 – 108.

1155. عبد التواب يوسف

الاهتمام بمسرح الأطفـال، حلقـة العنايـة بالثقافـة القوميـة للطفل العـربي، بـيروت، 1970.

1156. عبد التواب يوسف

تطور كتب الأطفال، حلقة بحث كتاب الطفل ومجلته، المجلس الأعلى لرعاية الفنون والآداب والعلوم الاجتماعية، القاهرة، 1972.

1157. **عبد التواب يوسف**

الجهود العربية في مجال ثقافة الطفل، ندوة ثقافة الطفل العربي القاهرة، 1979.

1158. **عبد التواب يوسف**

الحقيقة والخيال عند الطفل، حلقة بحث برامج الأطفال في الراديو والتلفزيون، القاهرة: 1971.

1159. **عبد التواب يوسف**

خريطة كتب الأطفال عالمياً وموقع الوطن العربي عليها، ندوة الطفل العربي، 1979.

1160. **عبد التواب يوسف**

كتاب الطفل العربي، محاولة لاستعراض الوضع الراهن، ندوة ثقافة الطفل العربي، ديسمبر، 1979.

1161. **عبد الجبار بن عربية**

التمارين البنيوية والعربية المعاصرة، الحياة الثقافية، تونس، العدد الثاني عشر- السنة الخامسة، 1980، ص 4 – 11.

1162. **عبد الجبار عبد الأحد**

أوضاع اللغة العربية في الباكستان، دبلوم، الخرطوم: معهد الخرطوم الدولي للغة العربية، 1985.

1163. **عبد الجليل تركي نقي**

الصعوبات التي تواجه متعلمي اللغة العربية من غير الناطقين بها، دبلوم، الخرطوم: معهد الخرطوم الدولي للغة العربية، 1984.

1164. **عبد الجواد علام وآخرون**

اللغة العربية لغير الناطقين بها، الاتحاد العالمي لمدارس العربية الإسلامية الدولية، القاهرة، دار الشروق، د.ت.

1165. **عبد الحسين أحمد زويلف**

تكرار الكلمات عند الأميين العراقيين، جامعة بغداد، كلية التربية، رسالة ماجستير، 1974.

1166. **عبد الحسين شمس الدين**

العربية وآدابها بين يديك، بيروت: دار الفكر اللبناني، 1980.

1167. **عبد الحسين محمد الربيعي**

تقويم مناهج إعداد المعلمين في العراق من وجهة نظر طلابها ومدرسيها، رسالة ماجستير، كلية التربية، جامعة بغداد، 1975.

1168. **عبد الحق رشيد**

دور اللغة في التعبير والتواصل، المجلة المغربية للتوثيق:- 2 (1984/3).

1169. **عبد الحق فاضل**

تخطئة الصواب، مجلة اللسان العربي، 7/1-2، 1970.

1170. **عبد الحق ندوي**

قواعد اللغة العربية، الجزء الأول، الطبعة الثانية، لاهور، المكتبة العلمية بلاهور (د.ت).

1171. **عبد الحكم العبد**

العربية لغير الناطقين بها محاور ومناهج – مذكرة ودروس – مكتبة وملاحق.

1172. **عبد الحكيم راضي**

تدريس النصوص الأدبية لطلاب اللغة العربية الثانية (ملاحظات حول الصعوبات والحلول) مجلة معهد اللغة العربية، العدد الأول 1402-1403، 1982-1983، مكة المكرمة جامعة أم القرى، معهد اللغة العربية وحدة البحوث والمناهج.

1173. **عبد الحليم محمود السيد**

أسلوب تحليل المضمون واستخدامه، القاهرة: الفكر المعاصر، العدد التاسع والخمسون يناير، 1970، ص 96 – 104.

1174. **عبد الحميد بن إبراهيم الشرقاوي**

القواعد الحميدية لتحصيل المبادىء النحوية، الاسكندرية م، بني لاجود إكس، 1315هـ.

1175. **عبد الحميد الأقطش.**

التعريف في تعبيرات العدد العربية دراسة تحليلية على ضوء اللغويات التاريخية المقارنة، مجلة أبحاث اليرموك (سلسلة الآداب واللغويات)، م13، ع1، 1995م.

1176. **عبد الحميد الأقطش**
اللحن في الأصوات العربية على ألسنة العجم القدامى دراسة تحليلية في ضوء إشارات عن اختلاط السكان بالبصرة، مجلة أبحاث اليرموك (سلسلة الآداب واللغويات)، م16، ع1، 1998م.

1177. **عبد الحميد حسن**
القواعد النحوية مادتها وطريقتها، القاهرة، مطبعة العلوم، 1946.

1178. **عبد الحميد حسن**
بعض وجوه التهذيب والتيسير في القواعد النحوية، مجلة مجمع اللغة العربية، القاهرة، 1970.

1179. **عبد الحميد حسن**
القواعد النحوية مادتها وطريقتها، مكتبة الأنجلو، 1953.

1180. **عبد الحميد راضي وإسماعيل إبراهيم العربي**
المرشد في قواعد اللغة العربية والتطبيق، القاهرة: م الرحمانية، 1345هـ

1181. **عبد الحميد الشلقاني**
لغتنا في الأمصار العربية في مصر (4)، مجلة كلية الآداب، جامعة الملك سعود، 8:- / 1981، ص 189 – 217.

1182. **عبد الحميد الشلقاني**
لغتنا في الأمصار العربية في مصر(3)، مجلة كلية الآداب، جامعة الرياض، المجلد 7، 1980.

1183. **عبد الحميد الشلقاني**
لغتنا في الأمصار العربية في مصر (5)، مجلة كلية الآداب، جامعة الملك سعود، 9: - / 1982، ص 21 – 45.

1184. **عبد الحميد العبادي**
ثلاث حوادث ساعدت على نمو اللغة وانتشارها، مجلة المجمع المصري، العدد التاسع، 1957، ص 47 – 52.

1185. **عبد الحميد المهدي**
تعريب التعليم في الجزائر ومشاكله، مجلة اللسان العربي، الرباط: العدد 8، الجزء الأول، 1971، ص 146 – 151.

1186. **عبد الحي عبد الخالق عبد الغني**
تدريس اللغة العربية، مجلة التوثيق التربوي، العدد 20، مارس 1972.

1187. **عبد الحي عبد الخالق عبد الغني**
ضرورة إعادة النظر في المستوى الاستيعابي للغة في المنهج الدراسي، مجلة التوثيق التربوي، العدد 28، مارس 1974.

1188. **عبد الحي الفرماوي**
النقط والشكل في غير اللغة العربية، الفيصل: 50، 1981، ص 55- 57.

1189. **عبد الخالق محمد**
أسلوب الاستثناء في القرآن الكريم، مجلة كلية اللغة العربية (جامعة الإمام بن سعود الإسلامية)، 13 : 14 (- ، 1984)، ص 11 – 29.

1190. **عبد الدائم عنبر فرح**
اللغة الانقلاوية وأصواتها، الخرطوم: معهد الخرطوم الدولي للغة العربية، 1976.

1191. **عبد الرؤوف مخلوف**
تداعي المعاني في خدمة معلم اللغة، صحيفة التربية، أكتوبر، 1949.

1192. **عبد الرحمن أيوب**
البناء الصرفي للأسماء والأفعال في العربية، صدر في وقائع تعليم العربية لغير الناطقين بها، الجزء الأول ، ص 100-119. الرياض، مكتب التربية العربية لدول الخليج، 1983.

1193. **عبد الرحمن أيوب**
التفكير اللغوي عند العرب، المجلة العربية للعلوم الإنسانية،1 : 4، خريف، 1981، ص 199 – 218.

1194. **عبد الرحمن أيوب**
الحقائق التاريخية وأثرها في النظم اللغوية الوصفية، أشغال ندوة اللسانيات في خدمة اللغة العربية، المطبعة العصرية، تونس، 1983م.

1195. **عبد الرحمن أيوب**
دراسات نقدية في النحو العربي، القاهرة: م. الأنجلو المصرية، 1957.

1196. **عبد الرحمن أيوب**
العربية ولهجاتها، معهد البحوث والدراسات العربية، جامعة الدول العربية، ط1، 1968.

1197. **عبد الرحمن أيوب**
اللغة والتطور، معهد البحوث والدراسات العربية، جامعة الدول العربية، مطبعة الكيلاني، 1969.

1198. **عبد الرحمن أيوب**
النظم اللغوية والتطور، صدر في وقائع تعليم اللغة العربية لغير الناطقين بها الجزء الأول، الرياض، مكتب التربية العربية لدول الخليج، 1983.

1199. **عبد الرحمن الحاج صالح**
أثر اللسانيات في النهوض بمستوى اللغة العربية، الجزائر، مجلة اللسانيات العدد السابع، 1973 - 1974.

1200. **عبد الرحمن الحاج صالح**
أثر اللسانيات في النهوض بمستوى اللغة العربية، بحث مقدم لندوة قراء ومسؤولين لبحث وسائل تطوير إعداد معلمي اللغة العربية، الرياض، 15- 397/3/20، 5/ 77/3/10.

1201. **عبد الرحمن الحاج صالح**
الأسس العلمية لتطوير تدريس اللغة العربية بحامعة الجزائر، المعرفة، المجلد 23 - 270، العدد (8)، 1984، ص 68 - 90.

1202. **عبد الرحمن الحاج صالح**
أنواع طلاب اللغة العربية لغير الناطقين بها ومشكلاتهم، الندوة العالمية الأولى لتعليم العربية لغير الناطقين بها، الرياض 1978.

1203. **عبد الرحمن الحاج صالح**
البحث اللغوي وتداخل المفاهيم المختلفة المنشأ، ملتقى العلاقات بين اللغة العربية واللغة الفرنسية، 1976.

1204. **عبد الرحمن الحاج صالح**
تكنولوجيا اللغة والتراث العربي الأصيل، الموسم الثقافي الثاني لمجمع اللغة العربية الأردني، عمان: منشورات مجمع اللغة العربية الأردني، 1984.

1205. **عبد الرحمن الحسون**

الثروة اللغوية عند الأطفال من خلال أقاصيصهم، وزارة التعليم العالي، بغداد، 1973.

1206. **عبد الرحمن الحسون وصباح حنا هرمز**

الثورة اللغوية عند الأطفال من خلال أقاصيصهم، بغداد، جامعة بغداد، مركز البحوث التربوية والنفسية، 1973.

1207. **عبد الرحمن حسين**

تجربة المنهج في معهد تعليم اللغة العربية لغير الناطقين بها بجامعة الإمام محمد بن سعود الإسلامية بالرياض، وقائع ندوات تعليم اللغة العربية لغير الناطقين بها جزء 3، مكتب التربية العربي لدول الخليج، ص 63.

1208. **عبد الرحمن السنجلاوي وآخرون**

التربية وطرق التدريس، الرياض، 1389.

1209. **عبد الرحمن شلش**

نحو ثقافة عربية لأطفالنا، الرياض: الفيصل، 1979.

1210. **عبد الرحمن عبد اللطيف**

أسماء الإشارة في اللغة العربية وتدريسها للناطقين بغيرها، ماجستير، الخرطوم: معهد الخرطوم الدولي للغة العربية، 1985.

1211. **عبد الرحمن عبد اللطيف عبد الرحمن**

دراسة معجمية ودلالية لبعض أقاصيص كتاب دنيا الله لنجيب محفوظ، دبلوم، الخرطوم: معهد الخرطوم الدولي للغة العربية، 1984.

1212. **عبد الرحمن علي فضل السيد**

الضمائر في اللغة العربية وتدريسها للناطقين بغيرها، الخرطوم، معهد الخرطوم الدولي، رسالة ماجستير، 1983.

1213. **عبد الرحمن علي فضل السيد**

من قضايا ألف باء المدرسة الابتدائية، مجلة بخت الرضا، العدد 31 يناير 1979.

1214. **عبد الرحمن كامل محمود**

تدريس النحو في المرحلة الابتدائية باستخدام الصور التركيبية، المجلة العربية للتربية، م6، ع1، 1996.

1215. **عبد الرحمن محمد إدريس**
الصعوبات الصوتية التي تقابل الناطق باللغة الأمهرية عند دراسته للغة العربية، الخرطوم: معهد الخرطوم الدولي للغة العربية، 1980.

1216. **عبد الرحمن محمد الفكي**
القراءة فن، مجلة بخت الرضا – العدد 25 – 1972.

1217. **عبد الرحمن الناجي محمد**
دراسة تحليلية لمفردات الصحافة السودانية اليومية وعمل قائمة بأشيع مفرداتها وأبرز خصائصها، الخرطوم: معهد الخرطوم الدولي للغة العربية، 1976.

1218. **عبد الرحمن النجلاوي وآخرون**
التربية وطرق التدريس ،الرياض، 1389هـ .

1219. **عبد الرحمن نور الدين مصطفى**
الأخطاء المنهجية عند النحاة العرب والمحاولات التي جرت لإصلاحها، الخرطوم: معهد الخرطوم الدولي للغة العربية، 1978.

1220. **عبد الرحمن ياغي**
إلى معلمات اللغة العربية ومعلميها، عمان، المطبعة الوطنية، 1963، ص 19.

1221. **عبد الرحمن ياغي**
فتح باب المحاورة في اللغة العربية والنهوض بها، المجلة الثقافية العدد 12، المجلد 2، 1983، ص 44 – 48.

1222. **عبد الرحيم الإدريسي المساوي**
إسهام غير العرب في نشر اللغة والفكر العربي، دبلوم، الخرطوم: معهد الخرطوم الدولي للغة العربية، 1985.

1223. **عبد الرحيم أمين**
مرشد المعلم لتدريس اللغة العربية في المدارس الابتدائية، القدس: 1961.

1224. **عبد الرحيم حمد**
أثر خبرة رياض الأطفال على الاستعداد القرائي للأطفال الأردنيين الذين يلتحقون حديثاً بالصف الأول الابتدائي، ماجستير، الجامعة الأردنية كلية التربية كانون ثاني 1983.

1225. **عبد الرحيم صالح**
فعالية استخدام التلفزيون في تربية الأطفال، مجلة تكنولوجيا التعليم، العدد 4، السنة 2، ص 63.

1226. **عبد الرزاق البصير**
بين العامية والفصحى، مجلة مجمع اللغة العربية، القاهرة/ الجزء 41 جمادى الأول، 1398 أيار، 1987.

1227. **عبد الرزاق البصير**
حول تبسيط اللغة العربية، مجلة الكويت، مجلد 71 العدد 4، 1981.

1228. **عبد الرزاق حسين حسن**
الألفاظ العربية الشائعة في اللغة الصومالية، دبلوم، الخرطوم: معهد الخرطوم الدولي للغة العربية، 1984.

1229. **عبد الرزاق حسين حسن**
تأثير اللغة العربية على اللغة الصومالية، ماجستير، الخرطوم: معهد الخرطوم الدولي للغة العربية، 1985.

1230. **عبد الرزاق الحليوي**
حول الطرق المعتمدة في تدريس العربية، 1958 – 1978، تونس المعهد القومي لعلوم التربية، 1981.

1231. **عبد الرزاق الحميري**
الصلة بين العربية والألمانية، مجلة المورد بغداد العدد الرابع الجزء الأول 1975، ص 52 – 54.

1232. **عبد الرزاق علي لطفي**
مناهج التعليم الأولي الأوسط في السودان، بيروت المركز الإقليمي، 1965.

1233. **عبد الرزاق محمد إبراهيم**
تأثير اللغة العربية على المجتمع الإسلامي في سيريلانكا، دبلوم، الخرطوم: معهد الخرطوم الدولي للغة العربية، 1984.

1234. **عبد الرزاق محمد إبراهيم**

دراسـة تحليليـة للمفـردات العربيـة المسـتعملة في لهجـة المسـلمين في سـيريلانكا والاستفادة منها في تعليم اللغة العربية في هذه الجزيرة، ماجستير، الخرطوم: معهـد الخرطوم الدولي للغة العربية، 1985.

1235. **عبد الرزاق نبور**

المدقق الإملائي العربي إنجاز قاعدة معلومات إملائية عربية لتوليـد معجم مـدقق إملائي للنصوص عـلى الحاسوب، مجلـة المعجمية، 9-10، 1993-1994، ص 155 – 168.

1236. **عبد الرسول محمد خفاجي**

الازدواجية اللغوية في الوطن العربي، مجلة الخليج العربي، جامعة البصرة   (مركز دراسات الخليج العربي) العدد الثاني السنة 2، 1975.

1237. **عبد الرشاد شهودي**

بناء وحدة دراسية لتعليم اللغة العربية للمدرسة الأندونيسية بالقاهرة، ماجستير، الخرطوم: معهد الخرطوم الدولي للغة العربية 1985.

1238. **عبد الرشاد شهودي**

مشكلات تعليم اللغة العربية في المعاهد الإسلامية بإندونيسيا، دبلوم، الخرطوم: معهد الخرطوم الدولي للغة العربية 1984.

1239. **عبد الستار بن كرم دين**

تحليل القواعد النحوية في الكتب الثلاثة (لغة الإسلام) لتلاميذ المدارس المتوسطة في باكستان مع بعض تطبيقات لمعلمي اللغة العربية، دبلوم، الخرطوم: معهد الخرطوم الدولي للغة العربية، 1985.

1240. **عبد الستار طاهر شريف**

تقييم كتاب القراءة الكردية للحملة الوطنية الشاملة لمحو الأمية، ماجستير، بغداد، جامعة بغداد، كلية التربية 1980.

1241. **عبد الستار طاهر شريف**

الذخيرة اللغوية عند الطفل الكـردي في منطقـة كردسـتان للحكـم الـذاتي، دكتـوراة، بغداد، كلية التربية، 1985.

1242. **عبد السلام العشري**

لغة الطفل، مجلة الرائد، يناير، 1956.

1243. عبد السلام محمد أحمد نور

اللغات كيف تؤدي دورها الرئيسي في تنمية المجتمعات العربية، مجلة التربية، العدد 62، ديسمبر، 1983، ص 71.

1244. عبد السلام المسدي

الأسس النظرية لتوظيف السانيات في تعليم اللغات، المجلة العربية للدراسات اللغوية، الخرطوم، المجلد الثاني، ع2، 1983.

1245. عبد السلام المسدي

الازدواجية والثنائية وأثرها في الواقع اللغوي، تونس: ملتقى ابن منظور، الدار التونسية للنشر، 1984.

1246. عبد السلام المسدي

العلاقة اللغوية، المجلة العربية، المجلد الرابع: (10) العدد الأول، السنة 1981، ص 54 – 57.

1247. عبد السلام المسدي

اللسانيات من خلال النصوص، ط2، الدار التونسية للنشر، 1986.

1248. عبد السلام المسدي

اللسانيات وأسسها المعرفية، الدار التونسية للنشر- (تونس) والمؤسسة الوطنية للكتاب (الجزائر)، 1986م.

1249. عبد السلام المسدي

اللسانيات وعلوم التربية، المجلة العربية للتربية، م12، ع2، 1992م.

1250. عبد السلام المسدي

مراجع اللسانيات، الدار العربية للكتاب، 1989م.

1251. عبد السلام المسدي

اللغة الموضوعة واللغة المحمولة، الموقف الأدبي: 135 و 136، العدد 7: 8، 1982، ص 115 – 123.

1252. عبد السلام المسدي

من سمات الحداثة في تراثنا اللغوي، الأقلام 16 : 6، العدد 5 و 6، 1981، ص 36 – 49.

1253. **عبد السلام المسدي**
النواميس اللغوية والظاهرة والاصطلاحية، الفكر العربي المعاصر، 30 ، 31، (صيف، 1984)، ص 16 – 28.

1254. **عبد السلام نعمة الله الريس**
أثر الفارسية في اللغة العربية، جامعة الأزهر، 1937.

1255. **عبد السميع شبانة**
دراسات تطبيقية في النحو والصرف، م الفتوح وأبو الاقبال بظاظة، 1384 – 1964.

1256. **عبد السميع شبانة**
دراسات في النحو، دار الأنوار 1962 ، ط1.

1257. **عبد الصبور شاهين**
في علم اللغة العام، مؤسسة الرسالة، ط3، 1980.

1258. **عبد العال سالم**
تطبيقات نحوية وبلاغية، الكويت: دار البحوث العلمية، 1398، 1978، ط 1.

1259. **عبد العزيز أشرف**
اللغة الإعلامية وخصائص الطفل العربي، شؤون عربية:11 العدد1/ 1981، ص 200 – 219.

1260. **عبد العزيز الأوري**
الإسلام وانتشار اللغة العربية والتعريب، المستقبل العربي، المجلد 3 : 24، العدد 2، السنة 1981، ص 38 – 61.

1261. **عبد العزيز بسام**
العربية الفصحى لغـة التعليـم في الـوطن العربي، صـدر في اللغـة العربيـة والـوعي القومي، بيروت، مركز دراسات الوحدة العربية، 1984.

1262. **عبد العزيز برهام**
الكتاب المدرسي لتعليم اللغة العربية للأجانب، ضمن السجل العلمي للندوة العالمية الأولى لتعليم العربية لغير الناطقين بها، جامعة الرياض، 17– 21 ربيع ثاني 1398 26 – 30 مارس، 1978 نشر1980، الجزء 2، ص 119 – 129.

1263. عبد العزيز بن عبدالله

الألفاظ المشتركة بين العاميتين في المغرب والشام واللسان العربي العدد (1) صفر
1384 حزيران 1964.

1264. عبد العزيز بن عبد الله

التقريب بين اللهجات العربية: نماذج من المصطلحات الدارجة بالمغرب الأقصى،
اللسان العربي، المجلد 16، الجزء 1.

1265. عبد العزيز بن عبد الله

تنظيرات ومقارنات حول فصحى العامية في المغرب والأندلس ،اللسان العربي، المجلد
8، الجزء 1.

1266. عبد العزيز بن عبد الله

الدلالاتية المقارنة في خدمة تاريخ الحضارة المقارن: اللسان العربي، 23 (- /
1984)، ص 195 – 186.

1267. عبد العزيز بن عبد الله

العامية والفصحى في القاهرة والرباط، اللسان العربي: 22- 1984، 57- 72.

1268. عبد العزيز بن عبد الله

اللغة العربية وآثارها وراء المحيط الأطلنطي، الفيصل الجزء الخامس: 50،
العدد/1981/6، ص 81 – 24.

1269. عبد العزيز بن عبد الله

المصطلح العلمي، منهج التعريب، مجلة البحث العلمي العربي 2: 7، عدد 1982/10،
ص 80 – 101.

1270. عبد العزيز بن عبدالله

مظاهر الوحدة بين عامية بغداد وعامية المغرب الأقصى، اللسان العربي المجلد 18،
الجزء الأول.

1271. عبد العزيز بن عبدالله

معجم الترادف والتوارد، صدر في صناعة المعجم العربي لغير الناطقين بالعربية،
الرباط، مكتب تنسيق التعريب، 1981.

1272. **عبد العزيز بن عبدالله**

نحو تفصيح العامية في العالم العربي، اللسان العربي العدد (1) صفر 1384، يونيو حزيران 1964.

1273. **عبد العزيز بن عبدالله**

نحو تفصيح العامية في الوطن العربي، دراسات مقارنة بين العاميات العربية، اللسان العربي المجلد 9، الجزء 1، 1931 - 1972.

1274. **عبد العزيز بن عبدالله**

نحو تفصيح العامية في الوطن العربي، الرباط المكتب الدائم لتنسيق التعريب، 1972، ص 206.

1275. **عبد العزيز بن عبدالله**

نظرات ومقارنات حول: فصحى العامية في المغرب والأندلس، اللسان العربي المجلد 18 الجزء 1.

1276. **عبد العزيز بومسهولي**

قواعد اللغة العربية واللسانية، الفكر العربي المعاصر، العدد 40، 1986، ص 95 - 100.

1277. **عبد العزيز الجلال**

التعليم واللغة العربية في جنوب السودان، مجلة معهد اللغة العربية العدد الثاني، 1404 - 1984، السعودية، جامعة أم القرى، معهد اللغة العربية، وحدة البحوث والمناهج، ص 367 - 399.

1278. **عبد العزيز الحليلي**

البنية المقطعية العربية (الفصحى وفي الدارجة المغربية: دراسة مقارنة) (مجلة كلية الآداب والعلوم الإنسانية، فاس، الجزء 6، 1982- 1983، ص 65 - 78)، المجلة العربية للدراسات اللغوية، الخرطوم/ مج 4، ع2، فيفري 1986، ص 43 - 57، ودراسات أدبية ولسانية، فاس، س1، ع2، شتاء 1986، ص 69 - 82.

1279. **عبد العزيز حمزة عبد السلام**

ظواهر صوتية ونحوية في عربية بعض قبائل الفولاني في السودان، الخرطوم: معهد الخرطوم الدولي للغة العربية، 1976.

1280. عبد العزيز الشتاوي، ومحمد عادل الأحمر

تصور متفقدي التعليم الابتدائي لهيكل التفقد وموقفهم منه، المجلة التونسية لعلوم التربية، السنة 11، عدد 13، 1985.

1281. عبد العزيز العاشوري

اللغة العربية والهوية الثقافية وتجارب التعريب، المستقبل العربي 4 : 27، العدد 191/5.

1282. عبد العزيز عبد المجيد

القصة في التربية، أصولها النفسية وتطورها ومادتها وطريقة سردها، القاهرة، دار المعارف 1972.

1283. عبد العزيز عبد المجيد

اللغة العربية، أصولها النفسية وطرق تدريسها، القاهرة: دار المعارف 1952.

1284. د. عبد العزيز العصيلي

التدريس المصغر في ميدان تعليم اللغات الأجنبية وتطبيقه في برامج إعداد معلمي اللغة العربية للناطقين بغيرها، معهد تعليم اللغة العربية، جامعة الإمام محمد بن سعود الإسلامية.

1285. عبد العزيز الفريح والأمين الجزولي

بحث حول الأسس التي يتم بموجبها اختبار أمر تعديل أو تأليف كتاب لتعليم اللغة العربية لغير الناطقين بها، ندوة الخبراء والمختصين في إعداد وتأليف الكتب والمواد التعليمية لتدريس اللغة العربية لغير الناطقين بها، الرياض: من 28 فبراير إلى 2 مارس، 1982.

1286. عبد العزيز القوصي

منطق النحو ومنطق الطفل، صحيفة التربية، أكتوبر، 1948.

1287. عبد العزيز القوصي

نمو اللغة عند الأطفال، اللغة والفكر، المطبعة الأميرية، 1948.

1288. عبد العزيز القوصي وآخرون

اللغة والفكر، القاهرة: المطبعة الأميرية، 1946.

1289. **عبد العزيز القوصي وأحمد يوسف الشيخ وعبد الفتاح إسماعيل شلبي ومحمد كمال خليفة**
تيسير النحو، القاهرة: دار الكتب الإسلامية، 1368هـ/ 1949م، ط1، القاهرة: عيسى الحلبي.

1290. **عبد العزيز القوصي وسعيد قدري**
تقرير عن تجربة في تعليم مبادىء القراءة والكتابة، اللغة والفكر، القاهرة، المطبعة الأميرية، 1948.

1291. **عبد العزيز مزروع**
المنهج الجديد في الطرق الخاصة لتدريس اللغة العربية، القاهرة: دار الكتب العربي، 1957.

1292. **عبد العزيز محمد شرف**
الإعلام واللغة العربية المشتركة، الفيصل، العدد 17، ذو القعدة 1398، تشرين أول 1978.

1293. **عبد العزيز محمد شرف**
العربية الفصحى لغة التعبير الإعلامي، الدارة 8 : 1، العدد 7، 1982، ص 165، 1983.

1294. **عبد العزيز محمد شرف**
اللسان القومي ووسائل الإعلام، شؤون عربية، مجلد 7، العدد 9، 1981.

1295. **عبد العزيز محمد شرف**
وسائل الإعلام ومستقبل اللغة العربية، الباحث 6 : و2 (4/ 1984)، ص 61 - 68.

1296. **عبد العزيز مطر**
لحن العامة في ضوء الدراسات اللغوية الحديثة، ط2، دار المعارف، القاهرة، 1981م.

1297. **عبد العزيز المفالح**
هل كانت مقدمة للتنظير اللغوي أم لتدمير اللغة العربية؟ دراسات عينية: 12 (17 / 1983)، ص 11 - 23.

1298. **عبد العزيز وعبد الرحمن صالح المنفومي**
دراسة مستوى طلاب الصف الثالث الإعدادي في مادة اللغة العربية، إدارة الأبحاث والمناهج السعودية (د.ت).

1299. **عبد العزيز يوسف**
دور التعليم الثانوي في تنمية اللغة العربية، ملتقى ابن منظور، تونس: الـدار التونسية للنشر، 1984.

1300. **عبد العزيز يوسف**
المصطلح اللغوي في التعليم الثانوي، صـدر في ملتقى ابـن منظـور، تـونس: الـدار التونسية للنشر، 1984.

1301. **عبد العظيم الديب**
نظرات في تدريس اللغة العربية، مجلة التربية، العدد 43، أكتوبر 1980، قطر.

1302. **عبد العلي الجسماني**
الطفل مداركه كيف نتعهدها بالتنمية والرعاية نفسياً وتربوياً واجتماعياً، حلقة بنـاء الطفل في الخليج العربي، جامعة البصرة، 1979.

1303. **عبد العليم ابراهيم**
الأطفال يعلموننا، صحيفة التربية يناير، 1955

1304. **عبد العليم إبراهيم**
الإملاء والترقيم في الكتابة العربية، القاهرة: مكتبة غريب، 1975.

1305. **عبد العليم إبراهيم**
تطوير النحو العربي في المجال التربوي، تطوير تدريس علـوم اللغـة العربيـة وآدابهـا، الخرطوم، فبراير، 1976، مؤتمر المعلمين العرب التاسع.

1306. **عبد العليم إبراهيم**
توحيد الرسم الإملائي على مستوى العالم العربي، تطوير تدريس علوم اللغـة العربيـة وآدابها، الخرطوم: فبراير، 1976.

1307. **عبد العليم إبراهيم**
الموجه الفني لمدرسي اللغة العربية، القاهرة: دار المعـارف، 1960 و1962 و 1970 ، ط6 ، 1972.

1308. **عبد العليم إبراهيم**
النحو الوظيفي، القاهرة، دار المعارف، 1970.

1309. **عبد العليم إبراهيم**
النحو الوظيفي، القاهرة، دار المعارف، ط3، 1975.

1310. **عبد عون عبد علي**

علاقة اتجاهات المدرسين نحو مهنة التدريس من سماتهم الشخصية، دكتوراه، بغداد، جامعة بغداد، كلية التربية، 1983.

1311. **عبد الغفار حامد هلال**

القراءت وصلتها باللهجات العربية، مجلة كلية اللغة العربية، جامعة الإمام محمد بن سعود الإسلامية 12 (-/ 1982) ص 391 - 462.

1312. **عبد الغفار حامد هلال**

اللغة بين الفرد والمجتمع، اللسان العربي 23 - (1984)، ص 13 - 45، بيلوغرافية.

1313. **عبد الغفار حسن أمين**

بناء الجملة في افتتاحات الصحف السودانية، ماجستير، الخرطوم: معهد الخرطوم الدولي للغة العربية، 1985.

1314. **عبد الغفار حسن أمين**

وحدات بناء الجملة في عناوين الصحف السودانية، دبلوم، الخرطوم: معهد الخرطوم الدولي للغة العربية، 1984.

1315. **عبد الغني البدوي وكامل الكيلاني**

الرائد العربي لأدب الأطفال، القاهرة، الدار القومية للطباعة والنشر (د.ت).

1316. **عبد الغني الدقر**

معجم النحو، دمشق المكتبة العربية 1395 - 1975 ط1،دمشق 1402 - 1982 ط 2.

1317. **عبد الغني عبود**

التربية ومحو الأمية الأبجدية، تعليم الجماهير 9: 2، العدد 1982/1، ص 167-191.

1318. **عبد الفتاح حجاج**

إعداد العاملين في تعليم الكبار وتدريبهم، الجهاز العربي لمحو الأمية وتعليم الكبار، القاهرة، 1975.

1319. **عبد الفتاح الزين**

بحث لغوي في ضوء علم الألسنية، الفكر العربي المعاصر- 30 و 31 (صيف/ 1984)، ص 62 - 66 بيليوغرافية.

1320. **عبد الفتاح الزين**

في رسم القرآن دراسة تطبيقية، الفكر العربي المعاصر، ع38، 1986، 137 - 149.

1321. **عبد الفتاح الزين**
قضايا لغوية في ضوء الألسنية، الشركة العالمية للكتاب، ط1، 1987، يوسف غازي.

1322. **عبد الفتاح السكري وآخرون**
طرق تدريس اللغة العربية للصف الثالث بمعاهد إعداد المعلمين للمرحلة الابتدائية، المملكة السعودية، 1977.

1323. **عبد الفتاح سليم**
اللحن في اللغة مظاهره ومقاييسه، دار المعارف، ط1، 1989. (القسم الأول والثاني).

1324. **عبد الفتاح شحدة أبو معال**
أدب الأطفال في الأردن، رسالة ماجستير، جامعة القديس يوسف، بيروت، 1983.

1325. **عبد الفتاح شلبي**
أساسيات تعليم اللغة العربية لغير الناطقين بها من حيث المنهج والمعلم والكتاب، مجلة معهد اللغة العربية، العدد الأول، 1982 – 1983، مكة المكرمة، جامعة أم القرى، معهد اللغة العربية، وحدة البحوث والمناهج.

1326. **عبد الفتاح شلبي**
تقرير عن بحث في تيسير قواعد الإملاء، إدارة البحوث الفنية، القاهرة: 1960.

1327. **عبد الفتاح كليطو**
اللغة والهوية حول الازدواجية اللغوية، ترجمة عبد السلام بن عبدالله العالي، الوحدة، المجلد، 1 : 5، العدد 2، ص 26 – 79.

1328. **عبد الفتاح محجوب**
الكتابة العربية وصلاحها لتعليم اللغة لغير الناطقين بها، جامعة أم القرى، ط1، 1405هـ

1329. **عبد الفتاح محجوب إبراهيم**
الكتابة العربية وصلاحها لتعليم اللغة لغير الناطقين بها، مكة المكرمة، جامعة أم القرى، 1405هـ

1330. **عبد الفتاح محجوب محمد**
أصوات اللغة العربية وما قد يلاقي ناطق الإنجليزية في تعلمها من صعوبة، الخرطوم: معهد الخرطوم الدولي للغة العربية، 1978.

1331. **عبد الفتاح المصري**

التفكير اللساني في الحضارة العربية، الموقف الأدبي، 135 ، 136، 7، 8/ 1982، ص 232 – 269.

1332. **عبد الفتاح المصري**

العرب واللسانيات، مجلة الموقف الأدبي، المجلد 17، العدد الأول، سنة 1981، ص 15 – 25.

1333. **عبد القادر أحمد الشيخ الفادي**

الأسس العلمية لاختيار المادة القرائية لمتوسطي المستوى من غير الناطقين باللغة العربية، ماجستير، الخرطوم: معهد الخرطوم الدولي للغة العربية، 1984.

1334. **عبد القادر أحمد الشيخ الفادي**

مشكلات فهم المقروء لدى طلاب المركز الإسلامي الإفريقي (مستوى المتقدمين)، دبلوم، الخرطوم: معهد الخرطوم الدولي، 1983.

1335. **عبد القادر بن الحاج خالد**

اللغة العربية في إندونيسيا، معهد الدراسات العربية العالي، جامعة الدول العربية، القاهرة، 1962، ص 435.

1336. **عبد القادر حاتم سلطان**

استخدام مبادىء المدرسة السلوكية في تعليم اللغة العربية للأجانب، دبلوم، الخرطوم: معهد الخرطوم الدولي للغة العربية، 1985.

1337. **عبد القادر حجار**

تجربة الجزائر في مجال التعريب، مجلة العلم والتعليم العدد 62 – 63، تونس 1982.

1338. **عبد القادر حسن أمين وحميد مخلف الهيئي وقحطان رشيد ورشيد عبد الرحمن العبيدي**

اللغة العربية لغير أقسام التخصص، د.م المعارف، 1979، ط1.

1339. **عبد القادر الشيخ إدريس**

وقفات مع اللغة والتربية، الإماه، المجلد الأول 11، العدد 9، 1981، ص 6 – 11.

1340. **عبد القادر الطرابلسي**

توظيف اللسانيات الحديثة في تعليم اللغة العربية لغير الناطقين بها، الحياة الثقافية 8/26-29، 1982.

1341. **عبد القادر عياش**
ترانيم الأطفال، سويرا، دير الزور، 1966.

1342. **عبد القادر الفاسي الفهري**
الملتقى الدولي الثالث في اللسانيات، الجامعة التونسية، 18 – 23، شباط، 1985.

1343. **عبد القادر محمود سعيد بن الشيخ**
حول تعميم الترغيب في المطالعة، معطيات واقتراحات، المجلة التونسية، السنة 11
عدد 13، 1985.

1344. **عبد القادر محمود عبدالله**
تجربة لكتابة اللغة المروية بالحروف العربية، مجلة كلية الآداب (جامعة الملك
سعود)، 11: 1 (- / 1984) ص 131 – 169.

1345. **عبد القادر المغربي**
أقرب الطرق إلى نشر الفصحى، مجلة مجمع اللغة العربية بدمشق، العدد الثالث
1923، ص 231 – 338.

1346. **عبد القادر المغربي**
بعض أسرار اللغة العربية أو تصويب لهجة من اللهجات العامية، مجلة المجمع
العلمي العربي، المجلد 28، الجزء 2، نيسان 1953، رجب، 1372.

1347. **عبد القادر المغربي**
اللغة العربية بين أنقرة ودمشق، مجلة مجمع اللغة العربية بدمشق، العدد 25،
1950، ص 611 – 617.

1348. **عبد القادر المغربي**
اللغة العربية في دول الترك العثمانيين، مجلة مجمع اللغة العربية، بدمشق، العدد
19، 1944، ص 138 – 144.

1349. **عبد القادر المغربي**
لماذا أخفقنا في تعليم العربية وتعلمها، مجلة مجمع، دمشق، 1944.

1350. **عبد القادر المهيري**
رأي في بنية الكلمة العربية، الموقف الأدبي، مجلد 135 – 136، العدد 7، 8، 1981،
ص 153 – 154.

1351. **عبد القادر المهيري**
مفهوم الكلمة في النحو العربي، حوليات الجامعة التونسية 23 (- / 1984)، ص 31 – 42 بيليوغرافية.

1352. **عبد القادر المهيري**
التعليل ونظام اللغة، حوليات الجامعة التونسية 22 – 1983، ص 175 – 189.

1353. **عبد الكريم أحمد رشيد الخلايلة**
تطور القدرة على النطق عند أطفال أردنيين بين سن سنتين ونصف وست سنوات، رسالة ماجستير، الجامعة الأردنية كلية التربية، 1980.

1354. **عبد الكريم الأمين**
مكتبة الطفل، بغداد: مجلة الأعلام، 1970.

1355. **عبد الكريم الأمين**
مكتبة الطفل وكيف تنظمها، بغداد، مجلة المعلم الجديد.

1356. **عبد الكريم أمين**
مهام مكتبة الطفل وتنظيمها، حلقة الطفل في الخليج العربي، جامعة البصرة، 1979.

1357. **عبد الكريم جرمانوس**
مقارنة بين اللغات المجرية وبين اللغة العربية، مجلة المجمع المصري، العدد الرابع عشر 1962، ص 101 – 108.

1358. **عبد الكريم خليفة**
تأهيل أعضاء هيئة التدريس للتدريس بالعربية، مجلة المجمع الأردني، السنة الثانية، العدد السابع والثامن، تموز 1980.

1359. **عبد الكريم خليفة**
تيسير العربية بين القديم والحديث، عمان مجمع اللغة العربية الأردني، 1986.

1360. **عبد الكريم خليفة**
اللغة العربية أساس نهضة أمتنا ووحدتها، مجلة مجمع اللغة العربية الأردني العدد المزدوج 25 – 26، السنة 8 شوال 1404، ربيع الثاني، تموز 1984.

1361. **عبد الكريم خليفة**
وسائل تطوير اللغة العربية، مجلة اللسان العربي – الرباط – العدد الثاني عشر الجزء الأول، 1975.

1362. **عبد الكريم خليفة**
وسائل تطوير اللغة العربية العلمية، عمان – اللجنة الأردنية للتعريب والترجمة والنشر 1974.

1363. **عبد الكريم خليفة وآخرون**
تعريب التعليم الجامعي في الأردن (ندوة)، المواقف، السنة الأولى، العدد الأول، ذو الحجة 1407، آب 1987.

1364. **عبد الكريم رضوان**
تقويم كتاب اللغة الإنجليزية للصف الثاني الثانوي المتوسط من وجهة نظر المدرسة، العراق – مديرية المناهج والكتب، المديرية العامة لمناهج والوسائل التعليمية وزارة التربية.

1365. **عبد الكريم طه**
علم اللغة وتدريس اللغات الأجنبية، مجلة كلية الآداب والتربية، 5-6، 1972-1975.

1366. **عبد الكريم عبد المجيد سومرو**
دراسة تقابلية بين اللغتين العربية والسندية على المستوى الصوتي " الوحدات الجزئية"، الخرطوم: معهد الخرطوم الدولي للغة العربية 1978.

1367. **عبد الكريم غلاب**
اللغة العربية ومشاكل الكتابة، مجلة فكر، مجلد 17، ص 679، 1971.

1368. **عبد الكريم غلاب**
الفكر العربي بين الاستلاب وتأكيد الذات، ليبيا، تونس 219، 1977.

1369. **عبد الكريم فضل عزام**
تدريس قواعد اللغة العربية بين القياس والاستقراء، رسالة ماجستير، الجامعة الأردنية، كلية التربية، 1980.

1370. **عبد الكريم محمد الأسعد**
الاتجاهات السياسية في الدرس النحوي، مجلة كلية الآداب، جامعة الملك سعود، المجلد 11 : 1 1984، ص 193 – 244.

1371. **عبد الكريم محمود أبو جاموس**
تقويم المعلمين والطلبة لفاعلية برامج اللغة العربية المتلفزة في تحقيق أهداف تدريس اللغة العربية للصف الأول الثانوي، الجامعة الأردنية، كلية التربية، رسالة ماجستير، 1981.

1372. **عبد الكريم وتوفيق عبد الرحمن زعرور أبو جاموس**
تقويم المعلمين والطلبة لفاعلية برامج اللغة العربية المتلفزة في تحقيق أهداف تدريس اللغة العربية في الصف الأول الثانوي، دراسات العلوم الاجتماعية والتربية 1 المجلد 11: 2، العدد10، 1984، ص55- 64.

1373. **عبد الكريم الياغي**
دور التعريب في تأهيل الثقافة الذاتية العربية، التراث العربي 4 : 13 و 14 (1983/10) - (1984/1)، ص 213 - 230.

1374. **عبد اللطيف بنحيدة**
النحو الإعدادي، الدار البيضاء، مكتبة الرشاد، 1980.

1375. **عبد اللطيف حمزة**
تجربة في تدريس اللغة العربية، صحيفة التربية، أكتوبر، 1949.

1376. **عبد اللطيف الطبيب**
تدريس اللغة العربية، بخت الرضا، العدد 65، 1952.

1377. **عبد اللطيف الطيباوي**
دراسات إسلامية وعربية، لندن، المركز الثقافي الإسلامي، 1985.

1378. **عبد اللطيف الطيباوي**
القس الأب سمث: بعض رسائله في العربية من كتاب دراسات عربية وإسلامية، لندن المركز الثقافي الإسلامي، 1985.

1379. **عبد اللطيف الطيباوي**
اللغة العربية في كتب المبتدئين الأولين من كتاب دراسات عربية وإسلامية، لندن: المركز الثقافي الإسلامي، 1985.

1380. **عبد اللطيف عبيد**
دراسة خصائص العربية الفصيحة في رواية البشير خريف، بحث مقدم إلى قسم اللغة العربية بكلية الآداب تحت إشراف عبد القادر المهيري، تونس، 1973.

1381. **عبدالله آدم خاصر**
التباين الثقافي والاتجاه نحو الوحدة في السودان، الجامعة، العدد الثامن فبراير،
1978.

1382. **عبدالله أحمد أمين**
تعليم اللغة العربية بالجنوبي، مجلة بخت الرضا، العدد 16، 196.

1383. **عبدالله أحمد الخثران**
النحو العربي صعب فكيف تسيره، جامعة الأزهر، 1439هـ.

1384. **عبدالله بن أحمد الخثران**
حفظ النصوص الجيدة وأثره في ترسيخ الفصحى في المرحلتين الابتدائية والمتوسطة،
مجلة كلية اللغة العربية جامعة الإمام محمد بن سعود الإسلامية، المجلد 13 و 14،
1984.

1385. **عبدالله بن أحمد الخثران**
النحو العربي صعب فكيف نيسره، جامعة الأزهر، 1390هـ.

1386. **عبدالله أحمد صويلح**
دراسة تقابلية على المستوى الصوتي بين لهجة الرشايدة واللغة العربية الفصحى،
الخرطوم: معهد الخرطوم الدولي للغة العربية، 1981.

1387. **عبدالله أحمد العويدات**
المفردات الشائعة لدى الأطفال الأردنيين في الريف والبادية عند دخولهم المدرسة
الابتدائية، رسالة ماجستير، الجامعة الأردنية كلية التربية، 1977.

1388. **عبدالله أمين**
رأي في اللغة الفصحى وتعليمها: دراسة اللغة العربية الفصحى في مدارسنا المصرية،
المقتطف، المجلد 100، الجزء 5، مايو 1942، ربيع الثاني 1361.

1389. **عبدالله الأمين النعيمي**
تقويم تدريس الأدب بمرحلة التعليم الثانوي، طرابلس (ليبيا) المنشأة العامة للنشر
والتوزيع، 1982.

1390. **عبدالله حسن مصطفى**
تحليل أخطاء التعبير عند تلميذات الصف الأول في المرحلة المتوسطة السودانية،
الخرطوم، معهد الخرطوم الدولي للغة العربية، 1982. ف

1391. **عبدالله حمد الحقيل**

في محور اللغة العربية، مجلة التوثيق التربوي العدد 14، 1397، شعبة التوثيق التربوي، الرياض: مركز المعلومات الإحصائية والتوثيق التربوي، وزارة المعارف.

1392. **عبدالله حمد النيل محمد أحمد**

دور الصور الثابتة والرسوم في إعداد دروس للمبتدئين في تعليم اللغة العربية لغير الناطقين بها، الخرطوم: معهد الخرطوم الدولي للغة العربية، 1982.

1393. **عبدالله درويش**

كيف نصلح النحو العربي، مجلة الأزهر يوليو، 1961.

1394. **عبدالله الدنان**

اللغة العربية والإبداع الفكري الذاتي، الكويت جامعة الكويت 1981.

1395. **عبدالله دنيق نيال**

بين اللغة العربية ولغة الدنيكا، دراسة تقابلية على المستوى الصوتي، ماجستير، الخرطوم: معهد الخرطوم الدولي للغة العربية، 1985.

1396. **عبدالله دنيق نيال**

تاريخ تعليم اللغة العربية في مدارس الأقاليم الجنوبية، دبلوم، الخرطوم: معهد الخرطوم الدولي للغة العربية، 1984.

1397. **عبدالله ربيع محمود**

من مشكلاتنا الصوتية في نطق العربية الفصحى وتعليمها، مجلة كلية اللغة العربية، جامعة الإمام محمد بن سعود، ع8، 1978، ص 235 - 283.

1398. **عبدالله سليم البياتي**

تقويم برنامج طرائق لتدريس اللغة العربية في ضوء أهدافه السلوكية، رسالة دكتوراة، بغداد، جامعة بغداد، كلية التربية، 1985.

1399. **عبدالله صالح وصالح موسى**

القراءات الخارجية لدى طلاب الصف الثالث الثانوي الأدبي في مدرسة النصر الثانوية للبنين وعلاقتها بحاجات الطلاب، رسالة المعلم، المجلد التاسع عشر، العدد الرابع 48 ص (بدون تاريخ 1976).

1400. **عبدالله الصوفي**

متاعب اللغة العربية في العصر الراهن، اللسان العربي، المجلد 11، الجزء الأول.

1401. **عبدالله الطبيب**

تدريس اللغة العربية في الجنوب، مجلة التوثيق التربوي، العدد 28، 1974.

1402. **عبدالله الطبيب**

خواطر من تعليم اللغة العربية، آداب جامعو الخرطوم 2 (-/ 1975)، ص 5 – 21.

1403. **عبدالله الطبيب**

خواطر عن تعليم اللغة العربية، ملخص محاضرة ألقاها بجامعة الرياض، الآداب، العدد 2، 1975.

1404. **عبدالله الطبيب**

خواطر عن تعليم اللغة العربية، جامعة الرياض، جملة محاضرات الموسم الثقافي، 1394.

1405. **عبدالله عباس الندوي**

تعليم القرآن الكريم، الطبعة الأولى، جدة، دار الشرق، 1979.

1406. **عبدالله عباس الندوي**

تعليم لغة القرآن الكريم – إنجليزي، عربي، الكويت: ذات السلاسل للطباعة، 1979.

1407. **عبدالله عباس الندوي**

نظام اللغة الأردية الصوتي واللفظي، جامعة أم القرى، معهد اللغة العربية، وحدة البحوث والمناهج، سلسلة دراسات في تعليم اللغة العربية.

1408. **عبدالله عبد الحليم عبدالله**

أسلوب الشرط في اللغة العربية وتعليمه للناطقين بغيرها، دبلوم الخرطوم: معهد الخرطوم الدولي للغة العربية، 1985.

1409. **د. عبدالله العطاس**

دراسة البلاغة العربية في ضوء النص الأدبي للناطقين بغير العربية، مجلة جامعة أم القرى لعلوم الشريعة واللغة العربية وآدابها، المجلد 15، ع2، 2003م.

1410. **عبدالله القرش**

اللغة العربية في المدارس الثانوية، صحيفة دار العلوم، يونيه، 1935.

1411. **عبدالله كنون**

السليقة عند العرب الحديث، اللسان العربي، العدد 2، رمضان 1384 يناير، كانون الثاني 1972.

1412. **عبدالله ناصح علوان**
تربية الأولاد في الإسلام، بيروت: دار السلام للطباعة، الطبعة الثالثة.

1413. **عبدالله النعيم**
من آداب الحسبة في الإسلام، استخدامات اللغة العربية والخدمات البلدية، مجتمع وعمران 40 (12/ 1983)، ص 5 – 7.

1414. **عبدالله النفيس**
البعد السياسي لقضية اللغـة العربيـة، المستقبل العربي، المجلـد 7 : 67، العـدد 10، 1984، ص 57 – 65.

1415. **عبد الماجد الطاهر عبد الماجد**
الجملة الشرطية وطريقة تدريسها، دبلوم، الخرطوم: معهد الخرطوم الدولي، 1983.

1416. **عبد الماجد الطاهر عبد الماجد**
الطريقة الاستقرائية في تدريس قواعد اللغة العربية مستوى المتوسطين، ماجستير، الخرطوم: معهد الخرطوم الدولي للغة العربية 1984.

1417. **عبد الماجد محمد عبد الماجد**
أسماء الإشارة من العربية الفصحى إلى العامية السودانية، الخرطوم: معهد الخرطوم الدولي للغة العربية، 1980.

1418. **عبد المالك مرتاض**
العامية الجزائرية وصلتها بالفصحى، الجزائـر، الشركة الوظيفية للنشر والتوزيـع، 1981.

1419. **عبد المجيد بن حماد وآخرون**
مساهمة في دراسة كمية لأخطاء الرسم، المجلة التونسية لعلوم التربية، السنة 12، ع16، 1987م، ص 111 – 136.

1420. **عبد المجيد التركي**
قضية الفصحى واللهجـات في نظـر بعـض الأدبـاء المعاصرين، حوليـات الجامعـة التونسية، العدد 2، 1965.

1421. **عبد المجيد زيدان ورفائيل أبو إسحاق وتوفيق الدباغ**
قواعد الصرف والنحو، بغداد، 1928.

1422. **عبد المجيد سيد**
علم اللغة النفسي، عمادة شؤون المكتبات، جامعة الملك سعود، ط1، 1982.

1423. **عبد المجيد سيد أحمد منصور**
دراسة استطلاعية عن العلاقة بين بعض متغيرات الشخصية والمهارات اللغوية عند الدارسين للغة العربية من غير الناطقين بها، دراسات جامعة الملك سعود، المجلد 4، 1982، ص 77 – 189.

1424. **عبد المجيد سيد أحمد منصور**
دراسة استطلاعية للعلاقة بين مستوى الثقافة الإسلامية والاستدلال اللغوي عند الطلبة العرب وغير العرب، دراسات جامعة الملك سعود، المجلد 5، 1983، ص 81 – 89.

1425. **عبد المجيد سيد أحمد منصور**
الصعوبات النفسية التي تعترض تعليم الكبار الأجانب للغة العربية، السجل العلمي للندوة العالمية الأولى لتعليم العربية لغير الناطقين بها، الرياض: 1978.

1426. **عبد المجيد عابدين**
المدخل إلى دراسة النحو العربي على ضوء اللغات السامية، القاهرة: دار الطباعة الحديثة.

1427. **عبد المجيد عبيدات**
أثر أسلوبي الاكتشاف والشرح في اكتساب بعض مفاهيم قواعد اللغة العربية وانتقالها والاحتفاظ بها عند طلاب الصف الثاني الإعدادي في الأردن، ماجستير، جامعة اليرموك، كلية التربية، نيسان، 1983.

1428. **عبد المجيد العطية**
طرق تدريس اللغة العربية، صحيفة التربية، يونيه، 1948.

1429. **عبد المجيد عطية**
اللغة والفكر، عرض، نقد، صحيفة التربية، يونيه، 1948.

1430. **عبد المجيد نشواني**
أثر أسلوبي الاكتشاف والشرح في اكتساب بعض المفاهيم اللغوية والرياضية وانتقالها لدى طلاب المرحلة الإعدادية في الأردن، المجلة العربية للعلوم الإنسانية، المجلد 4-16، خريف 1984، ص 72 – 86.

1431. **عبد المجيد نشواني**
سيكولوجية اللغة، المعرفة، مجلد 25، العددان 298 - 299، 87/86.
1432. **عبد المحمود عبدالله محمد**
الاشتقاق وأثره في إثراء مفردات اللغة العربية، الخرطوم: معهد الخرطوم الدولي للغة العربية، 1978.
1433. **عبد المحمود عبدالله محمد**
مناهج وطرق تدريس اللغة العربية لغير الناطقين بها، بخت الرضا، العدد 32، 1980.
1434. **عبد المنعم أبو السعود**
قصص الأطفال، القاهرة: مجلة المعلم الأول، 1959.
1435. **عبد المنعم سيد عبد العال**
طرق تدريس اللغة العربية، القاهرة: دار غريب للطباعة، 1976.
1436. **عبد المنعم سيد عبد العال**
اللغة العربية بين عاميتها والفصحى، مجلة العربي، الكويت، مايو 1974.
1437. **عبد المنعم طوعي بشناتي**
الفصحى في مواجهة التحديات، مجلة كلية الشريعة والدراسات الإسلامية بالإحساء، جامعة الإمام محمد الإسلامية المجلد الأول، العدد (1)، 1401 - 1402، ص 487 - 512.
1438. **عبد المنعم عثمان أحمد**
دراسة في تحليل أخطاء التعبير الكتابي لتلاميذ العربي الخاص بالمركز الإسلامي بالخرطوم: الخرطوم، معهد الخرطوم الدولي للغة العربية، 1982.
1439. **عبد المنعم فائز**
تطبيقات نحوية: أسلوب جديد في تدريس النحو، دمشق: دار الفكر 1402هـ 1982.
1440. **عبد المنعم فايد**
تطور التعليم الابتدائي الأزهري في مصر 1908 - 1974، رسالة ماجستير مقدمة إلى قسم التربية المقارنة والفكر الإسلامي كلية جامعة الأزهر، 1976.
1441. **عبد المنعم محمد الحسن الكاروري**
الدخيل في اللغة العربية: دراسة تحليلية في ضوء علم اللغة الحديث، جامعة الخرطوم، 1970.

1442. **عبد المنعم المغني**
معجم المصطلحات الصوتية، بيروت، دار المسيرة، 1980.

1443. **عبد المهدي مطر**
دراسات في قواعد اللغة العربية، النجف الأشرف: م الآداب، 1385هـ - 1965.

1444. **عبد النبي اصطيف**
انتشار اللغة العربية، اللسان العربي، المجلد 22 – 1984 ص 338 – 340.

1445. **عبد النبي اصطيف**
انتشار اللغة العربية، اللسان العربي، المجلد 23 – 1984، ص 354 – 355.

1446. **عبد النبي اصطيف**
نحن واللغويات، المعرفة 23: 266، (4/ 1984)، ص 9 – 16.

1447. **عبد الهادي الشادي**
مكتبة الطفل العامة ببغداد، مجلة العاملون في النفط، أيار 1970.

1448. **عبده الراجحي**
التطبيق النحوي، القاهرة: دار النهضة العربية، 1975.

1449. **عبده الراجحي**
علم اللغة التطبيقي وتعليم العربية، دار المعرفة الجامعية، إسكندرية، 1996م.

1450. **عبده الراجحي**
اللهجات العربية في القراءات القرآنية، دار المعارف بمصر، 1969.

1451. **عبد الواحد حسن أحمد**
وحدة تعريفية عن مدينة الخرطوم للمبتدئين في تعليم اللغة العربية في المستوى الأوسط، الخرطوم: معهد الخرطوم الدولي للغة العربية، 1981.

1452. **عبد الوارث سعيد**
نحو كتاب جديد لتعليم العربية لغير الناطقين بها من المسلمين، مجلة المسلم المعاصر المجلد 8 : 22، العدد 8، 10، 1982.

1453. **عبد الوارث سعيد**
العربية للمسلمين الناطقين بالإنجليزية الجزء الأول، دار البحوث العلمية الكويت، 1979.

1454. **عبد الوارث سعيد**
العربية للمسلمين الناطقين باليوربا، الكويت: دار البحوث، 1980.

1455. **عبد الوارث سعيد**
العربية للمسلمين الناطقين بالإيطالية، الكويت: دار البحوث 1980.

1456. **عبد الوارث سعيد**
العربية للمسلمين الناطقين باليوغسلافية، الكويت: دار البحوث، 1981.

1457. **عبدون محمد عثمان**
أدوات النفي دراسة تقابلية بين اللغتين العربية والإنجليزية، الخرطوم: معهد الخرطوم الدولي، رسالة جامعية غير منشورة، 1982.

1458. **عبد الوهاب أحمد الأفندي**
الأكاديمية العربية للعلوم بدلاً من مجمع اللغة العربية، العربي 273 العدد 1981/8، ص 59 و 60.

1459. **عبد الوهاب بن جمال الدين**
منهج ومادة مقترحة لتعليم العربية في المعاهد الدينية الحكومية في ماليزيا لمستوى المتوسطين، الخرطوم: معهد الخرطوم الدولي، رسالة ماجستير، 1983.

1460. **عبد الوهاب الخطيب**
اللغة العربية وأهميتها في المدرسة الابتدائية، رسالة المعلم العددان 4 ، 5 السنة السادسة، آذار، نيسان، 1963.

1461. **عبد الوهاب السطلي**
تطور موضوعات القراءة في مناهج اللغة العربية خلال نصف قرن في القطر السوري، تطوير تدريس علوم اللغة العربية وآدابها، الخرطوم، 1976.

1462. **عبد الوهاب عزام**
الألفاظ العربية في اللغات الإسلامية غير العربية، مجلة المجمع المصري، العدد التاسع، 1957، ص 85 - 86.

1463. **عبد الوهاب عزام**
الألفاظ الفارسية والتركية في اللغة العامية المصرية، مجلة المجمع المصري، العدد الثامن، 1955، ص 362 - 365.

1464. **عبد الوهاب عزام**
تأثير علوم اللغة العربية في البلاد الإسلامية غير العربية، مجلة المجمع المصري، العدد الثالث عشر، 1961، ص 35 – 42.

1465. **عبد الوهاب عزام**
صلات اللغة العربية واللغات الإسلامية، مجلة المجمع المصري، عدد 1953، ص 230 – 234.

1466. **عبد الوهاب عزام**
اللغة العربية في البلاد الإسلامية غير العربية، مجلة مجمع اللغة العربية بدمشق، العدد الثاني والعشرون، 1947، ص 20 – 26، و ص 204 – 209.

1467. **عبد الوهاب محمد عامر**
التعريب ضرورة في الجامعات العربية، الرباط: مجلة اللسان العربي، العدد الخامس عشر الجزء الأول 1977، ص 199 / 203.

1468. **عبد الوهاب محمد عامر**
التعريب ضرورة في الجامعات العربية، القاهرة، مجلة اتحاد الجامعات العربية، العدد التاسع مارس 1976.

1469. **عبد الوهاب محمد مسعود وآخرون**
دليل معالم اللغة العربية في التعليم الأساسي، قسم اللغة العربية، المركز القومي للبحوث التربوية، ص 187، مصر، 1981.

1470. **عبد الوهاب هاشم سيد**
برنامج مقترح لتنمية مهارات الاستماع وآدابه لدى تلاميذ الصفوف الثلاثة الأخيرة في الحلقة الأولى للتعليم الأساسي، دكتوراة، كلية التربية بسوهاج، 1988.

1471. **عثمان إبراهيم**
مستقبل اللغة العربية والتحديات التي تواجهها، الدعوة العدد الخامس والعشرون، السنة السابعة والعشرون، غرة رجب 1398 يونيو حزيران، 1978.

1472. **عثمان إبراهيم موسى**
دراسة تقابلية بين اللغة العربية والهوسا على المستوى النحوي، ماجستير، الخرطوم، معهد الخرطوم الدولي للغة العربية، 1984.

1473. **عثمان إبراهيم موسى**

الصعوبات الصوتية التي تواجه الهوسا في تعليم اللغة العربية، الخرطوم: معهد الخرطوم الدولي بحث دبلوم، 1983.

1474. **عثمان حسن وقيع الله**

تدريس ظاهرة الاشتقاق في اللغة العربية للناطقين بغيرها عن طريق وحدة تطبيقية للمتقدمين، الخرطوم: معهد الخرطوم الدولي للغة العربية، 1982.

1475. **عثمان ديرية مجن**

تأليف نصوص عربية للطلبة الصوماليين الكبار المتوسطي المستوى دبلوم، الخرطوم، معهد الخرطوم الدولي، 1983.

1476. **عثمان ديرية مجن**

مشروع المعجم المساعد لتعليم اللغة العربية في الصومال: عربي - صومالي الخرطوم: معهد الخرطوم الدولي للغة العربية، 1984.

1477. **عثمان سعدي**

قضية التعريب في الجزائر، دار الكاتب العربي للطباعة والنشر، القاهرة.

1478. **عثمان السيد رمضان**

وبائية ضعف السمع بين تلاميذ المدارس، التربية، عدد 51، 1982.

1479. **عثمان العوض فانونس**

التقنيات التعليمية في تدريس اللغة العربية للكبار، التربية المستمرة: (5) 3: 10/5/ 1983.

1480. **عثمان محمد نوركيكيا**

الألفاظ المشتركة بين اللغة العربية ولغة التقري المستعارة في اللغة العربية إلى لغة التقري، دبلوم، الخرطوم: معهد الخرطوم الدولي للغة العربية، 1983.

1481. **عثمان محمد نوركيكيا**

وضع وحدة دراسية لتعليم اللغة العربية للكبار الأرتريين المبتدئين ماجستير، الخرطوم: معهد الخرطوم للغة العربية، 1984.

1482. **عثمان مصطفى عثمان**

برنامج لتنمية استخدامات أدوات الربط في اللغة المكتوبة لتلاميذ الحلقة الثانية من التعليم الأساسي، دكتوراة، كلية التربية بسوهاج، 1988.

1483. **عدلي عزازي إبراهيم**

القيم الخلقية التي تشتمل عليها كتب القراءة بالمرحلة الابتدائية، رسالة ماجستير، جامعة المنوفية، كلية التربية، 1983.

1484. **عدلي فهيم**

رسم كتاب الطفل وإخراجه، ندوة ثقافة الطفل العربي، 1979.

1485. **عدنان بن ذريل**

اللغة والفكر العربي الحديث مجلة المعرفة (دمشق) العدد 170 نيسان أبريل، 1976.

1486. **عدنان الخطيب**

وقائع مؤتمر مجمع اللغة العربية في القاهرة في دورته السادسة والأربعين، مجلة مجمع اللغة العربية بدمشق 56 : 3، العدد 7 / 1981، ص 654 – 596.

1487. **عدنان الخطيب**

وقائع مؤتمر مجمع اللغة العربية في القاهرة، الدورة السابعة والأربعون، 1981، مجلة مجمع اللغة العربية الأردني:4 : 13 و 14 العددان 7 ، 12/ 1981، ص 88 – 126.

1488. **عدنان الخطيب**

وقائع مؤتمر مجمع اللغة العربية في القاهرة، مجلة مجمع اللغة العربية الأردني 5: 51 و 16 العددان 1 – 6 / 1982، ص 155 – 194.

1489. **عدنان محمد سلمان**

الاستقراء في اللغة، مجلة المجمع العلمي العراقي، 34 : 3، (7/ 1983)، ص 202 – 229.

1490. **عدنان محمد عباس**

تقييم كتاب قواعد وتطبيق اللغة العربية لدور المعلمين والمعلمات في الجمهورية العراقية، بغداد: جامعة بغداد، كلية التربية، 1979.

1491. **عربي العاصي**

صحافة الأطفال في الوطن العربي، مجلة الموقف، سوريا، مايو 1979.

1492. **عرفات عبد العزيز سليمان**

اللغة ودورها في توجيه سياسة التعليم، مجلة معهد اللغة، العدد الأول 1402 – 1403، 1982 / 1983، مكة المكرمة – جامعة أم القرى، معهد اللغة العربية، وحدة البحوث والمناهج.

1493. **عرفان سلكا**

نحو كتاب أفضل، ندوة تأليف كتب تعليم اللغة العربية للناطقين بلغات أخرى، الرباط: 1980.

1494. **عروسية التالوتي**

أدب الطفولة بعد السنة العالمية للطفل، تونس: الحياة الثقافية ديسمبر، 1979.

1495. **عزت جرادات**

حق الطفل في التعليم، قطر، مجلة التربية، العدد 43، السنة العاشرة، نوفمبر 1980، ص 54.

1496. **عزة النص**

أسس وضع الكتاب المدرسي في البلاد العربية المؤتمر الثقافي العربي الخامس، الرياض، 1961، ص 148، 103، الرباط.

1497. **عز الدين الجردلي**

بحث ميداني حول فروع اللغة بين قطاع من طلاب البعوث، وقائع ندوات تعليم اللغة العربية لغير الناطقين بها، ج3، مكتب التربية العربي لدول الخليج.

1498. **عز الدين الخطيب التميمي**

التآمر على اللغة العربية، الأمة 1: 10، العدد 8، 1981، ص90 و91.

1499. **عز الدين فراج**

فن القراءة، القاهرة، مطبعة العلوم، 1953.

1500. **عز الدين المجدوب**

الدراسات اللغوية في الأندلس، حوليات الجامعة التونسية: 123 (- / 1984) ص 291 - 295.

1501. **عز الدين وظيف علي**

أخطاء لغة التلاميذ الفصحى بمنطقة (كرمة البلد) تحليلها وتعليلها، ماجستير، الخرطوم: معهد الخرطوم الدولي، 1979.

1502. **عزر باوند**

ما هو الأدب وما هي اللغة؟ (قراءة في أ. ب . ت)، 1934 ترجمة بو أحمد المحمود، الموقف الأدبي141- 143، 1- 3/ 1983، ص76- 84.

1503. **عزيز الحجية**

ترانيم الأمهات لأطفالهن، بغداديات، دار الحرية للطباعة، بغداد، 1973.

1504. **عزيز كامل سمارة**

أسباب تسرب الدارسين في صفوف محو الأمية وتعليم الكبار في الأردن، رسالة ماجستير، الجامعة الأردنية – كلية التربية، 1976.

1505. **عزيز الله البتي**

دراسة تقابلية بين اللغتين العربية والسندية على المستوى الصرفي، ماجستير، الخرطوم: معهد الخرطوم الدولي، 1980.

1506. **عشاري أحمد محمود**

تدريس اللهجة الفصحى للمتحدثين بالعربية الهجين في جنوب السودان، المجلة العربية للدراسات اللغوية، المجلد 1 : 1، 1982.

1507. **عشاري أحمد محمود**

تعليم اللغة العربية لأغراض محددة، الخرطوم: المجلة العربية للدراسات اللغوية، المجلد الأول والثاني، العدد 2، 1983.

1508. **عشاري أحمد محمود**

التوحيد بين اللسانيات الحديثة والعربية في دراسة اللهجات، أشغال ندوة اللسانيات في خدمة اللغة العربية، الجامعة التونسية، مركز الدراسات والأبحاث الاقتصادية والاجتماعية، تونس 23 – 28، نوفمبر، 1981، سلسلة اللسانيات، عدد 5.

1509. **عشاري أحمد محمود**

العربية دراسات في اللغة واللهجات والأساليب، المجلة العربية للدراسات اللغوية، المجلد 176، العدد 2، 1983، ص 171 – 176.

1510. **عشاري أحمد محمود**

الوضع اللغوي والتعريب في موريتانيا، المستقبل العربي، المجلد 6 : 51، العدد 5، 1983، ص 105 – 109.

1511. **عصام نور الدين**

أصالة العربية في نظرية زكي الأرسوزي اللغوية، دراسات عربية، 18: 3، العدد 1982/1، ص 75 – 96.

1512. **عصام نور الدين**

منهج جرجي زيدان في دراسة اللغة العربية، دراسات عربية 18 : 7، عدد 5، 1982، ص 11 – 125.

1513. **عصام نور الدين**

منهج النحو العربي والمنهج الوصفي الغربي، دراسات عربية 18: 6 ، 4/ 1982، ص 117 – 129.

1514. **عطوف محمود ياسين**

نوعيات ونماذج الأفيزيا، المعرفة (سوريا) 19/227-228، 1981.

1515. **عفيف دمشقية**

التعريب، تنسيقه في الوطن العربي، المستقبل العربي، المجلد 4، (32) العدد 10/ 1981.

1516. **عفيف دمشقية**

ظاهرتان من ظواهر العي عن الكلام يدرسهما علم النفس اللغوي، الفكر العربي، 1/1-3، 1978.

1517. **عفيف دمشقية**

العربية الفصحى أول المعالم على طريق الوحدة الكبرى، شؤون عربية: مجلد 7، العدد 9/ 1981، ص 55 – 65.

1518. **عفيف دمشقية**

اللغة وباب الاجتهاد، الفكر العربي المعاصر: 30-31، (صيف/ 1984)، ص 29 – 23.

1519. **عفيف دمشقية**

اللغة العربية والوعي القومي، المستقبل العربي 7 : 68 (10 / 1984)، ص 128 – 139 (مراجعة كتاب).

1520. **عفيف عبد الرحمن**

الدراسات العربية الإسلامية في أمريكا، الفيصل المجلد 4915، العدد 5، 1981، ص 18 – 22.

1521. **علال الفاسي**

فعالية اللغة العربية، اللسان العربي، العدد 3.

1522. **علوية أحمد أبو بكر**
إعداد وحدة تعليمية بواسطة التلفزيون للمبتدئين الكبار والأجانب في الخرطوم، الخرطوم: معهد الخرطوم الدولي للغة العربية، 1981.

1523. **عليا بافون**
دور اللغة في النمو النفسي، الحياة الثقافية، السنة 2، عدد 7، 1976، ص 28 – 35.

1524. **عليا بافون**
دور اللغة في النمو النفسي، الحياة الثقافية المجلد الثاني، العدد 6، 1976.

1525. **علي إبراهيم علي**
المقولات التربوية في التراث العربي وتوظيفها في تعليم اللغة العربية لغير الناطقين بها، ماجستير، الخرطوم الدولي للغة العربية، 1983.

1526. **علي أبو المكارم**
حول المشكلات المنهجية في مؤلفات النحو التعليمي، جامعة أم القرى: بحوث لكلية اللغة العربية 2 : 2 / 1404، 1405هـ ص 371 – 398.

1527. **علي أبو المكارم**
النحو التعليمي حتى منتصف القرن التاسع الهجري، مجلة معهد اللغة العربية، العدد الثاني 1404 – 1984، السعودية، جامعة أم القرى معهد اللغة العربية.

1528. **علي أحمد البشير**
استخدام منهج النشاط في تدريس اللغة العربية لغير الناطقين بها، دبلوم، الخرطوم: معهد الخرطوم الدولي، 1983.

1529. **علي أحمد البشير**
تصميم منهج لمادة اللغة العربية لمبتدئي المستوى من غير الناطقين بها، ماجستير، الخرطوم: معهد الخرطوم الدولي للغة العربية، 1984.

1530. **علي أحمد الخطيب**
بحث في المعجم الثنائي، كيف يكون، وقائع تعليم اللغة العربية لغير الناطقين بها، الجزء الأول، المادة اللغوية، مكتب التربية العربي لدول الخليج، ص 13 – 18.

1531. **علي أحمد الخطيب**

بحث ميداني في الدراسات التقابلية في مجال الأصوات العربية، صدر في وقائع تعليم اللغة العربية لغير الناطقين بها، الجزء الأول، المادة اللغوية، الرياض، مكتب التربية العربي لدول الخليج، 1983.

1532. **علي أحمد لين**

زاد المعلم، القاهرة، مكتبة الفجالة، 1986.

1533. **علي أحمد مدكور**

تدريس فنون اللغة العربية، الكويت: مكتبة الفلاح، 1984.

1534. **علي أحمد مدكور**

تقويم برامج إعداد معلمي اللغة العربية لغير الناطقين بها، الرباط: منظمة المؤتمر الإسلامي، 1985.

1535. **علي أحمد مدكور**

سيكولوجية الاستماع: التربية العلمية أسسها النظرية وتطبيقاتها، القاهرة: الأنجلو المصرية، 1982.

1536. **علي أحمد مدكور**

قواعد النحو المقررة بين الواقع وما يجب أن يكون، المجلة العربية للعلوم الإنسانية، المجلد 4 : 15، صيف 1984، ص 63 – 76.

1537. **علي بن عبد الكريم الفضيل شرف الدين**

مذكرة الطالب في النحو والصرف، معاني الحروف، المؤسسة الثقافية، 1399هـ 1979.

1538. **علي تعوينات**

صعوبات تعلم اللغة العربية لدى تلاميذ الطور الثاني من التعليم الأساسي في المناطق الناطقة بالبربرية والمناطق الناطقة بالعربية، دراسة ميدانية مقارنة، معهد علم النفس وعلوم التربية: جامعة الجزائر،إنترنت.

1539. **علي توفيق الحمد ويوسف جميل الزعبي**

المعجم الوافي في النحو العربي، عمان: دار الثقافة والفنون، 1404 – 1984.

1540. **علي جابر المنصوري**

الدلالة الزمنية في الجملة العربية بغداد: أم الأمير، 1978.

1541. **علي الجارم**

تقرير لجنة علي الجارم في تدريس اللغة العربية وتدريس المعلمين، الخرطوم وزارة المعارف السودانية، 1937.

1542. **علي الجارم**

كتابة العربية وقراءتها، مجلة التربية الحديثة فبراير، 1938.

1543. **علي الجارم ومصطفى أمين**

النحو الواضح: في قوعد اللغة العربية للمدارس الابتدائية، القاهرة: 2 المعارف، 1346.

1544. **علي الجارم ومصطفى أمين**

النحو الواضح: في قواعد اللغة العربية للمدارس الثانوية، القاهرة: 2 المعارف، 1349، ط2.

1545. **علي الجمبلاطي**

الأدب وتطوير علوم اللغة العربية وآدابها، الخرطوم: فبراير، 1976.

1546. **علي الجمبلاطي**

تطوير اللغة العربية والتربية الدينية بما يتفق مع روح العصر، القاهرة، مركز الوثائق التربوية، 1971.

1547. **علي الجمبلاطي وأبو الفتوح التوانسي**

الأصول الحديثة لتدريس اللغة العربية والتربية الدينية، القاهرة، دار نهضة مصر، 1971.

1548. **علي الجمبلاطي وأبو الفتوح التوانسي**

الأصول الحديثة لتدريس اللغة العربية والتربية الإسلامية، دار نهضة مصر للطبع والنشر، ط3، 1981.

1549. **علي الجمبلاطي وأبو الفتوح التوانسي**

الوجيه الفني في المدرسة العصرية بين النظرية والتطبيق، دار النهضة، القاهرة، 1972.

1550. **علي الحديدي**

تعليم اللغة العربية لغير الناطقين بها في ميدان النحو، الخرطوم: المؤتمر التاسع لاتحاد المعلمين العرب، 1976.

1551. **علي الحديدي**
في أدب الأطفال، الأنجلو المصرية، القاهرة، 1972.

1552. **علي الحديدي**
مشكلة تعليم اللغة العربية لغير العرب، دار الكاتب العربي، القاهرة، 1966.

1553. **علي الحديدي**
مشكلة تعليم اللغة العربية لغير العرب، دار الكتاب العربي، القاهرة، 1967.

1554. **علي الحديدي**
المقومات الأساسية لأدب الأطفال، مجلة المجلة، 1969.

1555. **علي حسن خواجة**
بناء الجملة البسيطة في لغة صحيفة فلسطين الثورة، دبلوم، الخرطوم: معهد الخرطوم الدولي للغة العربية، 1985.

1556. **علي حسن عودة**
بين اللغة العربية الفصحى والعامية، مجلة المجمع العلمي العربي، المجلد 32، الجزء الأول.

1557. **علي حلمي موسى**
استخدام الحاسب الإلكتروني في اللغة العربية، مصر، مجلة الثقافة، السنة السادسة، العدد 9، ص 52 – 62، يونيو 1979.

1558. **علي الحمد**
أثر التوجيه النحوي في ترجمة النصوص شواهد من القرآن الكريم، مجلة أبحاث اليرموك (سلسلة الآداب واللغويات) م15، ع2، 1997م.

1559. **علي دايج وعلي عبد الكريم ومحمود حسن**
الصفوف المنهجية في دور ومعاهد المعلمين، 1980.

1560. **علي دومان**
علم طفلك القراءة، ترجمة عدنان اليازجي.

1561. **علي رشدي**
تعليم العربية بالراديو، في السجل العلمي للندوة العالمية الأولى لتعليم العربية لغير الناطقين بها، الرياض: مطبعة جامعة الرياض، 1980.

1562. **علي رضا**
المرجع في اللغة العربية: نحوها وصرفها، حلب، 1961.

1563. **علي السيد علي يونس**
النبر في الأداء المصري المعاصر للغة العربية نثراً وشعراً: دراسة نظرية معملية، الخرطوم: معهد الخرطوم الدولي للغة العربية، 1980.

1564. **علي صالح حمدان**
مستوى التحصيل في القواعد العربية لدى الطلبة في نهاية المرحلة الابتدائية، رسالة ماجستير غير منشورة، جامعة بيرزيت.

1565. **علي صالح داود**
الكتاب المدرسي في السودان، مجموعة البحوث الموفدين في المركز الإقليمي للدورة الطويلة، بيروت، 1966.

1566. **علي عارف**
خواطر حول ثقافة الطفل العربي، تونس، الحياة الثقافية، ديسمبر، 1979.

1567. **علي عارف**
في ترجمة الكتب العلمية إلى اللغة العربية، مجلة فكر، مجلد 12، ص 975، 1966 – 1967.

1568. **علي عاشور**
الإسلام والتعريب، مجلة عالم الفكر، المجلد العاشر، العدد الثاني، 1969، ص 194، الكويت، 1979.

1569. **علي العامري**
الذوق الأدبي كما يراه ابن خلدون، الأزهر – أكتوبر 1964.

1570. **علي عبد جاسم الزاملي**
أسباب إقبال وعدم إقبال الأميين على التعلم في مراكز محو الأمية، بغداد، جامعة بغداد، الكلية العربية، 1977.

1571. **علي عبد الرحمن رشدي**
تعليم العربية بالراديو، الندوة العالمية الأولى لتعليم العربية لغير الناطقين بها، الرياض، ج2، 1980.

1572. **علي عبد الطالب**
قراءات في محو الأمية وتعليم الكبار مراجعة كتاب: قراءات في محـو الأميـة وتعليـم الكبار تأليف قمر الدين القرتبع وآخرين. تعليم الجماهير: 8 : 19، العدد 5 / 1981، ص 23 – 254.

1573. **علي عبد العظيم**
العربية لغة الإسلام والمسلمين، مجلة الأزهر، أبريـل، 1971، يونيـه 1971 أغسطس 1971، سبتمبر 1971، نوفمبر 1971، ديسمبر 1972.

1574. **علي عبد الواحد وافي**
اللعب والعمل، القاهرة: مكتبة دار الكتاب العربي، د - ت.

1575. **علي عبد الواحد وافي**
اللعب والمحاكاة وأثرهما في حياة الإنسان، القاهرة، دار نهضة مصر للطباعة والنشر.

1576. **علي عبد الواحد وافي**
اللغة والمجتمع، القاهرة، عيسى الحلبي، 1951.

1577. **علي عبد الواحد وافي**
اللهجات العامية الحديثة، الرسالة، السنة التاسعة، العدد: 42، 1360/ 1941.

1578. **علي عبد الواحد وافي**
نشأة اللغة عند الإنسان والطفل، القاهرة، دار العروبة، 1962.

1579. **علي عبد الواحد وافي**
نشأة اللغة عند الإنسان والطفل، القاهرة، مكتبة غريب، 1971.

1580. **علي عثمان شيو**
اللغة العربية في جامعة جوبا، بحث مقدم للمؤتمر الأول للغة العربيـة في السـودان، الخرطوم: 1 – 1982/12/5.

1581. **علي عكلة الزبيدي**
بناء اختبار لقياس المفردات اللغوية لطلبة الصـفوف الرابعـة والسادسـة الابتدائيـة، جامعة بغداد كلية التربية، رسالة ماجستير، 1976.

1582. **علي عمر**
هداية المدرس للنظام المدرسي وطرق التدريس، القاهرة: مطبعة مصر.

1583. **علي عمر رمزي**
أوضاع اللغة العربية في زنجبار، دبلوم، الخرطوم: معهد الخرطوم الدولي اللغة العربية، 1983.

1584. **علي فودة نيل**
أساسيات النحو العربي لغير العرب، أبحاث الندوة العالمية الأولى لتعليم العربية لغير الناطقين بها، الرياض، 1980.

1585. **علي فودة نيل**
أساسيات في النحو العربي لغير الناطقين بالعربية، مجلة كلية الآداب، جامعة الرياض، العدد الخامس، 1978، ص 155 – 171.

1586. **علي فودة نيل**
اقتراحات لتطوير تدريس قواعد اللغة العربية في مراحل التعليم العام، ندوة خبراء ومسؤولين لبحث وتطوير وإعداد معلمي اللغة العربية، 1977.

1587. **علي القاسمي**
اتجاهات حديثة في تعليم العربية للناطقين باللغات الأخرى، الرياض: جامعة الرياض 1979.

1588. **علي القاسمي**
استخدام السبورة في تعليم العربية لغير الناطقين بها، المجلة العربية للدراسات اللغوية، 1 : 1، العدد 1982/8.

1589. **علي القاسمي**
استخدام الصور في كتاب تعليم العربية للناطقين بلغات أخرى، ندوة تأليف كتب تعليم العربية للناطقين باللغات الأخرى، الرياض: 4 /7، مارس، 1980.

1590. **علي القاسمي**
استخدام الصور في كتب تعليم العربية للناطقين بلغات أخرى، تكنولوجيا التعليم، مجلد 3، عدد 7، 1981.

1591. **علي القاسمي**
الألسنية وتقارب اللهجات الدارجة في الوطن العربي، أشغال ندوة اللسانيات واللغة العربية، الجامعة التونسية 13 – 19، كانون أول 1978.

1592. **علي القاسمي**

تخطيط السياسة اللغوية في الوطن العربي ومكانة المصطلح الموحد، اللسان العربي، المجلد 234، 1984، ص 47 – 53.

1593. **علي القاسمي**

ترتيب مداخل المعجم، صدر في صناعة المعجم العربي لغير الناطقين بالعربية، الرباط: مكتب تنسيق التعريب، 1981.

1594. **علي القاسمي**

التعابير الاصطلاحية والسياقية ومعجم عربي لها، مجلة اللسان العربي م 17/ ج1، 1979.

1595. **علي القاسمي**

تعليم اللغة العربية لغير الناطقين بها في غامبيا، تكنولوجيا التعليم، مجلد 1، عدد 1، 1978.

1596. **علي القاسمي**

التقنيات التربوية في تعليم العربية لغير الناطقين بها، الرباط، الايسيسكو، 1991م.

1597. **علي القاسمي**

تنمية اللغات الإسلامية وأثرها في وحدة الفكر الإسلامي، مجلة معهد اللغة العربية، العدد الثاني، 1984، السعودية، جامعة أم القرى معهد اللغة العربية، وحدة البحوث والمناهج، مكة المكرمة.

1598. **علي القاسمي**

دراسات في اللغة والأدب والحضارة، اللسان العربي 19: 1– 1982، ص 169 – 171.

1599. **علي القاسمي**

العقل الإلكتروني في تيسير الكتابة العربية وتطويع طباعتها، مجلة دراسات الجزء الأول، ص 157 – 176، كلية التربية جامعة الرياض، 1977.

1600. **علي القاسمي**

الفيلم في تدريس اللغة العربية للناطقين بلغات أخرى، تكنولوجيا التعليم العدد 2، المجلد 1، الكويت 1979.

1601. **علي القاسمي**
الكتاب المدرسي لتعليم العربية لغير الناطقين بها، السجل العلمي للندوة العالمية الأولى لتعليم العربية لغير الناطقين بها، ج2، جامعة الرياض، 1980.

1602. **علي القاسمي**
ماذا نستطيع أن نقدم اليوم في ميدان تعليم العربية للناطقين باللغات الأخرى، مجلة اليمامة الرياض: العدد 1979.

1603. **علي القاسمي**
ماذا نتوخى في المعجم العربي للناطقين باللغات الأخرى، اللسان العربي، مجلد 1983، ص 113 - 118.

1604. **علي القاسمي**
مختبر اللغة، الكويت، دار العلم، 1970.

1605. **علي القاسمي**
مختبر اللغة، دار القلم، 1970.

1606. **علي القاسمي**
المعجم العربي الأحادي اللغة للناطقين باللغات الأخرى، اللسان العربي، م 16 "1978"/ ج2/ ص 7.

1607. **علي القاسمي**
المعجم العربي للناطقين باللغات الأخرى، صدر في صناعة المعجم العربي لغير الناطقين بالعربية، الرباط: مكتب تنسيق التعريب، 1981.

1608. **علي القاسمي**
المعجم العربي الأساسي، باريس، الألكو / لاروس، 1989، ط2، 1991م.

1609. **علي كان أبو بكر**
ترجمة أساسيات النحو الوافي، دبلوم، الخرطوم: معهد الخرطوم الدولي، 1983.

1610. **علي كان أبو بكر**
منهج مقترح لتدريس اللغة لأبناء البولار والسونتكي والولوف على مستوى الصف الأول الابتدائي بموريتانيا، ماجستير، الخرطوم: معهد الخرطوم الدولي للغة العربية، 1985.

1611. **علي كامل**

تقويم الطفل في المدرسة الابتدائية، الكويت، مؤسسة الصباح للنشر والتوزيع، 1962.

1612. **علي مبصر**

الألفاظ العربية المستخدمة في غزليات شاعر الأردية: الفيلسوف أسد الله للكبار في الباكستان، دبلوم، الخرطوم: معهد الخرطوم الدولي للغة العربية، 1985.

1613. **علي محمد عبود**

إعداد وحدة لتعليم العربية لغير الناطقين بها للمبتدئين الكبار على ضوء الدراسة التحليلية للطريقة السمعية الشفوية، دراسة تجريبية، الخرطوم: معهد الخرطوم الدولي للغة العربية، 1980.

1614. **علي محمد الفقي**

تعليم اللغة العربية لغير العرب، مركز اللغة العربية، مكة المكرمة، جامعة أم القرى، الطبعة الأولى - الطبعة الثانية.

1615. **علي محمد الفقي**

دراسة مبسطة عن المناهج والكتب الدراسية بمعهد اللغة العربية بمكة المكرمة، وقائع ندوات تعليم اللغة العربية لغير الناطقين بها، ج3 مكتب التربية العربي لدول الخليج، ص 51.

1616. **علي محمود طلفاح**

تعليم مهارة القراءة، دبلوم، الخرطوم: معهد الخرطوم الدولي للغة العربية، 1983.

1617. **علي محمود طلفاح**

دراسة تحليلية تقويمية لمنهج اللغة العربية للمبتدئين الأجانب في الأردن، ماجستير، الخرطوم: معهد الخرطوم الدولي للغة العربية، 1984.

1618. **علي محمود عويضة**

المعجم الطبي الصيدلي الحديث، القاهرة: دار الفكر العربي، 1970.

1619. **علي محمود مزيد**

إعداد معلم اللغة العربية لغير الناطقين بها، المؤتمر التاسع لاتحاد المعلمين العرب، الخرطوم، 1976.

1620. علي موجة أحمد

دراسة تقابلية بين العربية والصومالية على المستوى الصرفي، الخرطوم: معهد الخرطوم الدولي، 1979.

1621. علي موسى الشوملي

ضعف الطلاب في الإملاء من الصف الثالث إلى الصف السادس وطرق العلاج، دراسات العلوم الإنسانية، م22، ع3، 1995م.

1622. علي يوسف أبو بكر

دراسة تقابلية بين العربية والجرآنية على المستوى الصوتي، الخرطوم: معهد الخرطوم الدولي للغة العربية، 1979.

1623. علي يونس

الإحساس بأوزان الشعر العربي عند دراسي اللغة العربية لغير الناطقين بها (بحث تجريبي)، مجلة معهد اللغة العربية، العدد الثاني، 1404 – 1984، السعودية، جامعة أم القرى، معهد اللغة العربية، وحدة البحوث والمناهج، مكة المكرمة.

1624. عماد حاتم

تعليم العربية للأجانب بين النظرية والتطبيق العلمي، مجلة كلية التربية، جامعة الفاتح، مجلد 14، 1980 – 1981، ص 37 – 93.

1625. عمار بوحوش

لغتنا العربية جزء من هويتنا، مجلة المستقبل العربي العدد الخامس والثلاثون، كانون الثاني، بيروت، 1982.

1626. عمار هلال

انتشار اللغة العربية في إفريقيا السوداء، مجلة تاريخ العرب والعالم، المجلد 27/3، العدد الأول لسنة 1981، ص 58 – 67.

1627. عمر إبراهيم

مفهوم الأمة بين لغة وأخرى، الفكر العربي المعاصر، 17 العدد 12/ 1981، 1982/1، ص 64 – 77.

1628. عمر أبو خرمة.

نحو النص نقد النظرية... وبناء أخرى، عالم الكتب الحديث، إربد، ط1، 2004م.

1629. **عمر الأسعد**
التعليم الابتدائي، طرقه ووسائله، الرياض، دار العلوم، 1396.

1630. **عمر الأسعد**
تنظيم خبرات التعليم في اللغة العربية، بيروت، 1973.

1631. **عمران جاسم حمد الجبوري**
دراسة مقارنة بين طريقتي المناقشة والمحاضرة في مادة الأدب والنصوص في الصف الخامس الثانوي، دكتوراة بغداد، جامعة بغداد، كلية التربية، 1985.

1632. **عمران العاقب**
المكتبة والقراءة، مجلة بخت الرضا، العدد العشرون، 1964.

1633. **عمر سفر آغا**
معجم الإعراب في أبواب النحو، بيروت، 1969.

1634. **عمر سليمان محمد**
الإملاء الوظيفي لغير العرب، الرياض، جامعة الملك سعود، 1983.

1635. **عمر سليمان محمد**
دراسة تقابلية بين اللغة العربية واللهجة الدنقلاوية على المستوى الصرفي، الخرطوم: معهد الخرطوم الدولي للغة العربية، 1979.

1636. **عمر الشيخ**
تعريب العلوم الإنسانية على الجامعات العربية، الموسم الثقافي الرابع لمجمع اللغة العربية الأردني، عمان، منشورات مجمع اللغة العربية الأردني، 1986.

1637. **عمر الصديق عبدالله**
دراسة لكيفية استخدام بعض الوسائل المعينة لتدريس اللغات الأجنبية، الخرطوم: معهد الخرطوم: معهد الخرطوم الدولي للغة العربية، 1978.

1638. **عمر عبدالله الشريف**
معجم اسم الآلة في اللغة العربية حسب ورودها في معجمي الوسيط واللاروس ودراسة تحليلية ومعجمية ودلالية له، الخرطوم: معهد الخرطوم الدولي للغة العربية، 1980.

1639. **عمر عبد المعطي أبو العينين عبد العال**
علم اللغة التطبيقي وأهداف تعلم العربية في التعليم الأساسي مؤتمر علم اللغة الثاني، كلية دار العلوم، جامعة القاهرة، 2004م.

1640. **عمر فروخ**

اللغة العربية المعاصرة وفساد الطرق الحديثة في تعليمها، مؤتمر مجمع اللغة العربية – الدورة الثانية والثلاثون، 1977.

1641. **عمر فروخ**

لغة القرآن كتاب لتعليم اللغة العربية لغير العرب بوساطة اللغة الفرنسية، بيروت: مكتب خياط، 1965.

1642. **عمر فروخ**

مشروع العربية الأساسية: عرض مشروع وتبيان خطره على الفصحى، مجلة المجمع العربي، الجزء الرابع، المجلد الثامن والأربعون، دمشق، 1973.

1643. **عمر محمد الطالب**

الطفل من خلال القصة في الخليج العربي، حلقة بناء الطفل في الخليج العربي، جامعة البصرة، 1979.

1644. **عمر مديحي**

مدخل نظري إلى مشكلة الأسلوبية في تعليم اللغة العربية للناطقين بغيرها، دبلوم، الخرطوم: معهد الخرطوم الدولي للغة العربية، 1985.

1645. **عمر موسى باشا**

مفاهيم عربية وملامح نضالية في تراثنا اللغوي والأدبي والحضاري، التراث العربي 3 : 9 العدد 10 / 1982، ص 63 – 65.

1646. **عمر وأحمد عمرو**

كيف تلين لغة الضاد للتعبير عن لطائف الفكر ومشاغل العصر، اللسان العربي-: 23 (- / 1986)، ص 65 – 69.

1647. **عواطف إبراهيم محمد**

إعداد الطفل لتعليم الكتابة في الحضانة والرياض، القاهرة، دار النهضة العربية، 1977.

1648. **عواطف حسن**

النمو اللغوي لدى الطفل، دبلوم، الخرطوم: معهد الخرطوم الدولي للغة العربية، 1985.

1649. **عواطف حنفي محمود الشعار**

تحليل أخطاء القراءة الشائعة لدى تلاميذ الصف الثاني في مدارس (قنا) الإعدادية، ماجستير، كلية التربية بسوهاج، 1983.

1650. **عواطف محمد دياب**
الإشراف التعليمي في المرحلة الثانوية بالسودان، ماجستير، الخرطوم: معهد الخرطوم الدولي للغة العربية، 1985.

1651. **عواطف محمد دياب**
الخطاب الإداري في صحافة السودان ومصر وليبيا، دبلوم، الخرطوم: معهد الخرطوم الدولي للغة العربية، 1984.

1652. **عودة الله منيع القيسي**
تجربة تحسين أساليب تدريس اللغة العربية للصف الثالث الابتدائي، رسالة المعلم، مجلد، العدد 2.

1653. **عوض آدم عبدالله**
استعمال الفعل في التعبير عن الزمن في اللغتين العربية والإنجليزية، الخرطوم: معهد الخرطوم الدولي للغة العربية، 1982.

1654. **عون الشريف قاسم**
إفريقيا والإفريقيون في حياة العرب وأدبهم، الدوحة، سبتمبر، 1979.

1655. **عون الشريف قاسم**
اللغة العربية بين الفصيحة والعامية، المجلة العربية للدراسات اللغوية المجلد 2 : 1 العدد 8، 1983، ص 67 – 80.

1656. **عونية طالب أبو سنينة**
دراسة مقارنة للقيم في كتب التربية الوطنية للطلبة العرب واليهود في فلسطين، الجامعة الأردنية، كلية التربية، رسالة ماجستير، 1976.

1657. **عيد علي الخاف وأميرة عبد الحسين**
تجربة صحافة الأطفال في العراق، حلقة بناء الطفل العربي، البصرة، 1979.

1658. **العيد يمني**
مفهوم النظم عند عبد القاهر الجرجاني ومسألة النشاط التعبيري باللغة، الطريق، 43 : 1 (2 / 1984)، ص : 241 – 263.

1659. **عيد العلي**
طرق تعليم اللغة العربية الحديثة على مستوى البكالوريوس (في الهند)، اللسان العربي، العدد، 25، 1985، ص 39 – 44.

1660. عيسى حسن ابتدون

الإضافة في اللغة العربية، دبلوم، الخرطوم: معهد الخرطوم الدولي للغة العربية، 1985.

1661. عيسى حسن الجراجرة

اللغة لا تحيا في بطون الكتب لكنها تحيا بالاستعمال، الفيصل 5 : 52، عدد 8 / 1981، ص 51 – 58.

1662. عيسى الشريوفي

اعتبارات نظرية وتطبيقية في تدريس القواعد لمتعلمي العربية من غير الناطقين بها، المجلة العربية للتربية، م18، ع2، 1998م.

1663. عيسى فارح نور

الثقافة الإسلامية في الصومال كوسيلة لنشر اللغة العربية، دبلوم، الخرطوم: معهد الخرطوم الدولي للغة العربية، 1985.

1664. عيسى الناعوري

فلنبسط اللغة العربية، الدوحة، المجلد 6 ، 62، العدد 2 سنة 1981م، ص 14 – 17.

غ

1665. **غالب فاضل المطلبي.**

لهجة تميم وأثرها في اللغة العربية الموحدة، وزارة الثقافة والفنون، بغداد، 1978.

1666. **الغالي احرشاو.**

الفهم السيكولوجي للدلالة اللغوية عند الطفل،الدراسات النفسية والتربوية،العدد5، 1975.

1667. **الغالي احرشاو.**

نظرة بياجيه لدور اللغة في النمو المعرفي، دراسات عربية، المجلد21، 8- العدد6، 1985.

1668. **الغزالي حرب.**

من الآراء اللغوية والنحوية لعبد القاهر الجرجاني، الدارة 3:9(1984/1)، ص68-80.

1669. **غسان اسطفان.**

حول تطوير اللغة العربية، الواقع، المجلد 3:1، العدد 11، 1981، ص149-6.

1670. **غسان بادي.**

تجريب اختبار (الكلوز) في قياس انقرائية اللغة العربية، مجلة معهد اللغة العربية (جامعة أم القرى) العدد الأول: 1983، ص313-317.

1671. **غسان بادي.**

تحديد عوامل السهولة والصعوبة في المادة المقروءة لدى تلاميذ المرحلة الابتدائية، القاهرة، جامعة عين شمس، رسالة دكتوراه، 1981.

1672. **غسان بادي.**

وضع برنامج لتعليم اللغة العربية للكبار من غير الناطقين بها، رسالة ماجستير، القاهرة: جامعة عين شمس، 1979.

1673. **غودام تشكوفاني.**

العرب في الاتحاد السوفياتي، التراث العربي، المجلد 5، 18، العدد 1، 1985، ص229-234.

1674. **غوزيت عزيز البغدادي.**

تطبيق بعض اختبارات الاستعدادات الفارقية على طلبة صفوف المدارس الثانوية الرسمية في محافظة بغداد المركز، ماجستير، بغداد، جامعة بغداد، كلية التربية، 1974.

1675. **فؤاد البستاني.**
بين العربية والفارسية، مجلة الدراسات الأدبية، العدد الأول من السنة الثالثة، 1961، ص30.

1676. **فؤاد البهي السيد.**
أسس قواعد الكتابة السهلة الواضحة، دراسة لغوية نفسية إحصائية، مجلة آراء في التعليم الوظيفي للكبار، العدد 3، يناير 1973، المركز الدولي للتعليم الوظيفي للكبار في العالم العربي، سرس الليان.

1677. **فؤاد البهي السيد.**
الطريقة التكاملية لتعليم اللغة العربية، مجلة المجمع المصري، العدد الثاني والثلاثون، 1973.

1678. **فؤاد البهي السيد.**
اللغة الأساسية، مجلة مجمع القاهرة، العدد السابع والعشرون 1971.

1679. **فؤاد البهي السيد.**
المحصول اللفظي لطفل المدرسة الابتدائية، القاهرة: مجلة مجمع اللغة العربية 1974.

1680. **فؤاد الشايب.**
العربية ورجال المهجر، مجلة اللسان العربي، الرياض: العدد السابع، الجزء الأول1970.

1681. **فؤاد عبد الله عبد الحافظ.**
تقويم برنامج التدريب أثناء الخدمة لمعلمي اللغة العربية بالمرحلة الابتدائية، رسالة ماجستير التربية، الأزهر 1982.

1682. **فؤاد محمود محمد رواش.**
وحدة لتعليم اللغة العربية من خلال التلفزيون للمبتدئين الكبار من أبناء شبه القارة الهندية، الخرطوم: معهد الخرطوم الدولي للغة العربية، 1982.

1683. **فؤاد منصور.**
دروس في العربية، لندن 1979.

1684. **فؤاد منصور.**

دروس في العربية، لندن 1979.

1685. **الفاتح إبراهيم أحمد.**

لا.. تبسيط اللغة لابد من العودة إلى أصولها، الدوحة، المجلد 6، 65، العدد 5، 1981، ص18-21.

1686. **الفاتح السنوسي.**

صدور البحث التربوي في تدريس اللغات، التوثيق التربوي، مجلد 11، العدد 44-45، مارس يونيو 1978.

1687. **فاخر عاقل.**

سيكولوجية اللغة، الكويت: مجلة العربي، العدد الثالث والثمانون/ أكتوبر 1965، ص53-57.

1688. **فاخر عاقل.**

اللغة الأم كيف يتعلمها الطفل في سنواته الأولى، مجلة العربي، العدد الواحد والسبعون بعد المائة فبراير 1973، ص46-50.

1689. **فاخر عاقل.**

المفردات الأساسية للقراءة الابتدائية إلى الأجزاء الثلاثة الأخيرة التي تلي الألفباء، دمشق 1953، طبع ونسخ سلامة إلياس.

1690. **فادية محيي الدين.**

مزيد من الاهتمام والعناية بتعليم اللغة العربية واللغات الأجنبية، دمشق: مجلة مجمع اللغة العربية، المجلد 4:58، العدد10، 1983، حل 866.

1691. **فارس مطلب.**

وصف الفونولوجيا التوليدية لاضطرابات النطق غير العضوية، المجلة العربية للعلوم الإنسانية، 7/25-26، 1987.

1692. **فاروق خلف حمودي.**

دراسة مقطعية للغة العربية المعاصرة ممثلة في الصحافة العراقية، الخرطوم: معهد الخرطوم الدولي للغة العربية، 1980.

1693. **فاروق سلوم.**
الشعر وثقافة الأطفال في العراق، المنظمة العربية للتربية والثقافة والعلوم، حلقـة ثقافة الطفل العربي الكويت 8-12، ديسمبر 1979.

1694. **فاروق شوشة.**
الإذاعة نصوصها وموادها الثقافية بين قومية الثقافة ومحليتها، الآداب، السـنة 12، العدد6، حزيران، 1972.

1695. **فاروق شوشة.**
لغتنا الجميلة ومشكلاتها المعاصرة، القاهرة: دار المعارف، 1979.

1696. **فاروق صادق.**
القدرات النفسية اللغوية لدى الأطفال، دراسة مقدمة إلى ندوة تربيـة الطفـل كليـة التربية جامعة عين شمس، القاهرة 3، مارس 1979.

1697. **فاروق عبد الحميد اللقاني.**
تثقيف الطفل وفلسفته وأهدافه ومصادره ووسـائله، الإسكندرية: منشـأة المعارف، 1976.

1698. **الفاصل عبد الرزاق عبد الله.**
بعض الاتجاهات في طرق تدريس اللغات الأجنبية، الخرطوم: معهد الخرطوم الدولي للغة العربية، 1978.

1699. **فاطمة أبو طالب.**
أدب الأطفال والمكتبات المدرسية، مجلة الرائد، السنة 2 (يناير)، 1967 نقابة المهـن التعليمية القاهرة، ص38-39.

1700. **فاطمة أبو طالب.**
أهمية القراءة في عالم اليوم، مجلة الرائد السنة 14 العدد 2 أكتوبر68، ثقافة المهـن التعليمية بالقاهرة، ص42-43.

1701. **فاطمة أبو طالب.**
أهمية القصة للأطفال، مجلة الرائد السـنة 9 العـدد 3 ديسـمبر 1973، ثقافة المهـن التعليمية بالقاهرة، ص14-15.

1702. **فاطمة أبو طالب.**
تعليم القراءة في المدرسة الابتدائية، مجلة الرائد، السنة الثانية، العدد الثامن أبريـل 1963، نقابة المهن التعليمية القاهرة، ص11-12.

1703. **فاطمة أبو طالب.**

القصة في تربية الأطفال، القاهرة، اللجنة العامة لتدريب العاملين في ميدان الطفولـة والأسرة، 1965.

1704. **فاطمة أبو طالب.**

القصة في تربية الأطفال، القاهرة اللجنة العامة لتدريب العاملين في ميدان الطفولـة والأسرة 1966.

1705. **فاطمة الجيلاني السيد.**

تصور معجم عربي أحادي اللغـة لغير النـاطقين باللغـة العربيـة، الخرطوم: معهد الخرطوم الدولي للغة العربية، 1982.

1706. **فاطمة محمد عبادي.**

تحليل أخطاء تلميذات مدرسة الجريف غرب الصف السادس الابتدائي، الخرطوم: معهد الخرطوم الدولي للغة العربية 1982.

1707. **فاطمة المعدول.**

مسرحية الطفل المقروءة، ندوة الطفل العربي، القاهرة، 26، ديسمبر.

1708. **فاطمة موسى.**

لماذا هم ضعاف في لغتهم، رسالة المعلم العدد 7، فبراير، 1978، أضواء علـى مـؤتمر المناهج ببخت الرضا، مجلة التوثيق التربوي، العدد 27، ديسمبر، 1973.

1709. **فاطمة موسى حسن.**

لماذا هم ضعاف في لغتهم، المعلم، العدد 7، فبراير، 1978.

1710. **فاكلاف شتيجال.**

أدب الأطفال بين الفن والتربية، مجلة عـالم المكتبـات، السنة الثامنـة، مارس إبريل 1966، العدد الثاني، ص6-10.

1711. **فالح فلوح.**

نحو منهج تعليمي للتفريق ما بين الضاد والظاء في اللفـظ والكتابـة، التربيـة، ع90، 1989، ص61-64.

1712. **فان رابير.**

مساعدة الطفل على إجادة الكلام، ترجمة صلاح الـدين لطفـي، سلسلة دراسـات سيكولوجية، القاهرة: مكتبة النهضة المصرية، 1960.

1713. **فايز ترجيني.**
الدراسات اللغوية في الأندلس، الفكر العربي، 2614، العدد 1982/3، ص278-282.

1714. **فايزة علي كامل.**
الأثر النفسي للكتاب على الطفل، دراسة مقدمة إلى حلقة بحث الطفل ومجلته، القاهرة، المجلس الأعلى لرعاية الفنون والآداب والعلوم الاجتماعية، 7-10 /72/2.

1715. **فايزة علي كامل.**
الأثر النفسيـ للكتاب علـى الطفـل، القاهرة: نـدوة ثقافة الطفل العربي، 22-26، ديسمبر1979.

1716. **فايزة محمد سعيد.**
دراسة بعض مشكلات الأطفال في مرحلـة الدراسة الابتدائيـة في مدينـة بغداد كما يراها المعلمون والمعلمات، ماجستير بغداد، جامعة بغداد، كلية التربية، 1974.

1717. **فايق معروف.**
خصائص العربية وطرائق تدريسها، بيروت، دار الكنائس، 1985.

1718. **الفايو فيليب لاكو.**
أوضاع اللغة العربية في الأقاليم الاستوائية بجنوب السودان، دبلوم، الخرطوم: معهـد الخرطوم الدولي للغة العربية، 1985.

1719. **فتح الباب عبد الحليم سيد.**
انقرائية اللغة المقدمة للطفل، الكويت- مجلة التكنولوجيا والتعليم، العدد الرابع، السنة الثانية، ديسمبر 1979.

1720. **فتح الباب عبد الحليم .**
أول كتاب مصور لتعليم اللغة، مجلة صحيفة التربية، العدد الأول، السنة السابعة، القاهرة، نوفمبر 1954، ص93-96.

1721. **فتح الباب عبد الحليم .**
دور وسائل التعليم في تعليم القراءة والكتابة، صحيفة التربية، العدد الثاني، السنة الخامسة عشرة، يناير 1963، ص75-79.

1722. **فتح الله الشيخ .**
حتمية تعريب العلوم، الناشر العربي: 1 (1983/6)، ص42-47.

1723. **فتحي إبراهيم أبو شعيشع.**

الأخطاء النحوية الشائعة في كتابات تلاميذ المرحلة الإعدادية لمعاهد الأزهرية، رسالة ماجستير، الأزهر، 1982.

1724. **فتحي إبراهيم أبو شعيشع خليل.**

الأخطاء اللغوية الشائعة في كتابات تلاميذ المرحلة الإعدادية بالمعاهد الأزهرية، كلية التربية، جامعة الأزهر، رسالة ماجستير، مقدمة إلى قسم المناهج وطرق التدريس 1981.

1725. **فتحي أحمد عامر.**

تطوير تعليم اللغة العربية لتخريج المواطن العربي العصري، دراسة مقدمة إلى المؤتمر التاسع لاتحاد المعلمين العرب عن تطوير تدريس علوم اللغة العربية وآدابها، الخرطوم: فبراير 1976، ص43-64.

1726. **فتحي أحمد عامر.**

تطوير تعليم اللغة العربية لتخريج المواطن العربي العصري، القاهرة: دار الطباعة الحديثة، 1976.

1727. **فتحية توفيق صلاح.**

التيسير في النحو والصرف، عمان، م جمعية عمال المطابع التعاونية، 1978.

1728. **فتحية محمد أحمد إسماعيل.**

أسلوب الخطاب الاجتماعي في بعض الصحف السودانية، ماجستير، الخرطوم: معهد الخرطوم الدولي للغة العربية، 1985.

1729. **فتحية محمد أحمد إسماعيل.**

دراسة تقابلية بين اللغة العربية واللغة النوبية النيلية على مستوى الجملة الفعلية البسيطة، دبلوم، الخرطوم: معهد الخرطوم للغة العربية، 1984.

1730. **فتحي شعيشع.**

أسس اختيار موضوعات النحو للصف الأول الثانوي بالمعاهد الأزهرية، رسالة ماجستير كلية التربية، جامعة الأزهر، 1981.

1731. **فتحي صفوت.**

كيف تحادث الأطفال، مجلة المعلم الجديد، بغداد، 1942-1944، ص162-165.

1732. **فتحي عبد الفتاح الدجني.**
الجملة النحوية: نشأة وتطوراً وإعراباً، الكويت: مكتبة الفلاح، 1398هـ 1978، ط1.

1733. **فتحي عبد المقصود الديب ومحمد صلاح الدين مجاور.**
المنهج المدرسي، الكويت: دار القلم، 1977.

1734. **فتحي علي يونس.**
الانقرائية، بغداد: التوثيق التربوي، العدد 13، السنة 3، 1975، ص39-44.

1735. **فتحي علي يونس.**
تصميم منهج لتعليم اللغة العربية للأجانب، بحث تجريبي، القاهرة، دار الثقافة للطباعة والنشر، 1978.

1736. **فتحي علي يونس.**
كيف تقاس صعوبة مواد القراءة، صحيفة التربية، عدد2، 1979.

1737. **فتحي علي يونس.**
اللغة العربية والدين الإسلامي في رياض الأطفال والدراسة الابتدائية، القاهرة، دار الثقافة للطباعة والنشر، 1984.

1738. **فتحي علي يونس.**
من مشكلات تعليم اللغة العربية، صحيفة التربية، العدد الثاني، السنة التاسعة والعشرون، إبريل، 1977، ص67-73.

1739. **فتحي يونس.**
التقويم في تعليم اللغات للأجانب مع التطبيق على تعليم اللغة العربية لغير الناطقين بها، مجلة معهد اللغة العربية، وحدة البحوث والمناهج، العدد الأول، 1983، مكة المكرمة، جامعة أم القرى.

1740. **فتحي يونس.**
دليل المعلم للكتاب الأساسي في تعليم اللغة العربية لغير الناطقين بها، تونس: المنظمة العربية للتربية والثقافة، 1983.

1741. **فتحي يونس وعلي إبراهيم.**
طرق تنمية الثروة اللغوية في القراءة لدى تلاميذ المرحلة الإعدادية، رسالة ماجستير، كلية التربية، عين شمس، 1971.

1742. **فتحي يونس وعلي إبراهيم.**

الكلمات الشائعة في كلام تلاميذ الصفوف الأولى من المرحلة الابتدائية وتقويم بعض مجالات تدريس اللغة في ضوئها، رسالة دكتوراه، كلية التربية، جامعة عين شمس، 1974.

1743. **فتحي محمد جمعة.**

العوامل النحوية أو تفسير ظاهرة الإعراب بين الحقيقة والتهويل، مجلة كلية الشريعة واللغة العربية، أبها، جامعة الملك محمد بن سعود الإسلامية، المجلد 2، رجب/ 1401هـ، ص305-321.

1744. **فخر الدين القلا.**

استخدام الأجهزة الحديثة في تدريس اللغة العربية، دورة استخدام التقنيات التربوية في تدريس اللغة العربية، من 1980/8/23 إلى 1980/9/1.

1745. **فخر الدين القلا.**

استخدام التعليم المبرمج في تدريس اللغة العربية، المركز العربي للتقنيات التربوية، 1980.

1746. **فخر الدين القلا.**

الأسس النفسية في التدريب والتعليم المبرمج، دراسة نظرية مع محاولة عملية إنشاء برامج لقواعد اللغة العربية وأخرى في الوسائل البصرية، ماجستير: جامعة دمشق كلية التربية، 1969.

1747. **فخر الدين القلا.**

تدريس اللغة العربية بالمخابر اللغوية، المركز العربي للتقنيات التربوية، 1980.

1748. **فخر الدين القلا.**

نظم التعليم الذاتي في تعليم اللغة العربية في الجامعات العربية المعرفة 27:23 (1984/8) ، ص48-67.

1749. **فخري الدباغ**

اللثغة عند الكندي، وفي ضوء العلم الحديث، مجلة المجمع العلمي العراقي، 3/31، 1980.

1750. **فرانسوار فيليت.**

تحليل التحويلات الصوتية في الكلمات الفرنسية التي اقترضت من العربية، دبلوم، الخرطوم: معهد الخرطوم الدولي للغة العربية، 1984.

1751. **فرانسوار فيليت.**

المشاكل الثقافية في الترجمة وعلى سبيل المثال: محاولة لتأليف نموذج قاموس ثنائي اللغة عامية سودانية فرنسية، ماجستير، الخرطوم: معهد الخرطوم الدولي للغة العربية، 1985.

1752. **فرايكيل (1855- 1909).**

الكلمات الدخيلة في الآرامية على العربية القديمة 1886- ليدن.

1753. **فريد أحمد خوتير.**

اللغة العربية والعلوم الحديثة، مجلة كلية الطب، العدد2 – 1399، كلية الطب، الرياض، جامعة الرياض.

1754. **فريد عامر مكي.**

تعليم اللغات الأجنبية بجانب العربية ضرورة دينية وعصرية مجلة كليتي الشريعة وأصول الدين والعلوم العربية والاجتماعية بالقسم، المجلد 2:2، 1401، 1402هـ، ص599-621.

1755. **فريد النجار.**

مشاكل تعليم الأطفال في الصفوف الأولى، بغداد، مجلة المعلم الجديد، 1940، ص11-120.

1756. **فريز ديم.**

حول اللغة العربية الفصحى واللهجات العربية واللغة العربية الأم، الأبحاث 31: عدد خاص (- / 1983)، ص35-36.

1757. **فضل الهادي قاسمي الباكستاني.**

تبويب الجزء الأول من القرآن الكريم من الناحية النحوية مع بعض التطبيقات التربوية في مجال تعليم اللغة العربية لغير الناطقين بها وبخاصة الباكستانيين، الخرطوم: معهد الخرطوم الدولي، 1978.

1758. **فضل الهس ملك.**

الأصوات العربية والصعوبات التي تقابل ناطق الأردية فيها، الخرطوم: معهد الخرطوم الدولي للغة العربية، 1978.

1759. **فضل محمد خواض خان.**

منهج ومادة لتعليم العربية لتلاميذ الصف الثامن لمدارس الباكستان، ماجستير، الخرطوم: معهد الخرطوم الدولي للغة العربية، 1983.

1760. **ف عبد الرحيم.**

أخطاء دارسي اللغة العربية في النطق، وقائع تعليم اللغة العربية لغير الناطقين بها، الجزء الأول المادة اللغوية، ص91-99، الرياض: مكتب التربية العربي لدول الخليج 1983.

1761. **ف عبد الرحيم.**

دروس اللغة العربية لغير الناطقين بها، الجزء الأول 1977.

1762. **ف عبد الرحيم.**

عرض التراكيب اللغوية في كتب تعليم العربية للناطقين باللغات الأخرى، ندوة تأليف كتب تعليم العربية للناطقين بلغات أخرى، الرباط 1980.

1763. **ف عبد الرحيم.**

الكلمات التركية في اللهجات العربية الحديثة، مجلة اللغة العربية بدمشق، العدد الرابع والأربعون 1969، ص143-150.

1764. **فكتور بيلاييف.**

الاستعراب في لينغراد، مجلة اللسان العربي، الرباط، العدد العاشر، الجزء الأول، 1973، ص234-235.

1765. **فكري أمين.**

نبذة في إبطال رأي القائلين بترك اللغة العربية الفصيحة واستبدال اللغة العامية بها في الكتب والكتابة، نشوص خليل سمعان، اللسان العربي، المجلد 9 الجز 1.

1766. **فلوريان كولماس**

اللغة والاقتصاد، ترجمة أحمد عوض، عالم المعرفة، 263، الكويت.

1767. **فهمي عبد الله.**

الجوهرة الفهمية في الدروس النحوية لتلاميذ المدارس الابتدائية، القاهرة: م التجارية الكبرى 1345هـ

1768. **فهمي عبد الله.**

وسائل الإيضاح للدرس اللغوي، وقائع ندوات تعليم اللغة العربية لغير الناطقين بها، الجزء الثاني مكتب التربية العربي لدول الخليج العربي، 1406-1985.

1769. **فواز محمد العبد الحق.**

نظريات تعلم اللغة واكتسابها: تخمينات لتعلم العربية وتعليمها، المجلة العربية للتربية، م12، ع2، 1992.

1770. **فودريك كورد.**

اكتشاف ميول الأطفال، ترجمة محمود خليفة بركات، القاهر: مكتبة النهضة المصرية، 1957.

1771. **فودريك كورد.**

اكتشاف ميول الأطفال، القاهر: مكتبة الأنجلو المصرية، 1961، ط3 .

1772. **فورستر.**

التمارين الشفوية والتحريرية في تعليم اللغة العربية للناطقين باللغات الأخرى، الرباط: ندوة تأليف كتب تعليم العربية للناطقين بلغات أخرى: 1977.

1773. **فوزي إبراهيم موسى أبو فياض.**

أساسيات إعداد برنامج تعليمي للغة العربية لغير الناطقين بها، المؤتمر الثامن لتعريب العلوم التابع لجامعة الدول العربية، مركز تعريب العلوم، القاهرة، 2001م.

1774. **فوزي إبراهيم موسى أبو فياض.**

دراسة في وسائل تنمية مهارات معلم اللغة العربية لغير الناطقين بها، المؤتمر الدولي الأول حول تعلم وتعليم اللغة العربية لغير الناطقين بها، وتحديات القرن الحادي والعشرين، 1998.

1775. **فوزي إبراهيم موسى أبو فياض.**

طرائق تعلم اللغة العربية لغير الناطقين بها، المؤتمر الأول لكلية الآداب، جامعة كومبرا- البرتغال، تعليم اللغة العربية كلغة ثانية، 1993.

1776. **فوزي إبراهيم موسى أبو فياض.**
عقبات صوتية في تدريس اللغة العربية لغير الناطقين بها، مؤتمر قضايا اللغة العربية وتحدياتها في القرن الحادي والعشرين، الجامعة الإسلامية العالمية، كوالالمبور- ماليبا، 1996م.

1777. **فوزي إبراهيم موسى أبو فياض.**
عناصر تكوين معلم لغات الاختصاص، مؤتمر المعهد العالي للغات، تونس، لغات الاختصاص، الواقع والتحديات، 1999م.

1778. **فوزي محجوب.**
الطرق المختلفة لتعليم القراءة، التوثيق التربوي، مجلد 11، العدد5، سبتمبر، 1975.

1779. **فوزية محمد حسن الإدريسي.**
الأخطاء اللغوية في عصور الاحتجاج وموقف العلماء منها، رسالة ماجستير، جامعة أم القرى، 1980.

1780. **فوزية محمد طه.**
دراسة تحليلية نقدية لمنهج اللغة العربية (القراءة) في منطقة الأنقسنا، الصف الأول الابتدائي، الخرطوم: معهد الخرطوم الدولي للغة العربية، 1981.

1781. **فوزي صالح.**
بين اللغة العربية واللغة الملايوية في قطاني بجنوب تايلاند من خلال الأصوات، ماجستير، الخرطوم: معهد الخرطوم الدولي للغة العربية، 1985.

1782. **فوزي صالح.**
دراسة تقابلية بين اللغتين العربية والتايلاندية على المستوى النحوي، دبلوم، الخرطوم: معهد الخرطوم الدولي للغة العربية، 1984.

1783. **فوزي الفنتيل.**
التراث الشعبي كمصدر لكتاب الطفل، ندوة الطفل العربي القاهرة، 22-6، ديسمبر، 1979.

1784. **فولد يترش فيشر.**
اللغة العربية في إطار اللغات السامية، حوليات الجامعة التونسية، مجلد 23، 1984، ص43-53.

1785. فولد يترش فيشر.

معالجة القواعد في كتب تعليم اللغة العربية لغير الناطقين بها، ندوة تأليف كتب
تعليم اللغة العربية للناطقين باللغات الأخرى، الرباط: من 1980/7/5 واللسان
العربي، ع23، 1984م.

1786. فولكهارد فيندور.

اللغة العربية الفصحى والعامية، اللسان العربي، المجلد 10، الجزء الأول.

1787. فيشر فولف ديترش.

المراحل الزمنية للغة العربية الفصحى، قضايا عربية، 10، 3، 1983/3، ص189-192.

1788. فيصل داوود سليمان النعيمي.

بناء وحدة لتعليم اللغة العربية للمبتدئين الأجانب في العراق، الخرطوم: معهد
الخرطوم الدولي للغة العربية، 1980.

1789. فيكتور فراكوفسكي.

دراسات في علم النحو العام والنحو العربي، ترجمة جعفر دك الباب، دمشق: وزارة
التعليم العالي، 1402هـ - 1982.

1790. فيكتورين عبود.

استخدام العقل الإلكتروني كأداة لتعليم العربية كلغة أجنبية، السجل العلمي
للندوة العالمية الأولى لتعليم العربية لغير الناطقين بها، الرياض، ج2، 1980.

1791. فيليب نجار.

العربية من غير معلم، بيروت، دار العلم للملايين، 1969.

ق

1792. **قاسم أحمد السامرائي.**
نظرة في كتب اللغة ومفهوم أصحابها عن دور اللغة في التعبير، عالم الكتب 1:6 (1985/4) ، ص2-20 .

1793. **قاسم خليل ونعمة رحيم.**
أصول تعليم اللغة العربية والدين، مطبعة الأدب، العراق 1966.

1794. **قاسم شعبان.**
التعددية اللغوية في لبنان وأبعادها التربوية، الفكر العربي، المجلد، 4، 26، العدد3، 1982.

1795. **قاسم عثمان نور.**
بيلوغرافيا التعريب في الوطن العربي، بمكتبة معهد الخرطوم الدولي للغة العربية، الخرطوم، 1984.

1796. **قاسم عثمان نور.**
فهرس الدراسات العليا بمعهد الخرطوم الدولي للغة العربية، 1982-1983، مراجعة: أحمد عبد الحليم، المجلة العربية للدراسات اللغوية 1:2 ، 1983/8، ص133-146.

1797. **قاسم عثمان نور.**
اللغة العربية في السودان بيلوغرافيا مختارة، 1976، 1982، المجلة العربية للدراسات اللغوية، المجلد الأول: 2و2/2 ، 1983، ص219-224.

1798. **قاضي فضل إلهي كشميري باكستاني.**
دراسة إحصائية لأهم الأبنية النحوية والصرفية في لغة الصحافة الأردية في القطاع السياسي، الخرطوم: معهد الخرطوم الدولي للغة العربية، 1978.

1799. **قدورتي طه الياسين.**
ملاحظات على كتاب اللغة العربية لغير الناطقين بها، مجلة البصرة، المجلد 15، 16، 1982، ص363- 366.

1800. **قصي سالم علوان.**
رأي في الفعل والتجرد، آفاق عربية، 6:9 ، (1984/2)، ص100-103.

1801. **قطبي سالم.**
في تدريس اللغة العربية، مجلة بخت الرضا، العدد 22، 1966.

1802. **قوطوش.**
أصول تدريس التعبير والقصص، قطر: مجلة التربية العربية العدد 61، أكتوبر 1983، ص58.

1803. **قيس عبد الفتاح مهدي.**
تدريب المعلمين على اكتساب مهارات الأسئلة ودراسة مقارنة بين الأسلوب المستخدم حاليا وأسلوب التسجيلات التربوية بغداد: جامعة بغداد، كلية التربية، 1983.

1804. **قيس عبد الله إبراهيم الحاج.**
البيان العربي وتدريسه للأعاجم، ماجستير، الخرطوم: معهد الخرطوم الدولي للغة العربية، 1985.

1805. **قيس عبد الله إبراهيم الحاج.**
الخطاب الديني في صحافة مصر والسودان وليبيا عام 1982، دبلوم، الخرطوم: معهد الخرطوم الدولي للغة العربية، 1984.

1806. **قيصر فرح.**
أساسيات تعليم العربية للأجانب، فيابوليس، جامعة فسيوتا، الولايات المتحدة الأمريكية، 1977.

ك

1807. كاترين بيلسي.
أين موقع اللغة في الدماغ؟، ترجمة مجيد الماشطة، آفاق عربية 8:9 (1984/4)، ص103-105.

1808. كارل شتولر.
اللغة العربية في أفغانستان، مجلة مجمع اللغة العربية، دمشق: العدد30، 1955.

1809. كارمبا جاساما.
أوضاع اللغة العربية في السنغال، دبلوم، الخرطوم: معهد الخرطوم الدولي للغة العربية، 1985.

1810. كاظم بطين ظاهر.
معايير الإعداد المهني لمعلم المرحلة الابتدائية ومدى مراعاتها في مناهج دور المعلمين الابتدائية في القطر العراقي، بغداد: جامعة بغداد، كلية التربية، 1983.

1811. كافية رمضان.
التأثيرات الثقافية في الطفل الكويتي، الكويت 1979، ثقافة الطفل العربي 1979.

1812. كافية رمضان.
تقويم قصص الأطفال في الكويت، جامعة عين شمس، كلية التربية، رسالة دكتوراه 1978.

1813. كافية رمضان.
الطفل والقراءة، الكويت: 1978، الدورة التدريبية للعاملين بمراكز الشباب وحدائق الأطفال.

1814. كافية رمضان.
المكتبة والكتاب في رياض الأطفال، البحرين، الدورة الثالثة للعاملات في دور الحضانة ورياض الأطفال، مايو 1977.

1815. كامل ثامر الكبيسي.
المحصول اللفظي للأطفال المبتدئين من الصف الأول الابتدائي، رسالة ماجستير، 9 بغداد، جامعة بغداد، 1979.

1816. **كامل ثامر الكبيسي.**
المحصول اللفظي للأطفال المبتدئين في الصف الأول الابتدائي واستخدامه في تقييم مفردات كتابي الخلدونية وقراءتي الجديدة، المجلة العربية للبحوث التربوية، عدد2، 1982.

1817. **كامل ثامر الكبيسي ومهدي صالح هجرس.**
أثر الالتحاق برياض الأطفال على المحصول اللفظي والتحصيل الدراسي لتلاميذ الصف الأول الابتدائي، مجلة كلية التربية، جامعة البصرة، العدد الخامس، السنة الثالثة، 1981.

1818. **كامل حتة.**
قصة تيسير الكتابة العربية، مجلة الرائد يونيو، 1959.

1819. **كامل حسن البصير.**
من مشكلات اللغة الكردية وآدابها، مجلة المجمع العلمي العراقي، 2:34 (1983/4)، ص96-113.

1820. **كامل حسني الجنابي.**
تجربة تعليم اللغات الأجنبية في بعض متوسطات محافظة بغداد، بغداد، وزارة التربية، 1984م.

1821. **كامل عجيل السرمد.**
أثر محو الأمية في الاتجاهات الاجتماعية للفلاحين، بغداد، جامعة بغداد، كلية التربية، 1980.

1822. **كامل محمود نجم.**
أخطاء الطلبة النحوية في المرحلة الابتدائية، بغداد، جامعة بغداد، كلية التربية، 1980.

1823. **كامل مصطفى السيد.**
أصول نفسية واجتماعية في اللغة والنحو، مجلة مجمع اللغة العربية، بغداد، م1962/9.

1824. **كانغ تشول كو.**
الدراسة التقابلية بين اللغة العربية واللغة الكورية على مستوى النفي، دبلوم، الخرطوم: معهد الخرطوم الدولي للغة العربية، 1984.

1825. **كريمة الشوا.**
أثر استخدام القراءات الإضافية على تحصيل طلبة الصف السادس الابتدائي في اللغة العربية، مجلة المعلم والطالب، العدد الأول، 1985.

1826. **كريم كاظم حمد.**
التخطيط لتعليم اللغة العربية للفرس، الخرطوم: معهد الخرطوم الدولي للغة العربية، 1980.

1827. **كلية التربية – جامعة أم القرى.**
الأخطاء النحوية عند طلاب قسم اللغة العربية بكليات التربية، المجلة العربية للبحوث التربوية، 2:2، 1982/7، ص177-180.

1828. **كليمان هوار.**
الدروس العربية في فرنسا، مجلة مجمع اللغة العربية بدمشق، العدد الخامس، 1926، ص157-178.

1829. **كمال إبراهيم.**
انخطاط العربية في العراق وأسبابه وعلاجه، مجلة الأستاذ، المجلدان الرابع والخامس، بغداد 1955-1956.

1830. **كمال إبراهيم بدري.**
تعلم اللغة المبرمج: الأصوات والنظام الصوتي مطبقاً على اللغة العربية، عمادة شؤون المكتبات، جامعة الملك سعود ،الرياض 1402 ، ص198.

1831. **كمال بدري.**
نظام الزمن في اللغتين العربية والإنجليزية في ضوء التقابل اللغوي، صدر في وقائع تعليم اللغة العربية لغير الناطقين بها ج1، الرياض: مكتب التربية لدول الخليج،1983.

1832. **كمال بدري وصالح محمد صالح.**
قراءات في علم اللغة التطبيقي وتدريبات الأنماط، الرياض، معهد اللغة العربية، جامعة الإمام محمد بن سعود.

1833. **كمال بشر.**
دراسات في علم اللغة، دار غريب للطباعة والنشر والتوزيع، القاهرة، 1998م.

1834. **كمال بشر**
اللغة العربية بين الوهم وسوء الفهم، دار غريب، القاهرة، 1999م.

1835. **كمال بشر.**

اللغة العربية والعلم الحديث، الفيصل، مايو، 1979.

1836. **كمال بكداش.**

التعبير الشفهي والتعبير الكتابي، دراسة تجريبية، بتكليف من معهد الإنماء العربي خلال برنامجه العلمي للعام 1978 في فرع لبنان، معهد الإنماء التربوي العربي، مجلة الفكر العربي، العدد 8-9، بيروت، 1979.

1837. **كمال دسوقي.**

الإدراك الكلي عند الأطفال، دراسة نمو مدارك الصغار العقلية، 1978.

1838. **كمال الدين عجيب عبد الله.**

معجم سياقي للألفاظ السياسية في ضوء نشرات الأخبار دراسة دلالية تحليلية، الخرطوم: معهد الخرطوم الدولي للغة العربية، 1978.

1839. **كمال فحماوي.**

حول تعليم اللغة العربية بطريقة الوحدة، رسالة المعلم- العدد الثاني- المجلد التاسع عشر، 1976.

1840. **كمال يوسف الحاج.**

دفاعاً عن اللغة العربية بين المبدأ والتطبيق، بيروت، دار عويدات، 1959،ط1.

1841. **كمال يوسف الحاج.**

اللغة العربية بين المبدأ والتطبيق، بيروت، 1959.

1842. **كميل عزمي غبرس.**

الصفات الشخصية المرتبطة بالنجاح المهني لدى طلبة وطالبات دور المعلمين والمعلمات، دكتوراه، كلية التربية بسوهاج، 1986.

1843. **كوثر عبد الرحيم الشريف.**

إعداد معلم الحلقة الأولى من التعليم الأساسي المرحلة الابتدائية، القاهرة: مكتبة النهضة المصرية، 1985.

1844. **كوركيس عواد.**

الطفولة والأطفال في المصادر القديمة والحديثة، حلقة بناء الطفل في الخليج العربي، جامعة البصرة، 1979.

1845. **كونغ إلجوالكوري.**
نظرية علم اللسانيات الحديث وتطبيقها على أصوات العربية، اللسان العربي، 35،
1991-1990م.

1846. **كيم جونغ دو موسى.**
دراسة تقابلية بين اللغتين الكورية والعربية على مستوى الجملة البسيطة، دبلوم،
الخرطوم: معهد الخرطوم الدولي للغة العربية، 1983.

1847. **كيم كوانق أو.**
دراسات تقابلية بين حرف الجر في اللغة العربية والحروف المساعدة في اللغة
الكورية، دبلوم، الخرطوم: معهد الخرطوم والدولي: 1983.

ل

1848. **لاندنج جان.**
دراسة تقابلية بين العربية والمندنكية على المستوى النحوي، الخرطوم: معهد الخرطوم: معهد الخرطوم الدوالي للغة العربية، 1979.

1849. **لبابة عبد الله محمد.**
النمو اللغوي لمتعلمي اللغة العربية من الكبار الأجانب، ماجستير، الخرطوم: معهد الخرطوم الدولي للغة العربية، 1985.

1850. **لبابة عبد الله محمد الطيب.**
اللوحات التعليمية ودورها في تعليم اللغة العربية لغير الناطقين بها، دبلوم، الخرطوم: معهد الخرطوم الدولي للغة العربية، 1984.

1851. **اللجنة الأردنية السورية المشتركة لتوحيد مناهج اللغة العربية في المرحلة الابتدائية.**
منهاج اللغة العربية الموحد في القطرين الأردني والسوري للمرحلة الابتدائية مرهونة في 14 صفحة، الأردن (بدون تاريخ).

1852. **اللجنة الدائمة للرصيد اللغوي.**
الرصيد اللغوي للمرحلة الأولى من التعليم الابتدائي، تونس: الهيئة الاستشارية للمغرب العربي في التربية والتعليم، سبتمبر، 1975.

1853. **لجنة من المؤلفين.**
الأخطاء اللغوية التحريرية لطلاب المستوى المتقدم بمعهد اللغة العربية لغير الناطقين بها بجامعة أم القرى، معهد اللغة العربية، وحدة البحوث والمناهج، سلسلة دراسات في تعليم اللغة العربية.

1854. **اللسان العربي.**
انتشار اللغة العربية، اللسان العربي: 20-1983، ص278-380.

1855. **اللسان العربي.**
انتشار اللغة العربية، اللسان العربي، 22-/ 1984)، ص338-340.

1856. **اللسان العربي.**
انتشار اللغة العربية، اللسان العربي، 23-/ 1984)، ص354-355.

1857. **اللسان العربي.**
قضايا نشر اللغة العربية والثقافة العربية الإسلامية في الخارج، اللسـان العربـي:20-
/1983.

1858. **ل.س فيجوتسكي.**
التعليم واللغة، ترجمة طلعت منصور، القاهرة، مكتبة الأنجلو المصرية، 1976.

1859. **لطفي بركات أحمد.**
دور الدين واللغة في مقاومة المجتمع الجزائري للسياسة الفرنسية، الباحث المجلد
1:7، العدد 1-3، 1985، ص82-97.

1860. **لطفي بوهلال.**
الترادف اللغوي، مجلة فكر، مجلد 21، ص249-1976.

1861. **لطفي الصقال.**
تعلـيم اللغـة العربيـة في الحلقـة الوسـطى الابتدائيـة، حلـب: مطبعـة العصر
الجديد/1938.

1862. **لوسيان برانجي.**
استخدام الرسم في تعليم العربية لغير الناطقين بها، ماجسـتير، الخرطوم: معهـد
الخرطوم الدولي، 1983.

1863. **لوسيان برانجي.**
تعليم اللغة العربية لأغراض خاصـة: بناء وحده دراسية لطـلاب التاريخ العربـي
الإسلامي في فرنسا، ماجستير، الخرطوم: معهد الخرطوم الدولي للغة العربية، 1984.

1864. **لويس ماسينسيون.**
افتراضات في مستقبل الخط بالحروف، القاهرة، مجلة مجمع اللغة العربية، 1960.

1865. **لويس ماسينسيون.**
التعادل الثقافي بين اللغات العربية ولغـات الغـرب، مجلـة المجمـع المصري، العـدد
التاسع عشر، 1957، ص76-77.

1866. **لويس ماسينسيون.**
خطوات في الاحتفاظ بعبقرية النحو العربي، القاهرة: مجلة مجمع اللغـة العربيـة،
1958.

1867. **لويس المعلوف.**
المنجد في اللغة العربية والآداب والعلوم، بيروت، الطبعة الأولى، 1908.

1868. **لويس مقطش.**
ظاهرة ضعف الطلبة في اللغة الإنجليزية، أسبابها، طرق معالجتها والقضاء عليها، عمان: الجامعة الأردنية (بحث غير منشور)، 1980.

1869. **لويس مقطش وأحمد الخطيب.**
تدريس اللغات الأجنبية وأثره على تحصيل الطلبة في اللغة العربية في المرحلة الابتدائية، عمان: لجنة البحث التربوي، وزارة التربية والتعليم، 1981.

1870. **لي تسن جنغ.**
تحليل الوحدة الدراسية لرواية (الشحاد) للكاتب نجيب محفوظ، الخرطوم: معهد الخرطوم للغة العربية، 1981.

1871. **ليلى أحمد علام.**
دراسة بعض اللعب الشعبية في مصر ـ حالياً وقيمتها التربوية، ماجستير، القاهرة: المعهد العالي للتربية الفنية، 1971.

1872. **ليلى حسن اليمني.**
الأثر التربوي النفسي في تعليم اللغة العربية للناطقين بغيرها، ماجستير، الخرطوم: معهد الخرطوم الدولي للغة العربية، 1983.

1873. **ليلى محمد سعيد.**
البناء للمجهول وتعليمه لغير الناطقين بالعربية (المبتدئين)، دبلوم، الخرطوم: معهد الخرطوم الدولي للغة العربية، 1984.

1874. **ليلى محمد سعيد.**
العدد وكيفية تعليمه لغير الناطقين باللغة العربية (متقدمين)، ماجستير، الخرطوم: معهد الخرطوم الدولي للغة العربية، 1985.

1875. **ليلى محمد الشريعي.**
الكلمات ذات الأصل العربي في معجم اللغة الفرنسية الحالية، ماجستير، القاهرة: جامعة الأزهر، 1875.

1876. **ليلى يوسف.**
سيكولوجية اللعب والتربية الرياضية، القاهرة: الأنجلو المصرية، 1962.

1877. **لينهارث بيترلن دوزي.**
تكملة المعجمات العربية، ترجمة إبراهيم ناصيف بن عبد الله بن ناصيف بن جنبلاط اليازجي، تحقيق عبد زيدان، المورد 11:4 شتاء 1982، ص71-88.

1878. **لي هي كيونغ.**
دراسة تقابلية بين اللغة العربية واللغة الكورية على مستوى الفعل، الخرطوم: معهد الخرطوم الدولي، بحث دبلوم، 1983.

1879. **لي هي كيونغ.**
الفعل في اللغة العربية وطريقة تدريسه للطلاب الكوريين، ماجستير، الخرطوم: معهد الخرطوم الدولي للغة العربية، 1984.

م

1880. ماء العينين عبد القادر

دراسة تقابلية بين اللغة العربية ولغة الهوسا، على فصيلة الصفة، دبلوم، الخرطوم: معهد الخرطوم الدولي للغة العربية، 1985 .

1881. ماجد الأشمر

دراسة تقويمية لمنهج الأدب للصف الثالث الثانوي في المدارس المصرية والأردنية، جامعة عين شمس، كلية التربية، رسالة ماجستير، 1979 .

1882. ماجد الصايغ

الأخطاء الشائعة وأثرها في تطور اللغة العربية، دار الفكر اللبناني، بيروت، ط1، 1990م.

1883. ماجد قاسم

بحث في مدى تدخل اللغة العربية في التراكيب والمفردات اللغوية في الموضوعات الإنشائية المكتوبة باللغة الإنجليزية من قبل طلبة السنة الأولى ومتخصص اللغة الإنجليزية في جامعة اليرموك، جامعة اليرموك، كلية التربية، رسالة ماجستير، آذار 1983.

1884. مادلو إديجر.

إثارة دافعية الطلبة للقراءة: ترجمة د. حسين عبد الفتاح، رسالة المعلم، العدد الثاني، المجلد التاسع والعشرون، نيسان 1988.

1885. مارتن فوستر

مسائل ومشاكل في تأليف المصطلحات القانونية (عربي، ألماني)، صدر في صناعة المعجم العربي لغير الناطقين بالعربية، الرباط: مكتب تنسيق التعريب،1981 .

1886. مارغريت آرمر

نظم التعليم ترجمة إبراهيم البرلسي- المجلة الدولية للعلوم الاجتماعية 12: 47، العدد 4-1982/6 ، ص52-77 .

1887. مارك بلا نكله

قضايا تعليم اللغة العربية للأجانب في أوروبا، مجلة كلية الآداب، جامعة بغداد، العدد 22، 1978 .

1888. **ماريا علي أحمد**

دراسة تحليلية نقدية لوحدة الدروس المسائية في معهد الخرطوم الدولي للغة العربية، الخرطوم: معهد الخرطوم الدولي للغة العربية، 1982 .

1889. **ماريانو مونيث دونيو**

دراسة تقابلية بين اللغة الإسبانية واللغة العربية على مستوى الصوامت والصوائت، دبلوم، الخرطوم: معهد الخرطوم الدولي للغة العربية، 1985.

1890. **ماري بيكوك دوجلاس.**

مكتبة المدرسة الابتدائية وما تؤديه من خدمات ترجمة عبد الرحمن الشيخ، القاهرة، دار غريب للطباعة، 1978 .

1891. **ماريون مونرو**

الاستعداد للقراءة وكيف ينشأ في البيت والمدرسة، ترجمة سامي ناشد، القاهرة: دار المعرفة، 1961.

1892. **ماريون مونرو**

تنمية وعي القراءة، ترجمة سامي ناشد، القاهرة، دار المعرفة، الطبعة الأولى، 1961، الطبعة الثانية، 1978.

1893. **مازن المبارك**

تعليم العربية لغير العرب نحو وعي لغوي، دمشق، الفارابي، 1975.

1894. **مازن المبارك**

اللغة العربية في التعليم العالي والبحث العلمي، بيروت: مؤسسة الرسالة 1973 .

1895. **مازن الوعر**

حول بعض القضايا الجدلية لنظرية القواعد التوليدية والتحويلية، مقابلة مع عالم اللسانيات الأمريكي، نوام تشومسكي، مجلة اللسانيات، جامعة الجزائر.

1896. **مازن الوعر**

قضايا أساسية في علم اللسانيات الحديث مدخل، دار طلاس للدراسات والترجمة والنشر، ط1، 1988.

1897. **مازن الوعر**

اللسانيات والعلم والتكنولوجيا نحو تعريب موحد للسانيات التطبيقية العربية وبرمجتها في الحاسبات الإلكترونية، اللسان العربي، 22-23، 1984.

1898. **مازن الوعر**

النظريات النحوية والدلالية في اللسانيات التحويلية والتوليدية: محاولة لسبرها وتطبيقها على النحو العربي(1) اللسانيات: 6(-/1982)، ص23-65، جداول، رسوم توضيحية.

1899. **ماشيشنغ**

تحليل رواية: بداية ونهاية للكاتب نجيب محفوظ على أساس الوحدة التعليمية، الخرطوم: معهد الخرطوم الدولي للغة العربية، 1981 .

1900. **مالك أنجاي**

تأثير العربية في السنغال، الرباط: مجلة اللسان العربي، م8، الجزء الأول 1970 ص152-158 .

1901. **م. الأمة**

مع الصحافة في العالم، تونس تعيش رهانها الصعب على التعريب الشامل، الأمة، 1: 8، 1981/6، ص87-88 .

1902. **مامن عبد الرحمن**

دراسة تقابلية بين اللغة العربية والأندونيسية على مستوى العدد، دبلوم، الخرطوم: معهد الخرطوم الدولي للغة العربية، 1985 .

1903. **مامن يوسف إبراهيم**

أسلوب تعليم القرآن والاستفادة منه في تعليم اللغة العربية في ماليزيا، ماجستير، الخرطوم: معهد الخرطوم الدولي للغة العربية، 1983 .

1904. **مأمون الحموي**

قاموس المصطلحات الدبلوماسية إنجليزي، عربي، مكتبة خياط، بيروت،/ 1966، الطبعة الأولى، دمشق 1949 .

1905. **ماهر إسماعيل إبراهيم الجعفري**

اختيار معلم لتعليم الكبار وتدريبه في العراق، بغداد،جامعة بغداد، كلية التربية، 1979.

1906. **مبارك إدريس**

تجربة تدريس الطالبات الجنوبيات في مدارس الشمال، مجلة كلية المعلمات، العدد6، 1963 .

1907. **مبارك الباكستاني**
الكلمات العربية في اللغة الأردية، مجلة مجمع اللغة العربية- دمشق عدد29،
1954، 253 – 260 .

1908. **المبارك الصديق سعيد**
دراسة تقابلية في نظام الجملة البسيطة في اللغتين العربية والفرنسية، الخرطوم،
معهد الخرطوم الدولي، 1982 .

1909. **مبارك مبارك**
قواعد اللغة العربية، بيروت: دار الكتاب اللبناني 1973، ط1 .

1910. **مت أخير حاج سناوي محمد.**
كتابة اللغة الماليزية بالحروف العربية، دبلوم، الخرطوم: معهد الخرطوم الدولي للغة
العربية، 1983.

1911. **مجتبي عبد الله عبد الله**
كيفية تنمية مهارات القراء الأجانب، الخرطوم: معهد الخرطوم الدولي للغة العربية،
1978.

1912. **مجدي فريد عبد الحميد عبد الحميد**
تزاوج المضمون الأدبي في قصص الأطفال بالمضمون الفني في رسومهم وأثره في
نموهم، رسالة دكتوراه، مقدمة إلى كلية التربية الفنية، جامعة حلوان، 1979.

1913. **المجلة العربية للبحوث التربوية**
الأنشطة التربوية في الدول العربية، المجلة القومية لتقوية اللغة العربية في
جمهورية الصومال، المجلد الأول، 1، العدد7، 1981، ص211-213.

1914. **المجلة العربية للبحوث التربوية**
تأثير تعليم اللغات الأجنبية في تعلم اللغة العربية، المجلة العربية للبحوث التربوية
، 4: 1، (1984/1)، ص97-111، (مرجعة كتاب).

1915. **المجلة العربية للدراسات اللغوية**
إعداد وحدة تعليمية مبنية على الترادف للمتوسطين الأجانب، المجلة العربية
للدراسات اللغوية، 1:1، العدد 1982/8، ص202-207 .

1916. **المجلة العربية للدراسات اللغوية**

دراسة تحليلية نقدية لمنهج تعليم اللغة العربية للصف الأول الابتدائي في منطقة الأنقسنا، السودان، العدد8/1982، ص198-201 .

1917. **المجلة العربية للدراسات اللغوية**

قرار جمهوري بتكوين لجان لتعزيز اللغة العربية في مناطق التداخل اللغوي، المجلة العربية للدراسات اللغوية، 3: 1 (8/1984)، ص115، 121 .

1918. **مجلة المجلة**

تدريس العلوم الحديثة باللغة العربية في الجامعات، المجلة، يونيو، 1966.

1919. **مجلة مجمع اللغة العربية**

دراسة عن العدد في اللغة العربية، مجلة مجمع اللغة العربية 1963 .

1920. **مجلة مجمع اللغة العربية الأردني**

توصيات ندوة قسم اللغة العربية بالجامعة الأردنية، مجلة مجمع اللغة العربية الأردني، العدد المزدوج، 15-16، السنة 5، ربيع الأول، رمضان1402، كانون الثاني، جزءان، 1982 .

1921. **مجلة مجمع اللغة العربية**

مشكلة الكتابة العربية وتيسير الخط العربي، مجموعة البحوث العربية والمحاضرات، الدورة السادسة والعشرون، 1960 .

1922. **مجلة مجمع اللغة العربية الأردني**

توصيات ندوة مشرفي اللغة العربية ، مجلة مجمع اللغة العربية الأردني، العدد المزدوج، 3-4، السنة 2، صفر جمادي الأول 1399، كانون الثاني- نيسان 1979

1923. **مجلة مجمع اللغة العربية الأردني**

الموسم الثقافي الأول لمجمع اللغة العربية الأردني، عمان، 1983 .

1924. **مجلة مجمع اللغة العربية الأردني**

النشامى في اللغة العربية، مجلة مجمع اللغة العربية الأردني 4: 11و 12، العددان، 1-1981/6، ص211 .

1925. **مجلة مجمع اللغة العربية- القاهرة**

صيغة الفصحى المخففة كما يراها الدكتور محمد كامل حسين ومحمد شوقي أمين، القاهرة:مجلة مجمع اللغة العربية- الجزء،/39، جمادي الأول،1397، مايو أيار 1977.

1926. **مجلة مجمع اللغة العربية- بالقاهرة**

مجلة مجمع اللغة العربية في ثلاثين عاما، 1932-1962، مجموعة القرارات العلمية، القاهرة.

1927. **مجلة الهلال**

هل اللغة العربية بحاجة إلى إصلاح، مجلة الهلال، يناير، 1974 .

1928. **المجلس الأعلى لرعاية الفنون والآداب والعلوم الإدارية.**

حلقة بحوث الخط العربي، القاهرة، 1968 .

1929. **المجمع العلمي العراقي**

تقرير عن استفتاء حول تعليم اللغة العربية، لجنة الأصول، المجمع العلمي العراقي، بغداد، (د.ت) .

1930. **المجمع العلمي العراقي**

خلاصة مقترحات لجنة تيسير النحو، ص74/10/11-1975/6/30، مجلة مجمع بغداد، مجلد 27، 1976 .

1931. **مجمع اللغة العربية**

تيسير الإملاء، الجلسة الرابعة للمجلس، نوفمبر، 1947.

1932. **مجمع اللغة العربية.**

تيسير اللغة العربية ومراحل دراسته بالمجتمع وما اتخذ فيه من قرارات مجموعة البحوث والمحاضرات، الدورة الخامسة والعشرون سنة،1960.

1933. **مجمع اللغة العربية**

مرسوم بإنشاء مجمع ملكي للغة العربية، القاهرة: مجلة مجمع اللغة العربية الملكي، الجزء الأول، 1934.

1934. **مجمع اللغة العربية.**

النحو العربي والصرف، مجلة مجمع اللغة العربية، 1958.

1935. **مجمع اللغة العربية الأردني**

أسباب الضعف في اللغة العربية، الندوة الأولى، المجمع الأردني، 1977.

1936. **مجمع اللغة العربية الأردني والجامعة الأردنية**

ندوة الازدواجية في اللغة العربية (22-24 شعبان 1407هـ/21-23نيسان 1987)، وقائع الندوة وتوصياتها والبحوث التي ألقيت فيها، 1988م.

1937. **مجوك الجاك مجوك.**

مدخل نقدي لمحتوى المرحلة الابتدائية: اللغة العربية، التربية الإسلامية، التربية المسيحية، الجغرافية، التاريخ، ماجستير، الخرطوم، معهد الخرطوم الدولي للغة العربية، 1985.

1938. **مجيد إبراهيم دمعة**

تقويم أسئلة الامتحانات النهائية لوضع قواعد اللغة العربية لطلاب الصف الثاني المتوسط في العراق للعام الدراسي 1971/1970، تموز 1974 .

1939. **مجيد إبراهيم دمعة**

منهج ومواصفات الكتاب المدرسي لتعليم الناطقين بغير اللغة العربية، دراسة مقدمة إلى ندوة تأليف كتب تعليم اللغة العربية للناطقين بلغات أخرى، الرباط: 7/5 مارس 1980.

1940. **مجيد إبراهيم دمعة وآخرون**

طرق تدريس اللغة العربية وتعليم القراءة والكتابة للمبتدئين لطلاب دور المعلمين والمعلمات، بغداد، مطبعة وزارة التربية والتعليم، 1978.

1941. **مجيد إبراهيم دمعة وآخرون**

قراءاتي المفيدة للصفوف الرابعة والخامسة والسادسة الابتدائية، بغداد، المطابع العسكرية، 1979 .

1942. **مجيد عبد المجيد ناجي**

العمليات العقلية للإبداع في فن القول خاصة، مجلة كلية الفقه، الجامعة المستنصرية، 1:1 (-/-/1979، ص201-334).

1943. **مجيد الماشطة**

دور الدراسات المقارنة (أو التقابلية) في عملية تعليم اللغات الأجنبية، مجلة آداب المستنصرية، 6، 1982.

1944. **مجيد الماشطة**

دور الدراسات المقارنة في عملية تعليم اللغات الأجنبية، أشغال ندوة اللسانيات في خدمة اللغة العربية، الجامعة التونسية مركز الدراسات والأبحاث الاقتصادية والاجتماعية، تونس 23-28، نوفمبر، 1981، سلسلة اللسانيات، العدد 5 .

1945. **مجيد الماشطة**

دور الدراسات المقارنة والتقابلية في عملية تعليم اللغات الأجنبية، مجلة آداب المستنصرية، المجلد، 6:6 – 1982، ص297-413 .

1946. **مجيد الماشطة**

الطريقة البيانية لتبسيط الإعراب في اللغة العربية، ط1، النجف الأشرف: م الآداب، 1388، 1968 .

1947. **مجيد الماشطة**

المواصفات الأساسية لكتب تعليم اللغة العربية للأجانب دراسة مقدمة إلى ندوة تأليف بحث تعليم اللغة العربية للناطقين باللغات الأخرى، الرباط، 7/5/مارس،1980 .

1948. **مجيد مرسي دمعة**

الكتاب المدرسي ومدى ملاءمته لعمليتي التعليم والتعلم في المرحلة الابتدائية، وحدة البحوث التربوية، المنظمة العربية للتربية والثقافة والعلوم، تونس 1982.

1949. **مجيد مهدي محمد**

دراسة مقارنة لبعض المتغيرات بين مجموعتين من مراكز محو الأمية متباينتين في كفاءاتهما الداخلية، بغداد، جامعة بغداد، كلية التربية، 1977.

1950. **مجيد وإبراهيم محمد**

تأثير اللغة العربية على لغة الهوسا، الخرطوم: معهد الخرطوم الدولي للغة العربية، 1985.

1951. **محجوب محمد الحسيني وآخرون.**

مشكلات التعليم في الريف العربي، المنظمة العربية للتربية والثقافة والعلوم، وحدة البحوث التربوية، تونس، 1981.

1952. **محسن الجيب**

مع من قال نحن والنحو العربي، مجلة فكر، المجلد 7، ص809، 1961- 1962.

1953. **محسن العبادي**

أضواء على استخدام تكنولوجيا التعلم (مراجعة كتاب) في طرق تدريس اللغة العربية، تأليف محمد بن إسماعيل، الفكر، مجلد 26، 10، العدد7، 1981، ص6-25.

1954. **محفوظ محمد محسن**

مقياس النطق والفهم والعلاقة بينهما، بغداد: جامعة بغداد، كلية التربية، 1984.

1955. **محمد آدم عبد المطلب.**

تعريف المفردات في المعاجم العربية المعاصرة، الخرطوم: معهد الخرطوم الدولي للغة العربية، 1979 .

1956. **محمد محمود محمدين**

صفحات من جغرافية اللغة العربية، دراسات (السعودية)، المجلد 3:3، العدد الأول، 1988، ص89-126 و 126-128.

1957. **محمد إبراهيم الشطلاوي.**

إعداد معلم اللغة العربية للمرحلتين الإعدادية والثانوية بجمهورية مصر العربية، دراسة ميدانية، رسالة ماجستير، جامعة المنصورة، كلية التربية، 1978 .

1958. **محمد إبراهيم الشوشي.**

التكوين الثقافي في السودان، بحث مقدم للمؤتمر العالمي الثاني للغات والآداب في السودان، الخرطوم.

1959. **محمد إبراهيم عبادة.**

الجملة الفعلية: دراسة لغوية نحوية، الإسكندرية منشأة المعارف، 1984.

1960. **محمد إبراهيم فليفل.**

القواعد الجلية لطلاب اللغة العربية، بكين: مطبعة جندا.

1961. **محمد إبراهيم مصطفى الخطيب.**

قياس فعالية تعليم المهارات النحوية المفردة للمرحلة الابتدائية في الأردن، رسالة ماجستير غير منشورة الجامعة الأردنية، كلية التربية 1976.

1962. **محمد أبو الرب**

الإبدال الصوتي في الأصوات المستعلية، المجلة الأردنية للغة العربية وآدابها، جامعة مؤتة، م5، ع1، 2009م.

1963. **محمد أبو الرب**

الأخطاء اللغوية في ضوء علم اللغة التطبيقي، دار وائل للطباعة والنشر، ط1، عمّان، 2005م.

1964. **محمد أبو الرب**

تحليل الأخطاء الكتابية على مستوى الإملاء لدى متعلمي اللغة العربية الناطقين بغيرها، دراسات العلوم الإنسانية والاجتماعية، م34، ع2، 2007، الجامعة الأردنية.

1965. **محمد أبو الرب**

مقاييس الصواب والخطأ في اللغة من منظور لساني، المجلة الأردنية للعلوم التطبيقية (العلوم الإنسانية)، م10، ع1، 2007م، جامعة العلوم التطبيقية الخاصة.

1966. **محمد أبو طالب.**

مذكرات في النظريات اللغوية وإعداد المادة التعليمية، الخرطوم: معهد الخرطوم: معهد الخرطوم الدولي للغة العربية، 1980.

1967. **محمد أبو عبده.**

مشاكل التعريب اللغوية، اللسان العربي 19: 1 - /1982، ص103 - 110.

1968. **محمد أبو الفتوح شريف.**

من الأخطاء الشائعة في النحو والصرف واللغة، القاهرة: مكتبة الشباب، 1976.

1969. **محمد أبو الفتوح شريف.**

من قضايا جموع التكسير (1)، رسالة التربية، المجلد2، 2 العدد 5، 1982.

1970. **محمد أبو الفتوح شريف.**

النحو الجامعي دراسة تطبيقية في قواعد النحو والصرف والعروض، القاهرة: مكتبة الشباب 1979.

1971. **محمد أبو ليل.**

تعليم العربية، سان باولو، البرازيل، قسم اللغة العربية وآدابها، كلية الفلسفة والآداب، والعلوم الإنسانية، حزيران 1972، الطبعة الأولى.

1972. **محمد أحمد أبو فراخ.**

العربية الجامعة، الرياض عالم الكتب، 1982.

1973. **محمد أحمد حسين ديق الله.**

النمو اللغوي عند الطفل، دبلوم، الخرطوم: معهد الخرطوم الدولي للغة العربية،1985 .

1974. **محمد أحمد دوسن.**

تأملات في المنهج الجنوبي للثانوي العام، بخت الرضا،العدد 27، يناير 1975.

1975. **محمد الأحمد الرشيد.**

دور كليات التربية في إعداد المعلمين، السعودية، مكة المكرمة: المركز العالمي للتعليم الإسلامي 1403هـ.

1976. **محمد أحمد الزعبي.**
ازدواجية اللغة ووحدة الثقافة في الجزائر، مجلة المستقبل العربي، المجلد 5: 40 العدد (6، 1982)، ص44-68 .

1977. **محمد أحمد سليمان.**
استعمال اللغة العربية لغة للعلوم في البلاد العربية والإسلامية ضرورة علمية، الرياض: جامعة الرياض 1396هـ

1978. **محمد أحمد السيد.**
الاستعمالات اللغوية النحوية في التعبير، دمشق: دار الأنوار، 1981.

1979. **محمد أحمد صالح.**
طرق تدريس الإملاء والخط، الخرطوم: مركز التوثيق التربوي، 1973.

1980. **محمد أحمد صالح.**
طرق تدريس اللغة العربية في الصفوف من الثالث إلى السادس، الخرطوم، 1973.

1981. **محمد أحمد العمايره.**
مفردات السياسة في الصحافة الأردنية، الخرطوم: معهد الخرطوم الدولي للغة العربية، 1977.

1982. **محمد أحمد العمايرة**
بحوث في اللغة والتربية، ط1، دار وائل للطباعة والنشر، عمان، 2002م.

1983. **محمد أحمد المرشدي.**
امتحانات الشهادة الابتدائية في اللغة الإنجليزية، صحيفة التربية، يونيو، 1948.

1984. **محمد أحمد المرشدي.**
تدريس اللغة العربية بالمدرسة النموذجية بحدائق القبة، القاهرة، دار الشرق، 1947.

1985. **محمد أحمد الملكاوي.**
التطبيقات العربية على القواعد النحوية والصرفية، القاهرة: م الكتب الحديثة، 1979.

1986. **محمد أدروب أوهاج.**
معجم بجاوي عربي، الخرطوم: معهد الخرطوم الدولي للغة العربية، 1978.

1987. **محمد أديب السلاوي.**
مشكلة الصراع بين الفصحى والعامية في الوطن العربي، اللسان العربي، العدد3.

1988. **محمد أمين البنهاوي.**
عالم الكتب والقراءة والمكتبات، الكويت ذات السلاسل للطباعة، 1980.

1989. **محمد الأمين حلقة.**
نحن والنحو العربي، مجلة فكر، المجلد 7، ص391، 1961-1962.

1990. **محمد أمين المصري.**
طريقة جديدة في تعليم العربية، بيروت، مؤسسة الرسالة، 1981، ص1042.

1991. **محمد أمين المصري.**
طريقة جديدة في تعليم العربية. الجزء الأول، الطبعة الرابعة، لاهورجان، عبيد الحق الندوي، المكتبة العلمية، أغسطس، 1977 .

1992. **محمد أمين المصري.**
طريقة جديدة في تعليم اللغة العربية للأجانب، بيروت، مؤسسة الرسالة، 1975.

1993. **محمد الأنطاكي.**
المنهاج في القواعد والإعراب، حلب: مكتبة الشهباء، النجف: 1965.

1994. **محمد باكلا.**
وقائع ندوات تعليم اللغة العربية لغير الناطقين بها.

1995. **محمد البحراوي.**
الدراسات اللغوية والنحوية، القاهرة، دار التراث العربي، 1979.

1996. **محمد البخاري.**
تعديل الكتابة العربية، القاهرة: مجلة الشهر 1961.

1997. **محمد بدر النعساني.**
القواعد الجلية في علم العربية، دمشق، 1328هـ.

1998. **محمد برادة.**
ما هـي الكتابـة، مراجعـة كتـاب درجـة الصفر للكتابـة، الكرمـل: 2(ربيـع 1981م، ص122-129).

1999. **محمد بسام ملص.**
ترويج كتب الأطفال، عالم الكتب، مجلد7، عدد4، 1986.

2000. **محمد البشير النوراني.**

تحليل معجمي دلالي لرواية (الأرض) لعبد الرحمن الشرقاوي، الخرطوم، معهد الخرطوم الدولي للغة العربية، 1981.

2001. **محمد البعلاوي.**

حول الفصاحة، مجلة فكر، ص702، 1969.

2002. **محمد بن أحمد بن إبراهيم بن خلف السبتي النحوي بن هشام اللخمي.**

المدخل إلى تقويم اللسان وتعليم البيان. (4) تحقيق حاتم صالح الضامن، المورد، المجلد11، العدد 1 ، ربيع 1982، ص 79-98.

2003. **محمد بن أحمد بن إبراهيم بن خلف السبتي النحوي بن هشام اللخمي.**

المدخل إلى تقويم اللسان وتعليم البيان. (2) تحقيق حاتم صالح الضامن، المورد، المجلد11، العدد 2 ،ربيع 1982، ص 119-134 .

2004. **محمد بن أحمد بن إبراهيم بن خلف السبتي النحوي بن هشام اللخمي.**

المدخل إلى تقويم اللسان وتعليم البيان. (5) تحقيق حاتم صالح الضامن، المورد، المجلد11، العدد 3 ،خريف 1982، ص 75-104 .

2005. **محمد بن أحمد بن إبراهيم بن خلف السبتي النحوي بن هشام اللخمي.**

المدخل إلى تقويم اللسان وتعليم البيان. (6) تحقيق حاتم صالح الضامن، المورد، المجلد11، العدد 4 ،شتاء 1982، ص 55-70 .

2006. **محمد بن إسماعيل.**

تعليم العربية للناطقين بالإنجليزية والفرنسية، القاهرة، 1980.

2007. **محمد بن إسماعيل.**

في طريق تدريس اللغة العربية، تونس، منشورات المعهد القومي لعلوم التربية، 1980، ص153.

2008. **محمد بن البشير.**

التركيب اللفظي في اللغة العربية في كتب تعليم العربية لغير الناطقين بها، ندوة تأليف كتب تعليم العربية للناطقين باللغات الأجنبية، الرباط، 1980.

2009. **محمد بن تاويت.**

التوهم في اللغة، المناهل، 10 : 28 (1983/12)،ص 36-44.

2010. **محمد بن الخضر حسين الحسني التونسي.**
دراسات في العربية وتاريخها، دمشق دار المنار، 1960، ط2 .
2011. **محمد بن الخطاب الباز.**
تدريس القراءة للمبتدئين في تعليم العربية لغير الناطقين بها، "دراسة في الأسس والأساليب"، الخرطوم: معهد الخرطوم الدولي للغة العربية، 1976.
2012. **محمد بن سحنون.**
كتاب آداب المعلمين، تحقيق حسن حسني عبد الوهاب ومراجعة وتعليق محمد العروسي المطوي، دار الكتب الشرقية، تونس، 1392-1972.
2013. **محمد بن السيد فراج.**
الأطفال وقراءاتهم، الكويت: شركة الربيحات للنشر، 1979.
2014. **محمد بهجة الأثري.**
تيسير الإملاء العربي، القاهرة: مجلة اللغة العربية، الجزء الثاني، 1960.
2015. **محمد بهجة الأثري.**
رأي في إصلاح قواعد الإملاء العربي، مجلة مجمع بغداد، المجلد4، 1956.
2016. **محمد بوريس.**
دراسة تحليلية لكتابي القراءة للسنة الأولى بالمدارس الابتدائية الجزائرية، الخرطوم: معهد الخرطوم الدولي للغة العربية، 1977.
2017. **محمد تقي الدين الهلالي.**
تقويم اللسانيين في الحديث والكتابة، الدار البيضاء: مكتبة المعارف 1978.
2018. **محمد تميم النجار.**
مسرح الأطفال، رسالة ماجستير، مقدمة إلى كلية الفنون الجميلة، جامعة حلوان، 1975.
2019. **محمد توفيق دياب.**
لغة المسرح، مجلة مجمع اللغة العربية، القاهرة، الجزء 12، 1960.
2020. **محمد توفيق النيفر.**
التعريب بمعهد الصحافة وعلوم الأخبار تحليل ونقد وتعليم وتقييم، المجلة التونسية لعلوم الاتصال، المجلد الأول، العدد 1-6، 1984، ص57-64.

2021. **محمد التونجي.**

تجربة عملية: تعليم الأجانب اللغة العربية، ليبيا، مجلة الثقافة العربية، العدد السابع، السنة الثانية، يوليو، 1975، ص46-47.

2022. **محمد التونجي.**

التسرب اللغوي بين العربية والفارسية، بيروت، مجلة الدراسات الأدبية، السنة الرابعة، العدد الأول والثاني، 1965، ص129-136 .

2023. **محمد التونجي.**

معجم الأدوات النحوية، دمشق، 1968م، ط4.

2024. **محمد التونجي.**

المعين في الإعراب والعروض والإملاء وعثرات اللسان، الرياض: دار نجد-1982.

2025. **محمد جابر الأنصاري.**

كلا لا نريد هذا التبسيط، الدوحة: المجلد 6: 64، العدد4، 1981، ص10-11.

2026. **محمد جرير بن نوح.**

الوسائل التعليمية المستخدمة لتعليم اللغة العربية في كلية التربية بالجامعة الإسلامية، إمام بنجول-سومطرة الغربية، أندونيسيا، الخرطوم: معهد الخرطوم الدولي، بحث دبلوم 1983.

2027. **محمد جلال عباس.**

اللغة العربية في إفريقيا، الدارة المجلد 9: 1 العدد 7، 1983، ص176-203 .

2028. **محمد جميل شلش.**

اللغة ووسائل الإعلام الجماهيرية، آفاق عربية 9: 7 (1984/3)، ص85-89 .

2029. **محمد جميل شلش.**

اللغة ووسائل الإعلام الجماهيرية، البحوث: 13، (1984/12)، ص111-121.

2030. **محمد الجواد بن علي آل الشيخ أحمد الجزائري.**

نقد الاقتراحات المصرية في تيسير القواعد العربية، النجف: دار النشر والتأليف،1370هـ-1951، بيروت: دار التراث الإسلامي 1395-1975.

2031. **محمد جويني محمد صالح.**

منهج لتدريس معلمي اللغة أثناء الخدمة في ماليزيا، ماجستير، الخرطوم: معهد الخرطوم الدولي، 1983.

2032. **محمد حاج حسن.**
دراسة تقابلية بين العربية والصومالية على المستوى الصوتي، 1979.

2033. **محمد حاج حسن محمود.**
دراسة تقابلية بين العربية والصومالية على المستوى الصوتي الجزئي، الخرطوم: معهد الخرطوم الدولي للغة العربية، 1979.

2034. **محمد حازم علواني.**
بناء مناهج اللغة العربية لغير الناطقين بها دراسة تحليلية تقويمية، الخرطوم: معهد الخرطوم الدولي للغة العربية، 1982.

2035. **محمد حامد الأفندي.**
التمثيليات الحركية الرياضية لأطفال الحضانة، القاهرة: دار الكتب، 1966.

2036. **محمد حامد الأفندي.**
موضوعات القراءة التي يميل إليها الطلاب في المرحلة الثانوية، جامعة عين شمس، كلية التربية، رسالة ماجستير، 1955 .

2037. **محمد حامد الأفندي.**
الميل للقراءة في المرحلة الثانوية، صحيفة التربية، 1951.

2038. **محمد حامد سليمان.**
الترادف وأثره في اللغة: دراسة معملية صوتية، الخرطوم: معهد الخرطوم الدولي للغة العربية 1981.

2039. **محمد الحبيب بن الخوجة.**
العربية في تونس بين الفصحى والعامية، مجلة مجمع اللغة العربية، القاهرة، الجزء 41، جمادى الأول،1398، مايو- أيار 1978.

2040. **محمد حبيب شلال.**
القراءة وأهميتها لمتعلمي اللغة العربية، الخرطوم: معهد الخرطوم الدولي للغة العربية،1980 .

2041. **محمد حذيف شودري.**
طريقة تدريس اللغة العربية للمتحدثين باللغة الأردية، الخرطوم: معهد الخرطوم الدولي للغة العربية 1978.

2042. **محمد حسن الأبراري.**

الألفاظ العربية المستعملة في دستور جمهورية إندونيسيا، دبلوم: الخرطوم: معهد الخرطوم الدولي للغة العربية، 1985.

2043. **محمد حسن إبراهيم.**

استخدام اللغة العربية في التعليم الجامعي، مجلة كلية آداب الجامعة الأردنية، الجزء الثاني 1972، ص35-46.

2044. **محمد حسن إبراهيم.**

عوامل الفشل والنجاح في تعليم اللغات الأجنبية وتعلمها، آفاق عربية 9: 5 (1984/1) ص85-89.

2045. **محمد حسن أحمد الفكي.**

دراسة دلالية معجمية لكتاب (نساء النبي) لبنت الشاطئ تقدم دروس مبسطة للمتوسطين، ماجستير، الخرطوم: معهد الخرطوم الدولي للغة العربية، 1983.

2046. **محمد حسن باكلا.**

إعداد معلم اللغة العربية في ضوء العلم الحديث، تطوير إعداد معلم اللغة العربية، الرياض، مارس، 1977.

2047. **محمد حسن باكلا وآخرون.**

أبناؤنا واللغة العربية، الرياض، مجلة الفيصل، يونيه، 1977.

2048. **محمد حسن باكلا وآخرون.**

القراءة العربية للمبتدئين (حويفظة صوتية)، تايوان: 2ج، 1981 .

2049. **محمد الحسن عثمان.**

التدريب العملي لمدرسي اللغة العربية، ندوة خبراء ومسئولين لبحث وتطوير معلمي اللغة العربية، مارس،1973 .

2050. **محمد حسن يونس الوادي.**

دراسة مقارنة عن الخط العربي في مدارس الأقطار العربية، بغداد، وزارة التربية، 1975.

2051. **محمد حسنين أبو نار.**

حول ظاهرة الأخطاء اللغوية الشائعة (3)، الناشر العربي: 4(1985/4)، ص115-119.

2052. **محمد حسين آل ياسين.**

ما وضع في اللغة عند العرب إلى نهاية القرن الثالث، المورد 9: 4 شتاء / 1981، ص 266-249 .

2053. **محمد حسنين أبو نار.**

من الأخطاء اللغوية الشائعة (2)، الناشر العربي: 3(1985/1)، ص54-56 .

2054. **محمد حسين أبو نار.**

من الأخطاء اللغوية الشائعة (1)، الناشر العربي: 2(1984/2)، ص115-118.

2055. **محمد حسين الأزهري.**

القواعد الأولية في العلوم العربية، القاهرة، 1302هـ.

2056. **محمد حسين هيابو.**

دراسة تقابلية بين العربية ولغة تقرى على المستوى الصوتي، الخرطوم، معهد الخرطوم، معهد الخرطوم، رسالة ماجستير، 1983.

2057. **محمد حلمي هليل.**

المصطلح الصوتي بين التعريب والترجمة، دراسة تمهيدية نحو وضع معجم صوتي ثنائي اللغة، إنجليزي، عربي، اللسان العربي، (1983/1)، ص97-135.

2058. **محمد حلمي هليل.**

معجم المصطلحات الصوتية، إنجليزي، عربي لكتاب الصوتيات المبرمج، اللسان العربي،: 23(- (1984))، ص107-137، جداول.

2059. **محمد حلمي هليل.**

اللغويات التطبيقية ومعجمها، اللسان العربي 22-1984، ص35-56.

2060. **محمد حماسة عبد اللطيف.**

النحو والدلالة: مدخل لدراسة المعنى النحوي الدلالي، الكويت، دار القلم، 1403، 1983،ط1.

2061. **محمد حمدي.**

درس اللغة والآداب، طهران: الطبعة 3، 1968، جزءان.

2062. **محمد حميدان.**

التراكيب اللغوية الشائعة لدى الأطفال الأردنيين عند دخولهم المدرسة الابتدائية، رسالة ماجستير، الجامعة الأردنية- كلية التربية، 1983.

2063. **محمد حوفاكو.**

تأثير اللغة العربية في اللغة الألبانية، مجلة المعرفة، دمشق، العدد 178، 1976، ص173-183.

2064. **محمد خضر عريف.**

بعض الإشكاليات في نظام الإعراب العربي: دراسة تقابلية سنتاكتيكية، محلة كلية الآداب والعلوم الإنسانية، جامعة الملك عبد العزيز بجدة، 1995م.

2065. **محمد خضر عريف.**

علم اللغة النفسي وطبيعة التفكير الإنساني، مجلة كلية الآداب، جامعة الإسكندرية، 1995م.

2066. **محمد خضر عريف.**

المقدرة والأداء اللغويان وعلاقتهما باختبارات اللغة، مؤتمر تعلم وتعليم اللغة العربية للناطقين بغيرها وتحديات القرن الحادي والعشرين، جامعة اليرموك، إربد، الأردن، 1998م.

2067. **محمد خلف الله أحمد.**

الطفل من المهد إلى الرشد، القاهرة: المطبعة الرحمانية بمصر، 1939.

2068. **محمد خلف الله أحمد.**

مستقبل الفصحى،البحوث والمحاضرات للدورة الرابعة والثلاثين، مجلة مجمع اللغة العربية،القاهرة،1967- 1968.

2069. **محمد خلف الله أحمد.**

من الوجهة النفسية في دراسة الأدب ونقده، لجنة التأليف والترجمة والنشر بالقاهرة، 1948.

2070. **محمد خليفة بركات.**

الأسس التربوية لتنمية الميل للقراءة، المكتبة المدرسية الحديثة، وزارة التربية والتعليم، القاهرة، 1956م.

2071. **محمد خليفة بركات وآخرون.**

دليل تقويم التلميذ في المرحلة الابتدائية، القاهرة، وزارة التربية والتعليم، 1960.

2072. **محمد خليفة بركات وآخرون.**
الطريقة الكلية، مراحلها وصعوبات تنفيذها وعلاجها، القاهرة، وزارة التربية والتعليم، 1959.

2073. **محمد خليفة التونسي.**
أضواء على لغتنا السمحة، الكويت سلسلة الكتاب العربي، 1985.

2074. **محمد خير البشر حسن إمام.**
أوضاع اللغة العربية في سريلانكا، دبلوم، الخرطوم: معهد الخرطوم الدولي للغة العربية، 1984.

2075. **محمد خير البشر حسن إمام.**
دراسة تحليلية تقويمية لمنهج اللغة العربية قي الجامعة التنظيمية الإسلامية في سيريلانكا، ماجستير، الخرطوم: معهد الخرطوم الدولي للغة العربية، 1985.

2076. **محمد خير الحلواني.**
مفهوم الجملة في اللسانيات والنحو العربي، المناهل 10 : 26 (1983/3)، ص 194-231 .

2077. **محمد خير الحلواني وبدر الدين الحاضري.**
المنجد في الإعراب والبلاغة والإملاء، تطبيقات وقواعد، بيروت: مدار الشرق 1966.

2078. **محمد خير عثمان.**
السودان بين العروبة والأفريقية، الخرطوم، العدد 5 المجلد1، فبراير 1966.

2079. **محمد خير محمود راشد.**
تقويم خط التلاميذ في بعض المدارس الإعدادية بقنا، ماجستير، كلية التربية بسوهاج، 1982.

2080. **محمد خير مرسي ومحمد بن إسماعيل.**
العربية الحديثة للناطقين بالإنجليزية والفرنسية، الجزء الأول، القاهرة: عالم الكتب، 1980.

2081. **محمد خيري حربي وآخرون.**
دراسات في تعليم الأطفال، الهيئة العامة للمطابع الأميرية، القاهرة، 1961.

2082. **محمد خيري حربي ومحمد العزاوي.**
رأي في تيسير الكتابة العربية، صحيفة التربية، نوفمبر، 1958.

2083. **محمد داود.**
بين الفصحى والعامية، اللسان العربي، العدد2، 1384-1965.

2084. **محمد راضي الزغول.**
ازدواجية اللغة، عمان: مجلة مجمع اللغة العربية الأردني، السنة الثالثة،1980.

2085. **محمد راضي الزغول.**
ازدواجية اللغة: نظرة في حاضر اللغة العربية نحو مستقبلها في ضوء الدراسات اللغوية، اللسان العربي، المجلد 18، الجزء الأول.

2086. **محمد راضي الزغول ولوسين تأمنيان.**
الاتجاهات اللغوية للطلبة الجامعيين العرب: تركيبها العاملي والمتغيرات المؤثرة بها، مجلة مجمع اللغة العربية الأردني، 8: 25 و 26 (7-1984/12).

2087. **محمد رأفت عثمان.**
المشكلة الصعبة، الضبط والتذوق في اللغة العربية، مجلة الرائد، ديسمبر، 1971.

2088. **محمد رشاد الحمزاوي.**
التداخل الأسلوبي في الفرنسية والعربية، ملتقى العلاقات بين اللغة العربية واللغة الفرنسية، المجلد الدولي للغة الفرنسية، باريس، 1974.

2089. **محمد رشاد الحمزاوي.**
الحدث الصحفي دائرة الاجتماعي واللغوي في المجتمع العربي، شؤون عربية، مجلد 21، العدد11، 1982، ص127-144.

2090. **محمد رشاد الحمزاوي.**
العربية والحداثة أو الفصاحة فصاحات، المعهد القومي لعلوم التربية، تونس، 1982.

2091. **محمد رشاد الحمزاوي.**
الفصاحة فصاحات الدعوة إلى ضرورة مراجعة أصول الفصاحة، حوليات الجامعة التونسية، العدد16، 1978.

2092. **محمد رشاد الحمزاوي.**
مشاكل اللغة من خلال حياة حسن حسني عبد الوهاب وأعماله بمجمع اللغة العربية، حوليات الجامعة التونسية، العدد 6، 1969.

2093. **محمد رضا البغدادي.**
الأهداف والاختبارات بين النظرية والتطبيق، بيروت، 1979.

2094. **محمد رضا البغدادي.**
التدريس المصغر، بيروت: مكتبة الفلاح، 1979.

2095. **محمد رضا الشبيبي.**
بين الفصحى ولهجاتها، مجلة مجمع اللغة العربية، القاهرة: الجزء 9، 1957.

2096. **محمد رضا الشبيبي.**
ثقافتنا اللغوية في عصر المغول، بحث مؤتمر مجمع اللغة العربية في القاهرة، الدورة الخامسة والعشرون 1960، الجزء الأول ص25-32،ج2، ص33-48.

2097. **محمد رضا الشبيبي.**
اللهجات القومية وتوحيدها في البلاد العربية، مجلة مجمع اللغة العربية، القاهرة:الجزء14، 1962.

2098. **محمد الرغيني.**
الازدواجيات وتعدد اللهجات واللغات، اللسان العربي، العدد6.

2099. **محمد الرفاعي الشيخ.**
لهجة الدقهلية/ دراسة وصفية تقابلية بينها وبين الفصحى بقصد تيسير تعليم العربية (لأبناء هذا الإقليم)، الخرطوم:معهد الخرطوم الدولي للغة العربية،1986.

2100. **محمد رفعت عبد الملك.**
عدم انتقاء الطلاب الذين يدرسون اللغة العربية، الرياض، تطوير إعداد معلم اللغة العربية، مارس، 1977.

2101. **محمد رمضان حمدان.**
تعرف الأخطاء الشائعة لدى الطلبة في قواعد اللغة العربية في نهاية المرحلة الإعدادية في الأردن، رسالة ماجستير غير منشورة، الجامعة الأردنية – كلية التربية، 1976.

2102. **محمد رمضان فارس.**
التعرف على الأخطاء الشائعة في قواعد اللغة العربية لدى الطلبة في نهاية المرحلة الإعدادية في الأردن، رسالة ماجستير ، الجامعة الأردنية – كلية التربية، 1976.

2103. **محمد زايد بركة.**
دراسة معجمية دلالية لقاموس لاروس، الخرطوم: معهد الخرطوم الدولي للغة العربية، 1979.

2104.	محمد الزواري.
جذور ظاهرة الفرنكواراب الأنثوية بالمغرب العربي، مجلـة شـؤون عربيـة تـونس-الأمانة العامة لجامعة الدول العربية، العدد22 ديسمبر 1982.

2105.	محمد زياد كبة.
اللغة العربية بين القدرة والممارسة، الرياض: مجلة الفيصل، أكتوبر، 1978.

2106.	محمد السرفيني.
الازدواجيات، وتعدد اللغات، اللسان العربي، العدد6.

2107.	محمد سليمان شعلان.
نحو تعليم أفضل بالمدرسة الابتدائية، مجلة الرائد، أكتوبر1968.

2108.	محمد سليمان شعلان وآخرون.
في تعليم أطفال المدرسة الابتدائية، القاهرة، مكتبة غريب، 1969.

2109.	محمد سليمان شعلان وسعاد جاد الله.
هذا هو التدريس، مدخل إلى إعداد المعلم، القاهرة: مكتبة غريب، 1970.

2110.	محمد السويسي.
خواطر حول وضع اللغة العربية، اللسان العربي، المجلد14، الجزء1.

2111.	محمد السويسي.
المصطلحات العلمية في اللغة العربية، مجلة فكر، المجلد الأول 1956/1955.

2112.	محمد السويسي.
نظرات في التعريب، مجلة فكر، مجلد 16،1971.

2113.	محمد سيد أحمد عثمان الكلس.
دراسة وصفية في اللغة العربية وتحديد المورفيمات التـي يتكـون منهـا الفعـل مـع تيسيرها للدارس الأجنبي، الخرطوم: معهد الخرطوم الدولي للغة العربية، 1981.

2114.	محمد سيد أحمد عثمان الكلس.
دراسة وصفية للفعل في العربية وتحديد المورفيمات التي يتكـون منهـا الفعـل مـع تيسيرها للدارس الأجنبي، المجلة العربية للدراسـات اللغويـة 1: 2، العـدد 2، 1983، ص165-167.

2115.	محمد شاهين.
الأطفال والمسرح، الدار المصرية للتأليف والترجمة والنشر، القاهرة: (د.ت).

2116. **محمد شاهين الجوهري.**

الأطفال والمسرح، القاهرة، المؤسسة المصرية العامة للتأليف والترجمة، 1965.

2117. **محمد الشاويش**

ملاحظات بشأن تركيب الجملة في اللغة العربية، أشغال ندوة اللسانيات في خدمة اللغة العربية، الجامعة التونسية، مركز الدراسات والأبحاث الاقتصادية والاجتماعية، تونس:نوفمبر 23-1981/28 .

2118. **محمد الشايب.**

العربية الوسطى وما فيها من تداخل بين الفصحى والدارجة، المجلة التونسية للعلوم الاجتماعية، الجامعة التونسية: 1976.

2119. **محمد شرف الدين سلمان.**

موسيقى الأطفال وأغانيهم وأناشيدهم في الوطن العربي، حلقة العناية بالثقافة القومية للطفل العربي، جامعة الدول العربية، بيروت 1970.

2120. **محمد شريف داجوري.**

الألفاظ العربية المستخدمة في اللغة الأردية وإمكانية الاستفادة منها في تدريس اللغة العربية للمتحدثين بالأردية، الخرطوم: معهد الخرطوم الدولي للغة العربية، 1977.

2121. **محمد شوقي أمين.**

بواكير الإصلاح اللغوي في العصر- الحديث، القاهرة، مجلة مجمع اللغة العربية، الجزء 31، 1973.

2122. **محمد شوقي أمين.**

اللغة العربية بين أيدي الدارسين مشكلاتها والعلاج، مؤتمر المعلمين العرب التاسع، تطوير تدريس علوم اللغة العربية وآدابها، الخرطوم، 1976.

2123. **محمد صابر موسى.**

النبر والمقاطع في اللغة الأندونيسية مقابلاً بالمقاطع في العربية الفصحى وبالنبر في قراءة السودانيين للفصحى، الخرطوم، معهد الخرطوم الدولي، رسالة جامعية غير منشورة، 1980.

2124. **محمد صالح بن عمر.**

تعليم اللغة العربية بالأجهزة الإعلامية المصغرة، حوليات الجامعة التونسية، المجلد 24، 1985، ص321-339.

2125. **محمد صالح بن عمر.**
حداثة مفهوم السياق الصوتي وكونيته عند العرب، المعرفة، مجلد 24، عدد 288، 1986.

2126. **محمد صالح جمال وآخرون.**
كيف نعلم أطفالنا؟، مكتبة أطلس، دمشق، 1962.

2127. **محمد صالح سمك.**
الطرق الخاصة لتدريس اللغة العربية لدور المعلمين والمعلمات، القاهرة: وزارة التربية والتعليم، 1962.

2128. **محمد صالح سمك.**
فن التدريس للغة العربية والتربية الدينية، القاهرة: مكتبة الأنجلو المصرية،ط3، 1969.

2129. **محمد صلاح الدين مجاور.**
اجتماعية القراءة، مجلة صحيفة التربية، مايو، 1964.

2130. **محمد صلاح الدين مجاور.**
اختبار المستوى التحصيلي للمرحلة الابتدائية للغة العربية، الكويت: دار القلم، 1974.

2131. **محمد صلاح الدين مجاور.**
أدوات الربط في اللغة العربية ومدى قدرة طلاب المرحلة الإعدادية على استعمالها، رسالة ماجستير، كلية التربية، جامعة عين شمس، 1956.

2132. **محمد صلاح الدين مجاور.**
بين القراءة الجهرية والصامتة، مجلة صحيفة التربية، مايو 1963.

2133. **محمد صلاح الدين مجاور.**
تدريس اللغة العربية أسسه وتطبيقاته التربوية، القاهرة: دار المعارف، 1971.

2134. **محمد صلاح الدين مجاور.**
تدريس اللغة العربية بالمرحلة الابتدائية: أسسه وتطبيقاته التربوية، القاهرة: دار المعارف بمصر، 1974.

2135. **محمد صلاح الدين مجاور.**
تدريس اللغة العربية بالمرحلة الابتدائية: أسسه وتطبيقاته التربوية، الكويت: دار القلم، 1974.

2136. **محمد صلاح الدين مجاور.**
تدريس اللغة العربية في المرحلة الثانوية، أسسه التربوية، دار المعارف بمصر، 1969.

2137. **محمد صلاح الدين مجاور.**
دراسات تجريبية لتحديد المهارات اللغوية في فروع اللغة العربية، الكويت، دار القلم، 1974.

2138. **محمد صلاح الدين مجاور.**
دور المكتبة في تنمية المهارات القرائية لدى التلاميذ المتفوقين، مجلة صحيفة التربية، مايو 1966.

2139. **محمد صلاح الدين مجاور.**
نماذج من الاختبارات الموضوعية في اللغة العربية، الكويت: دار القلم، 1974.

2140. **محمد صلاح الدين مجاور وآخرون.**
سيكولوجية القراءة، دار النهضة المصرية العربية بمصر، 1966.

2141. **محمد صنكور.**
أهداف تعليم اللغة العربية للناطقين بغيرها، مجلة آداب المستنصرية، المجلد 6، 1982، ص415-432 .

2142. **محمد صنكور جبارة.**
صعوبات تعليم اللغة العربية لغير الناطقين بها، الخرطوم: معهد الخرطوم الدولي للغة العربية،1979.

2143. **محمد ضاري حمادي.**
التذكير والتأنيث في العربية بين العلاقة والاستعمال، مجلة المجمع العلمي العراقي، 33: 2, 2(1982/4)، ص297-330 .

2144. **محمد ضاري حمادي.**
حركة التصحيح اللغوي في العصر الحديث، 1266-1398، 1850-1978، بغداد: وزارة الثقافة والإعلام، 1980.

2145. **محمد طالب أبو دلو.**
تعليم الكتابة، دبلوم، الخرطوم، معهد الخرطوم الدولي، 1983.

2146. **محمد طالب أبو دلو.**
دور النص الشعري في تعليم اللغة العربية للناطقين بغيرها، ماجستير، الخرطوم: معهد الخرطوم الدولي للغة العربية، 1984.

2147. **محمد الطيب إبراهيم الفكي.**
اختبار فهم المسموع للمبتدئين الناطقين بغير العربية، الخرطوم: معهد الخرطوم الدولي للغة العربية، 1982.

2148. **محمد عابد الجابري.**
خصوصية العلاقة بين اللغة والفكر في الثقافة العربية، دراسات عربية 6:18 ، 1982/4، ص61-78.

2149. **محمد عادل خطاب.**
لعب الأطفال، القاهرة، اللجنة العامة لتدريب العاملين في ميادين الطفولة والأسرة، 1966.

2150. **محمد عادل شعبان ومحمد الفاتح.**
القراءة العربية الميسرة، المستوى الأول، الجزء الأول، معهد اللغة العربية، الرياض: مطبوعات جامعة الرياض:1978.

2151. **محمد عاطف كشك.**
تعريب التعليم الجامعي، والبناء الحضاري للأمة، الدوحة، المجلد 71:6، العدد11، 1981.

2152. **محمد العاموري.**
منهج الكتاب المدرسي لتعليم اللغة العربية للناطقين بلغات أخرى، ندوة تأليف كتب تعليم اللغة العربية للناطقين بلغات أخرى، الرياض، 1980.

2153. **محمد عايد الدويري.**
مقارنة أثر اختبارات الاختيار من متعدد واختبارات الإجابة القصيرة في احتفاظ طلاب الصف الأول الثانوي بمادة اللغة العربية، إربد، جامعة اليرموك، كلية التربية، 1984.

2154. **محمد عبد الجواد أحمد.**
قواعد النحو البدائية في اللغة العربية، القاهرة: م محرم الصناعية 1392-1972، ط1
.

2155. **محمد عبد الحميد أبو العزم.**
تعريف الطفل وتحديد مرحلة الطفولة، حلقة العناية بالثقافة القومية للطفل العربي، بيروت، 1970.

2156. **محمد عبد الحميد أبو العزم.**
فروع اللغة العربية في المدرسة الابتدائية، القاهرة، 1950، مطبعة كوستاتو ماس.

2157. **محمد عبد الحميد أبو العزم.**
المسلك اللغوي ومهاراته، القاهرة، مطبعة مصر، 1953.

2158. **محمد عبد الحميد أبو العزم.**
المسلك اللغوي ومهاراته، دار النهضة العربية، عام 1955.

2159. **محمد عبد الحميد سعيد، أميرة علي توفيق، السيد السعيد شرف، شرف الدين.**
الميسر في النحو والصرف، القاهرة: م السعادة، 1393-1972.

2160. **محمد عبد الخالق الزبيري.**
دراسات في اللهجة الصنعائية، دبلوم، الخرطوم: معهد الخرطوم الدولي للغة العربية، 1984.

2161. **محمد عبد الخالق الزبيري.**
الكلمات الوظيفية في اللهجة الصنعائية، ماجستير، الخرطوم: معهد الخرطوم الدولي للغة العربية، 1985.

2162. **محمد عبد الخالق عظيمة.**
أسلوب الاستثناء في القرآن الكريم، مجلة كلية، اللغة العربية، جامعة الإمام محمد بن سعود الإسلامية، 13، 14، 1984، ص11-29.

2163. **محمد عبد الخالق محمد.**
الأصوات العربية والإنجليزية، دراسة تقابلية، ماجستير، الخرطوم: معهد الخرطوم الدولي، رسالة جامعية 1977، ص50.

2164. **محمد عبد الرحمن محمد المفدى.**
أسباب انصراف الطلاب عن أقسام اللغة العربية وكلياتها في الجامعات العربية، مجلة كلية اللغة العربية، جامعة الإمام محمد بن سعود الإسلامية، 13، 14، 1404-1984، ص217-239.

2165. **محمد عبد الرحيم.**
إعداد الكتاب الأول للأطفال البنغاليين المبتدئين، الخرطوم: معهد الخرطوم الـدولي للغة العربية، 1981.

2166. **محمد عبد الرحيم عدس.**
دور المعلم.... طبيعته وماهيته، قطر: مجلة التربية، العدد 43، أكتوبر 1980، ص62.

2167. **محمد عبد الرزاق سالم.**
الطرق الخاصة بتدريس الخط العربي، دار المعارف بمصر القاهرة: (د،ت).

2168. **محمد عبد الرزاق مناع.**
تعليم اللغة العربية، بيروت: دار المعرفة، العودة، 1979.

2169. **محمد عبد الستار العزولي.**
فكرة وخطة في وجود النشاط الثقافي المدرسي للغة العربية، صحيفة التربية، القاهرة، مارس، 1955.

2170. **محمد عبد العزيز.**
تعليم اللغة العربية لغير الناطقين بها، النـدوة العالميـة الأولى لتعليم العربيـة لغير الناطقين بها، الرياض: 1978.

2171. **محمد عبد العزيز الدسوقي.**
تدريب الخط، مجلة المعلم، القاهرة، فبراير 1975.

2172. **محمد عبد العزيز العلاف.**
دراسة بعض العوامل النفسية والاجتماعيـة المرتبطة بكل مـن التـأخر والتفـوق في القراءة بالمدرسة الابتدائية، ماجستير، كلية التربية، جامعة الأزهر، 1976.

2173. **محمد عبد العليم مرسي.**
المعلم والمناهج وطرق التدريس، الرياض: عالم الكتب، 1984.

2174. **محمد عبد القادر.**
تطوير تعليم الأدب في الوطن العربي، تطوير تـدريس علوم اللغة العربيـة وآدابهـا، الخرطوم: فبراير 1976 .

2175. **محمد عبد القادر إبراهيم.**
دراسة تجريبية لوضع اختبار لقياس الاستعداد القرائي لدى الأطفال الأردنيين، رسـالة ماجستير، الجامعة الأردنية، كلية التربية، 1975.

2176. محمد عبد القادر أحمد.
طرق تعليم اللغة العربية، القاهرة، مكتبة النهضة المصرية، 1979.

2177. محمد عبد القادر أحمد.
موقع اللغة العربية من مشروعات وبرامج المنظمة العربية للتربية والثقافة والعلوم، تطوير تدريس علوم اللغة العربية وآدابها، الخرطوم، فبراير، 1976.

2178. محمد عبد الله زيد.
دراسة دلالية معجمية لثلاثة أعداد من مجلة الدوحة، الخرطوم: معهد الخرطوم الدولي للغة العربية، 1980.

2179. محمد عبد الله عنان.
العرب تركوا الأندلس وبقيت لغتهم، العربي 274، العدد 9، 1981، ص108-110.

2180. محمد عبد المطلب.
النحو بين عبد القاهر وتشومسكي، فصول 1:5 (10-12/1984)، ص25-36.

2181. محمد عبد المنعم خفاجي.
التذوق الأدبي، مجلة الأزهر، القاهرة، 1964.

2182. محمد عبد المنعم خفاجي.
الدرس النحوي في مدارسنا، التربية عدد 72، 1985.

2183. محمد عبد المنعم عبد الخالق.
المكتبة المدرسية في خدمة مناهج المرحلة الإعدادية، مجلة صحيفة التربية، إبريل، 1970.

2184. محمد عثمان خليل.
تحليل مضمون كتب القراءة السودانية للمرحلة الابتدائية بغرض معرفة المدى الذي عالجت به هدف الوحدة الوطنية، الجامعة الأمريكية، بيروت 1978.

2185. محمد عثمان صالح.
الإملاء العربي وطرق تدريسه في المدارس والمعاهد لجهاز التعليم الأرتري، دبلوم، الخرطوم: معهد الخرطوم الدولي للغة العربية، 1985.

2186. محمد عثمان العاقب.
المفردات الشائعة في الصحافة المصرية، ماجستير الخرطوم: معهد الخرطوم الدولي، 1983.

2187. **محمد عثمان عباس صبحي.**

لغة التدريس في السودان، مجلة التوثيق التربوي، العدد الثامن، مارس 1969.

2188. **محمد عثمان عدلان.**

حول مناهج معاهد التربية الابتدائية للمعلمين، بخت الرضا، العدد 27، يناير، 1975.

2189. **محمد عثمان ميرغني**

منهج القراءة العربية للصف الأول الابتدائي بمنطقة دنقلا في ضوء نظريات علم النفس التربوي، الخرطوم: معهد الخرطوم الدولي للغة العربية، 1982.

2190. **محمد العدناني.**

حول البحوث اللغوية، مجلة مجمع اللغة العربية الأردني، 4: 11 و 12، العددان 1-1981/6، ص166-170.

2191. **محمد العدناني.**

خواطر حول البحث اللغوي، مجلة الكويت: 11،8 / 1981، ص56-81.

2192. **محمد العدناني.**

معجم الأخطاء الشائعة، بيروت، مكتبة لبنان، 1973.

2193. **محمد العدناني**

معجم الأغلاط اللغوية المعاصرة، ط1، مكتبة لبنان، بيروت، 1986م.

2194. **محمد العربي الخطابي.**

مدخل إلى أدب الطفولة في المغرب، الدوحة، سبتمبر، 1979.

2195. **محمد عرفة.**

مشكلة اللغة العربية، لماذا أخفقنا في تعليمها وكيف نعلمها؟ القاهرة: مطبعة الرسالة، 1945.

2196. **محمد العروسي المطوي.**

ثقافة الطفل في الجمهورية التونسية، الكويت: حلقة ثقافة الطفل العربي، ديسمبر، 1979.

2197. **محمد العروسي المطوي.**

مستقبل ثقافة الطفل، الحياة الثقافية، نوفمبر، ديسمبر، 1979.

2198. **محمد عزت عبد الموجود.**
إعداد معلم اللغات بحث مقدم إلى مؤتمر إعداد وتدريب المعلم العربي، القاهرة: المنظمة العربية للتربية والثقافة والعلوم، 1972.

2199. **محمد عزيز الحباني.**
تأملات في اللغو واللغة، ليبيا، تونس، 1980.

2200. **محمد عطية الأبراشي.**
أحدث الطرق في التربية لتدريس اللغة العربية والدين، القاهرة، الأنجلو المصرية، 1955.

2201. **محمد عطية الأبراشي.**
أدب الطفولة والأطفال، القاهرة، صحيفة المكتبة، مارس، 1969.

2202. **محمد عطية الأبراشي.**
أصول التربية وقواعد التدريس، القاهرة: مكتبة مصر (د.ت).

2203. **محمد عطية الأبراشي.**
الطرق الخاصة في التربية لتدريس اللغة العربية والدين، القاهرة، الأنجلو المصرية، 1955.

2204. **محمد عطية الأبراشي.**
الطرق الخاصة في التربية لتدريس اللغة العربية والدين، القاهرة، مكتبة الأنجلو المصرية، الطبعة الثانية، 1958.

2205. **محمد عطية الأبراشي.**
لغة العرب وكيف ننهض بها؟، القاهرة، مكتبة النهضة المصرية، 1947.

2206. **محمد علي أبو حمده.**
اللغة العربية ودورها في حمل الرسالة الإسلامية، المجلة الثقافية: 3 (1983/12)، ص49-52.

2207. **محمد علي إدريس.**
منهج اللغة العربية في معهد أم درمان (بالسودان) وانعكاساته على الطلاب غير العرب، الخرطوم: معهد الخرطوم الدولي، بحث دبلوم، 1983.

2208. **محمد علي إدريس.**

وضع اللغة في معهد النهضة الإسلامي بخشم القربة للأرتريين اللاجئين بالسودان، دبلوم، الخرطوم: معهد الخرطوم الدولي للغة العربية، 1985.

2209. **محمد علي بن حسين المكي.**

تدريب الطلاب في قواعد الإعراب، القاهرة، م الحسينية، 1331هـ.

2210. **محمد علي حلمي.**

هداية الطالب إلى اللغة العربية والفارسية والتركية، النجف، المطبعة الحيدرية، 1975.

2211. **محمد علي الخولي.**

أساليب تدريس اللغة العربية، الرياض: مطابع الرزاق التجارية، الطبعة الأولى 1982.

2212. **محمد علي الخولي.**

احتمالات المعاني في بعض التراكيب العربية، اللسان العربي، 19:1-/1982، ص79-93.

2213. **محمد علي الخولي.**

التحليل الإحصائي لأصوات اللغة العربية، مجلة معهد اللغة العربية، العدد الثاني 1404/ 1984، مكة المكرمة، جامعة أم القرى، وحدة البحوث والمناهج.

2214. **محمد علي الخولي.**

التراكيب الشائعة في اللغة العربية، دار العلوم، الرياض، 1982.

2215. **محمد علي الخولي.**

تعلم الإملاء بنفسك، دار العلوم، الرياض، 1982.

2216. **محمد علي الخولي**

تعليم اللغة حالات وتعليقات، دار الفلاح، عمان، 1998م.

2217. **محمد علي الخولي**

الحياة مع لغتين (الثنائية اللغوية)، جامعة الملك سعود، 1987م.

2218. **محمد علي الخولي.**

دراسة استطلاعية تحليلية لمفردات اللغة العربية وجملها، مجلة دراسات كلية التربية لجامعة الرياض، العدد الثاني 1978.

2219. **محمد علي الخولي.**
العلاقة بين طول الكلمة وشيوعها في اللغة العربية، دراسات جامعة الملك سعود، 5:
- (- /1983)، ص111-224.

2220. **محمد علي الخولي.**
العلاقة بين طول الكلمة وشيوعها في اللغة العربية، اللسان العربي، مجلد 21، 1983.

2221. **محمد علي الخولي.**
معجم علم اللغة التطبيقي، ط1، مكتبة لبنان، بيروت، 1986.

2222. **محمد علي الخولي.**
معجم علم اللغة النظري إنجليزي-عربي، بيروت مكتبة لبنان، 1981.

2223. **محمد علي الخولي.**
مقارنة بعض التشبيهات في ست لغات حديثة، مجلة جامعة الإمارات العربية
المتحدة، عدد 2، 1984.

2224. **محمد علي الخولي.**
المهارات الدراسية، الرياض، مكتبة الخريجي، د.ت.

2225. **محمد علي الدسوقي.**
تيسير اللغة العربية وتهذيبها، مجلة صحيفة دار العلوم، القاهرة، إبريل، 1940.

2226. **محمد علي عبد الحسن راضي.**
علاقة التأهيل التربوي لمدرس اللغة العربية بتحصيل طلبة الصف الثالث المتوسط،
بغداد: جامعة بغداد، كلية التربية، 1980.

2227. **محمد علي عبد الحليم.**
دراسة معملية صوتية للأخطاء في نطق الصوامت العربية لدى نماذج من غير
الناطقين بالعربية مع اقتراح وسائل عملية لعلاجها، ماجستير، الخرطوم: معهد
الخرطوم الدولي للغة العربية، 1984.

2228. **محمد علي عبد الحليم.**
وحدة دراسية مقتبسة من السيرة النبوية للمتوسطين وتدريبها على بعض خصائص
العربية، دبلوم، الخرطوم: معهد الخرطوم الدولي، 1983.

2229. **محمد علي عبد الكريم وآخرين.**
تاريخ التعليم في الصومال، مقديش: وزارة التربية والتعليم، 1978.

2230. **محمد علي الفاروقي التهانوي.**
كشاف اصطلاحات الفنون، تحقيق لطفي عبد البديع ومراجعة أمين الخولي، القاهرة، وزارة الثقافة 1963.

2231. **محمد علي كمال الدين.**
تيسير العربية، بغداد: 1961.

2232. **محمد علي الهرفي.**
مؤتمر اللغة العربية في الجامعات، قافلة الزيت، المجلد 31، العدد 1، 3، 4.

2233. **محمد عماد الدين محمد فوزي.**
دراسات صوتية تحليلية للغة العربية المعاصرة من واقع الصحافة المصرية الأدبية، الخرطوم: معهد الخرطوم الدولي للغة العربية، 1978.

2234. **محمد عمايرة.**
بحوث في اللغة والتربية، ط1، دار وائل للطباعة والنشر، عمان، 2002م.

2235. **محمد عمايرة.**
الدراسات اللغوية عن العربية مراجعات وملاحظات ،عالم الكتب، م9، ع1، 1408هـ

2236. **محمد عمايرة وسلمان العاني.**
مصادر دراسات اللغة العربية مراجعة وتقييم، اللسان العربي، ع26، 1986.

2237. **محمد العموري.**
منهج الكتاب المدرسي لتعليم اللغة العربية للناطقين بلغات أخرى، الرباط: ندوة تأليف كتب تعليم العربية للناطقين بلغات أخرى، 1980.

2238. **محمد عواد.**
اللسانيات المقارنة وتدريس اللغة العربية لغير الناطقين بها، المجلة العربية للدراسات اللغوية، المجلد، 3، العدد2، 1985، ص57-74 .

2239. **محمد عواد.**
منطلقات في تدريس التراكيب اللغوية، الرباط: ندوة تأليف كتب تعليم العربية للناطقين باللغات الأخرى، 1980.

2240. **محمد عوني عبد الرؤوف.**
الوسائل التعليمية لتعليم اللغة العربية لغير الناطقين بها، القاهرة: الندوة العربية الألمانية في تعليم اللغة العربية لغير الناطقين بها، 1978.

2241. **محمد عيد.**
المستوى اللغوي للفصحى واللهجات وللنثر والشعر، عالم الكتب، القاهرة، 1981.

2242. **محمد عيد.**
المظاهر الطارئة على الفصحى، عالم الكتب، القاهرة، 1980.

2243. **محمد عيد.**
النحو العربي بين النظرية والتطبيق، مجلة المجلة، القاهرة، يونيه،1966.

2244. **محمد عيد العريان.**
طرق تأليف الكتاب المدرسي ونشره، المؤتمر الثقافي العربي الخامس، الرباط: 1961، ص147/128.

2245. **محمد العيلاوي.**
كتاب تبسيط العروض، مجلة فكر، مجلد 15، ص684، 1970.

2246. **محمد غنيمي هلال.**
واجبنا نحو اللغة، مجلة المجلة، القاهرة-يوليو، 1964.

2247. **محمد فؤاد جلال.**
نحو الحياة الفكرية وأثر اللغة العامية فيه، اللغة والفكر، القاهرة، 1948.

2248. **محمد الفاتح فضل الله.**
دراسة تحليلية لقوائم المفردات الشاسعة في حديث الأطفال في الصف الأول، الثاني الابتدائي بمدارس العامة المثلثة وكيفية استخدامها في تطوير منهج القراءة، الخرطوم: معهد الخرطوم الدولي للغة العربية، 1976.

2249. **محمد فارس بركات.**
المرشد إلى آيات القرآن الكريم وكلماته، دمشق: المطبعة الهاشمية، 1957.

2250. **محمد فتيح.**
في علم اللغة التطبيقي، دار الفكر العربي، ط1، القاهرة، 1989م.

2251. **محمد فتيح.**
في الفكر اللغوي، دار الفكر العربي، القاهرة.

2252. **محمد فريد أبو حديد.**
موقف اللغة العربية العامية من اللغة العربية الفصحى، القاهرة: مجلة مجمع اللغة العربية، الجزء7، 1953.

2253. **محمد فريد غازي.**
المعربات العلمية في اللغة العربية في العهد الوسيط، مجلة الفكر، المجلد الخامس، ص250، 1958، 1959.

2254. **محمد فضل.**
المشكلات العامة لتدريس اللغة العربية في المرحلة الابتدائية بجنوب السودان، دبلوم، الخرطوم: معهد الخرطوم الدولي للغة العربية، 1985.

2255. **محمد فنظر.**
خواطر حول اللغة العربية، مجلة فكر، مجلد 15، ص408، 1969.

2256. **محمد فنظر.**
العربية واللغات السامية، مجلة فكر، مجلد 1979،24، ص1146.

2257. **محمد فنظر.**
في أصول اللغة، مجلة فكر، مجلد 25، 1980، ص109.

2258. **محمد فواز شودري.**
دراسة تقابلية بين اللغتين العربية والأردية، الخرطوم: معهد الخرطوم الدولي للغة العربية 1977.

2259. **محمد فوزي.**
الثقافة العربية وأثرها في تماسك الوحدة القومية للسودان المعاصر، الخرطوم، الدار السودانية، 1972.

2260. **محمد قادري لطفي.**
الاتجاهات العامية للميول الأدبية عند المراهقين، رسالة ماجستير، كلية الآداب، جامعة القاهرة، 1945.

2261. **محمد قادري لطفي.**
استعداد الطفل لتعلم القراءة مظاهره ومقاييسه، القاهرة: صحيفة التربية، أكتوبر، 1949.

2262. **محمد قادري لطفي.**
التأخر في القراءة تشخيصه وعلاجه في المدرسة الابتدائية، القاهرة: مكتبة مصر ـ بالفجالة، 1957.

2263. **محمد قادري لطفي.**
تدريس قواعد اللغة العربية في المرحلة الإعدادية، بيروت-معهد التربية 1969.

2264. **محمد قادري لطفي.**
التذوق الأدبي أسسه النفسية، القاهرة: مجلة الرائد، نقابة المهن التعليمية، أكتوبر، 1957.

2265. **محمد قادري لطفي.**
تعليم اللغة القومية، القاهرة: مطبعة لجنة التأليف والترجمة والنشر، 1953.

2266. **محمد قادري لطفي.**
دروس التعبير في المدرسة الابتدائية، صحيفة التربية، ابريل، 1051.

2267. **محمد قادري لطفي.**
طرق تعليم القراءة للمبتدئين، عرض ونقد، القاهرة: صحيفة التربية، مارس 1957.

2268. **محمد قادري لطفي.**
الطريقة التركيبية لتعليم القراءة، القاهرة: مجلة الرائد،1960.

2269. **محمد قادري لطفي.**
القراءة والكتابة في منهج محو الأمية، المركز الدولي للتعليم الوظيفي للكبار في البلاد العربية، سرس الليان، 1969.

2270. **محمد قادري لطفي.**
كتب المطالعة في المدارس المصرية، عيوبها والأبحاث اللازمة لعلاجها، صحيفة التربية، القاهرة، ابريل ويوليو، 1950.

2271. **محمد قدري لطفي.**
اللغة القومية في السياسة التعليمية الجديدة، القاهرة، صحيفة التربية، يناير، 1954.

2272. **محمد قدري لطفي.**
مذكرات في طرق تدريس اللغة العربية والدين، القاهرة: جامعة عين شمس، كلية التربية، 1963.

2273. **محمد قدري لطفي.**
المطالعة الصامتة، القاهرة: صحيفة التربية، يناير، 1951.

2274. **محمد قدري لطفي.**
الوظيفة الاجتماعية للغة، القاهرة: صحيفة التربية، يناير 1952.

2275. **محمد كامل آدم.**
التعليم الابتدائي، بخت الرضا، العدد 27 يناير، 1975.

2276. **محمد كامل حسين.**
أخطاء اللغويين، مجلة مجمع اللغة العربية، ج22، 1967.

2277. **محمد كامل حسين.**
النحو المعقول، القاهرة، 1960.

2278. **محمد كامل القدسي.**
المسرح المدرسي للأطفال، حلقة العناية بالثقافة القومية للطفل العربي، جامعة الدول العربية، بيروت، 1970.

2279. **محمد كرد علي.**
أثر المستعربين من علماء المشرقيات في الحضارة العربية، مجلة مجمع اللغة العربية بدمشق، العدد7، 1927، ص434-456.

2280. **محمد كرد علي.**
بين الفصحى والعامية، مجلة المجمع العلمي العربي، المجلد 28، الجزء الأول-كانون الثاني 1953، ربيع الآخر 1372.

2281. **محمد كرد علي.**
ثلاثة اقتراحات في قواعد اللغة العربية، مجلة المجمع العلمي العراقي، المجلد 2، 1951.

2282. **محمد كرد علي.**
الفصيح والمولد في كلام أهل اللغة، مجلة المجمع العلمي العربي، المجلد 19 الجزآن، 1، 2، كانون ثاني وشباط 1944، محرم، صفر 1363.

2283. **محمد كرد علي.**
المستعربون من علماء المشرقيات،مجلة مجمع اللغة العربية بدمشق، العدد 23، 1948، ص347-362.

2284. **محمد الكومي.**
تدريس اللغة العربية للناطقين بلغات أخرى، ملاحظات حـول تـدريس النصـوص والأدب، مجلة معهد اللغة العربية، العدد الثاني 1404-1984، السعودية، جامعـة أم القرى، معهد اللغة العربية، وحدة البحوث والمناهج، مكة المكرمة.

2285. **محمد كياشي عبد الله.**
النشاط المدرسي في المجال اللغوي، بخت الرضا، العدد31، يناير 1979.

2286. **محمد مبارك.**
معلم اللغة العربية لغير العرب، الرياض، مجلة الفيصل العدد التاسع عشرـ السـنة الثانية، 1978.

2287. **محمد مثنى حسين سعيدي.**
بحث تقييمي عن كتاب دروس عربية ميسرة، تـأليف الأسـتاذ هـدايات، الخرطـوم: معهد الخرطوم الدولي، بحث دبلوم، 1983.

2288. **محمد مثنى حسين سعيدي.**
النفي في اللغة العربية والتدريبات عليه للناطقين باللغة الاندونيسية دراسة تقابلية وتطبيقية، الخرطوم: معهد الخرطوم الدولي للغة العربية 1984.

2289. **محمد المجدوب.**
ثغرات في المنهج الثانوي لتدريس القرآن الكريم والحديث الشرـيف والأدب العربي، مجلة الجامعة الإسلامية بالمدينة المنورة، 15: 59، رجب، رمضان، 1403هــ ص143-149.

2290. **محمد مجيد إبراهيم دمعة.**
ملاحظات على دراسة وتدريس اللغة العربية في المدارس ومؤسسات التعلـيم حوليـة كلية (قطر) مجلد 1، عدد1 1982 .

2291. **محمد محفل.**
في أصول الكتابة العربية، دراسات تاريخية، 6 العدد، 1981/1، ص59-111.

2292. **محمد محمد الأفندي.**
ألعاب المرحلة الأولى، القاهرة: عالم الكتب، 1962.

2293. **محمد محمد الزلباني (مترجم).**
ألعاب البيت وأدوات اللعب للطفل قبل سن المدرسة، القاهرة: دار المعارف 1959.

2294. **محمد محمد علي الأبيهي.**

درس القراءة في صفوف محو الأمية، قطر: مجلة التربية، العدد 44، يناير 1981، ص50.

2295. **محمد محمد علي اشبيني.**

درس القراءة في صفوف محو الأمية، قطر: مجلة التربية، العدد 44 يناير، 1981، ص50.

2296. **محمد محمد غنيم.**

صعوبة النطق والكلام (التهتهة) المنصورة، مكتب الخدمة الاجتماعية المدرسية، 1965.

2297. **محمد محمد غنيم.**

النمو العقلي عند الطفل في نظرية جان بياجيه، حولية كلية الآداب، جامعة عين شمس، عدد14.

2298. **محمد محمد القاضي.**

اختبارات سرس الليان للتعليم الوظيفي للكبار في العالم العربي، اختبارات الكتابة، المركز الدولي للتعليم الوظيفي للكبار في العالم العربي، سرس الليان، 1971.

2299. **محمد محمد القاضي.**

اختيار المعلمين والمشرفين وتدريبهم في محو الأمية، بحث مقدم إلى الحلقة الدراسية للمسؤولين عن تخطيط وتنظيم برامج محو الأمية في البلاد العربية في الفترة من 8-69/3/27 سرس الليان، 1969.

2300. **محمد محمد القاضي.**

قائمة الكلمات الأساسية في كتب تعليم القراءة للكبار في البلاد العربية، القاهرة: المركز الدولي للتعليم الوظيفي للكبار في العالم العربي، سرس الليان 1978.

2301. **محمد محمد القاضي.**

الكتب والمواد التعليمية ودورها في منهج القراءة في محو الأمية، بحث مقدم إلى الحلقة الدراسية لمحو الأمية في البلاد العربية، المركز الدولي للتعليم الوظيفي للكبار في البلاد العربية، سرس الليان، 1969.

2302. محمد محمد نور محمد.

برامج محو الأمية وتعليم الكبار ومدى ملاءمتها لمنطقة تداخل لغوي، دبلوم، الخرطوم: معهد الخرطوم الدولي للغة العربية، 1984.

2303. محمد محمد نور محمد.

بناء الجملة في لغة المقال السياسي بمجلة أكتوبر المصرية، ماجستير، الخرطوم: معهد الخرطوم الدولي للغة العربية، 1985.

2304. محمد محمود حمدان.

التراكيب اللغوية الشائعة لدى الأطفال الأردنيين عند دخولهم المدرسة الابتدائية، رسالة ماجستير غير منشورة، الجامعة الأردنية، كلية التربية، 1983.

2305. محمد محمود رضوان.

استعمال اللغة العربية الفصيحة السهلة المناسبة لمراحل نمو الأطفال في كتبهم ومجلاتهم ومسرحهم وسائر وسائل تثقيفهم، وحلقة العناية بالثقافة القومية للطفل العربي، جامعة الدول العربية- بيروت، 1970/9/17، ص305-337.

2306. محمد محمود رضوان.

إعداد معلم اللغة العربية، دراسة مقدمة إلى المؤتمر التاسع لاتحاد المعلمين العرب، عن تطوير تدريس علوم اللغة وآدابها، الخرطوم: فبراير 1976، ص393-416.

2307. محمد محمود رضوان.

إعداد معلم اللغة القومية، بحث مقدم إلى مؤتمر إعداد وتدريب المعلم العربي، القاهرة 1972/1/17، مطبعة التقدم بمصر، المنظمة العربية للتربية والثقافة والعلوم، ص170-186.

2308. محمد محمود رضوان.

البحث والتجريب في تدريس اللغة العربية، الرائد، السنة الثانية عشرة، إبريل 1967، نقابة المهن التعليمية-القاهرة، ص26-27.

2309. محمد محمود رضوان.

تصحيح أخطاء القراءة في المرحلة الابتدائية، مجلة الرائد- السنة الثامنة عشر، العدد 2 مارس/إبريل 1973، نقابة المهن التعليمية، ص45.

2310. **محمد محمود رضوان.**
تعليم القراءة للمبتدئين، أساليبه وأسسه النفسية والتربوية، مكتبة مصر بالفجالة، القاهرة، 1958.

2311. **محمد محمود رضوان.**
الطفل يستعد للقراءة، دار المعارف بمصر 1972، ص176.

2312. **محمد محمود رضوان.**
الطفل يستعد للقراءة، الطبعة الأولى- القاهرة، دار المعارف1960.

2313. **محمد محمود رضوان.**
كتاب القرية والتربية الحديثة، مجلة الرائد- السنة الخامسة عشرـ العدد التاسع- مايو 1970، نقابة المهن التعليمية- القاهرة، ص26-27.

2314. **محمد محمود رضوان.**
لغـة الأطفـال لغـة الطفولـة الأولى، دراسـة مقدمـة إلى حلقـة بحـث كتـاب الطفـل ومجلته، المجلس الأعلى لرعاية الفنون والآداب، القاهرة: 7-72/2/10، ص20.

2315. **محمد محمود رضوان.**
اللغة القومية في المدرسة الابتدائية، ص28-29، الجزء الأول من المقال الرائد- السنة الأولى، العدد الأول، يناير 1956.

2316. **محمد محمود رضوان.**
اللغة التي يخاطب بها الأطفال في الراديو والتلفزيون، بحث في كتب برامج الأطفال في الراديو والتلفزيـون، حلقـة دراسية مسلسلة دراسات وبحوث إذاعيـة، العـدد السابع- مؤسسة روز اليوسف، القاهرة، 1972، ص73-83.

2317. **محمد محمود رضوان وأحمد بكر إبراهيم وأحمد نجيب.**
أدب الأطفال، القاهرة، وزارة التربية والتعليم، 1978.

2318. **محمد محمود رضوان وأحمد بكر إبراهيم وأحمد نجيب.**
أدب الأطفال للصفين الرابع والخامس بـدور المعلمـين والمعلمات، القاهرة، وزارة التربية والتعليم، 1974.

2319. **محمد محمود رضوان وآخرون.**
أدب الأطفال، القاهرة، 1974، وزارة التربية والتعليم، المطبعة الأميرية.

2320. **محمد المختار جنات.**

أدب الطفولة، الحياة الثقافية، تونس، مجلد4، عدد4، 1979.

2321. **محمد المختار السلامي.**

إمكانية اللغة العربية أوسع، مجلة فكر، المجلد5، 1959-1960.

2322. **محمد مر.**

في التونسة والتعريب، مجلة فكر، مجلد16، ص697، 1971.

2323. **محمد مرغيش.**

تصويبات الأخطاء الشائعة، مجلة فكر، مجلد25، ص1266، 1980.

2324. **محمد مصايف.**

في الثورة والتعريب، الجزائر،1981،الطبعة الثانية،ص137.

2325. **محمد مصطفى محمد عباس.**

طريقة تعليم القراءة والكتابة في برامج محو الأمية في السودان ومدى ملاءمتها لغـير الناطقين بالعربية،الخرطوم: معهد الخرطوم الدولي للغة العربية، 1982.

2326. **محمد مصطفى هدارة.**

أهداف تدريس اللغة العربيـة في مراحل التعليـم العام ووسـائل تحقيقهـا، دراسة مقدمة إلى ندوة خبراء ومسـؤولي البحـث وتطوير إعـداد معلمـي اللغـة العربيـة، (الرياض، من 5-10، مارس 1977، ص227-281).

2327. **محمد مفتاح سليمان.**

دراسة تقابلية بين العربية والاندونيسية من ناحية التركيب النحوي، الخرطوم: معهد الخرطوم الدولي للغة العربية، 1978.

2328. **محمد المنجي الصيادي.**

التعريب والتنسيق في الوطن العربي، مركز دراسات الوحدة العربية، بيروت1980.

2329. **محمد المنجي الصيادي.**

التعريب وتنسيقه في الوطن العربي، مركز دراسات الوحدة العربية، ط2، بيروت، آب 1982.

2330. **محمد المنجي الصيادي.**

نشر اللغة العربية في العالم، مجلة شـؤون عربية، الجزء السـابع، العـدد 9، سبتمبر 1981، ص89-115.

2331. **محمد مندور.**
بين الفصحى والعامية في التعبير الأدبي، حوار، السنة الثالثة، العـدد3، آذار ونيسـان، 1965.

2332. **محمد منذر عياشي.**
اللسانية العربية بين الأصالة والتعريب، مجلة الجامعة الإسلامية بالمدينة المنورة، 15: 75، (محرم، ربيع الأول/1403هـ)، ص240-254.

2333. **محمد المنصف بودن.**
الترادف والاشتراك في اللغة، مجلة فكر، مجلد 21، ص122، 1976.

2334. **محمد المنصف الحاجي وعمر الميتشي.**
دراسة موقف أساتذة العربية من استعمال تقنيـة التربيـة، تـونس: المجلـة التونسـية لعلوم التربية، العدد السادس، السنة الرابعة، 1977.

2335. **محمد منير مرسي.**
دراسة لبعض مشكلات تدريس النحو العربي ومحاولات تطويره، حولية كلية التربية، مجلد3، عدد3، 1984.

2336. **محمد منير مرسي.**
العربية الحديثة، القاهرة: عالم الكتب، 1981.

2337. **محمد منير مرسي.**
قياس المهارات الأساسية في القراءة الصامتة للمرحلة الإعدادية، رسالة ماجستير، كلية التربية، جامعة عين شمس، القاهرة،1959.

2338. **محمد منير مرسي.**
مفهوم القراءة وأسس اختيـار مـواد القراءة للمكتبـات المدرسية، صحيفة المكتبـة، المجلد الثاني، العدد الثالث، أكتوبر، 1970.

2339. **محمد مواعدة.**
استخدام الوسائل البصرية في تعليم العربية لغير النـاطقين بهـا، نـدوة تـأليف كتب تعليم العربية للناطقين بلغات أخرى، الرباط،1980.

2340. **محمد مواعدة.**
إعداد التمارين في كتب تعليم العربية للناطقين بلغات أخرى نـدوة تـأليف كتب تعليم العربية للناطقين بلغات أخرى، الرباط، 1980.

2341.	**محمد مواعدة.**
الصلات الحضارية بين اللغة العربية واللغات الوطنية في موريتانيا، المستقبل العربي، المجلد 7: 67، العدد 10، 1984، ص109-118.

2342.	**محمد موسى جياد وعبد الجليل الذويعي.**
تحليل الأدبيات للأطفال العراقيين غير المدرسية، وزارة التعليم العالي والبحث العلمي، جامعة بغداد، مركز البحوث التربوية والنفسية، 1975، ص60، والملاحق (آلة كاتبة).

2343.	**محمد موسى الحارثي.**
حول دورة تدريب معلمي اللغة العربية بماليزيا، مجلة معهد اللغة العربية، العدد2، 1404-1984 .

2344.	**محمد الميلي.**
الجزائر والمسألة الثقافية- مدخل تاريخي، مجلة المستقبل، العدد الحادي والأربعون، بيروت، 1982.

2345.	**محمد ناصر.**
كيف نهيئ الأطفال للقراءة، مجلة المعلم الجديدة، العدد6، بغداد، 1940-1941، ص204.

2346.	**محمد الناصف.**
حول التونسة والتعريب، مجلة فكر، مجلد16، ص203-750، 1971.

2347.	**محمد نزيه عبد القادر.**
فعالية الممارسة السلبية والترديد كأسلوبين في معالجة حالات التعليم، الجامعة الأردنية، كلية التربية، رسالة ماجستير، 1976، العدد 731، 673، 638، 738.

2348.	**محمد نظيف محمد شريف.**
تعليم اللغة العربية للأطفال الأفغانيين المنهج والطريقة، دبلوم، الخرطوم: معهد الخرطوم الدولي للغة العربية، 1984.

2349.	**محمد نظيف محمد شريف.**
دراسة تقابلية بين اللغة العربية والفارسية على مستوى الجمل، ماجستير، الخرطوم الدولي للغة العربية، 1985.

2350. محمد نور عمر.

كتابة لغة المبانق بالحرف العربي (فرندك ألفا).، دبلوم، الخرطوم: معهد الخرطوم الدولي للغة العربية، 1984.

2351. محمد نور عمر.

مع الاتجاهات السلوكية في تعليم اللغة العربية لغير الناطقين بها، ماجستير، الخرطوم: معهد الخرطوم الدولي للغة العربية، 1985.

2352. محمد نور محمد عبد الله الخطيب.

التثنية والجمع في اللغة العربية وتعليمها للناطقين بغير العربية، الخرطوم: معهد الخرطوم الدولي/ رسالة ماجستير 1983.

2353. محمد الهادي عفيفي.

مفهوم تعليم الكبار وعوامل التغير في المجتمع العربي، القاهرة، الجهاز العربي لمحو الأمية، 1975.

2354. محمد الهاشمي زين العابدين.

في التدريس الأصيل، تونس، الشركة التونسية للتوزيع 1978.

2355. محمد هشام بوقمره.

القضية اللغوية في تونس، تونس: الجامعة التونسية،ج1، 1985.

2356. محمد ياسر سليمان.

التراث اللغوي العربي والدراسات اللغوية الحديثة، اللسان العربي: 21(1983/)، ص 13-35.

2357. محمد ياسر سليمان والدكتور نايف حزق.

أضواء على الدراسات اللغوية المعاصرة، اللسان العربي: 20-/1983، ص181-187.

2358. محمد ياسين ألفي وآخران.

الأخطاء الشائعة في خطوط دارسي العربية من الناطقين بلغات أخرى، مجلة جامعة الملك سعود، م4، العلوم التربوية والدراسات الإسلامية (1)، 1992م.

2359. محمد ياسين دبابة.

النحو المبسط، دمشق: م. العلمية 1385-1965، ط1.

2360. **محمد ياسين وهيب وهيب.**
الموضوعات التي يميل الشباب إلى قراءتها، بغداد، جامعة بغداد، كلية التربية، 1982.

2361. **محمد يسن بن إسماعيل الباكستاني.**
تأثير اللغة العربية في اللغة السندية، دبلوم، الخرطوم: معهد الخرطوم الدولي للغة العربية، 1985.

2362. **محمد يوسف.**
الألفاظ الهندية المصرية، مجلة اللسان العربي، الرباط، العدد العاشر، الجزء الثاني، 1973، ص: 107-128.

2363. **محمد يوسف خضر.**
الإعراب الميسر في قواعد اللغة العربية، الزرقاء، مكتبة المنار، 1402، 1982، ط2.

2364. **محمود أحمد السيد.**
أساسيات القواعد النحوية مصطلحاً وتطبيقاً، دمشق: دار دمشق،1984.

2365. **محمود أحمد السيد.**
أسس اختيار الموسوعات النحوية في منهج تعليم اللغة العربية بالمرحلة الإعدادية، رسالة دكتوراه، مقدمة إلى قسم المناهج، كلية التربية-جامعة عين شمس 1971.

2366. **محمود أحمد السيد.**
أسس اختيار موضوعات القواعد النحوية في منهج اللغة العربية للمرحلة الإعدادية، رسالة دكتوراه غير منشورة 1973، القاهرة، جامعة عين شمس-كلية التربية.

2367. **محمود أحمد السيد.**
تطور طرائق تدريس اللغات الحية، المجلة العربية للتربية، المجلد السادس، العدد الأول 1986.

2368. **محمود أحمد السيد.**
تعليم اللغة العربية في الجامعات العربية بين الواقع والطموح، المعرفة، المجلد 23: 27، العدد8، 1984.

2369. **محمود أحمد السيد.**
تعليم المحادثة للأجانب، دمشق: وزارة التربية، معهد تعليم الأجانب اللغة العربية 1973.

2370. **محمود أحمد السيد.**
تقرير عن طرائق تعليم اللغة في القراءة والقواعد والآداب، عمان-مجمع اللغة العربية الأردني، د.ت.

2371. **محمود أحمد السيد.**
دراسة مقارنة بين طرق تدريس قواعد اللغة العربية، جامعة عين شمس، كلية التربية، رسالة ماجستير(غير منشورة)، 1969.

2372. **محمود أحمد السيد.**
طرائق تعليم اللغة العربية في القراءة والقواعد والأدب، إدارة التربية المنظمة العربية للتربية والثقافة والعلوم، د.ت.

2373. **محمود أحمد السيد.**
في قضايا اللغة التربوية، وكالة المطبوعات، الكويت: د.ت.

2374. **محمود أحمد السيد.**
الموجز في طرائق تدريس اللغة العربية وآدابها، دار العودة، بيروت، 1980.

2375. **محمود إسماعيل الصيني.**
الإعداد اللغوي والعلمي لمعلمي اللغة العربية، دراسة مقدمة إلى ندوة خبراء ومسئولين بحث وتطوير إعداد معلمي اللغة العربية، الرياض، 5-10، مارس، 1977.

2376. **محمود إسماعيل صيني.**
إعداد المواد التعليمية لتدريس اللغات الأجنبية، دراسات، جامعة الملك سعود-1982/، ص97-143.

2377. **محمود إسماعيل الصيني.**
إعداد المواد التعليمية لتدريس اللغة العربية لغير الناطقين بها، ندوة تأليف كتب تعليم العربية للناطقين بلغات أخرى، الرباط: 1980.

2378. **محمود إسماعيل الصيني.**
وسائل تدريب معلمي اللغات الأجنبية وتطويرهم، السجل العلمي للندوة العالمية الأولى لتعليم العربية لغير الناطقين بها، الرياض، ج2، 1980.

2379. **محمود إسماعيل صيني.**
تعليم اللغات باستخدام الحاسب الآلي، المجلة العربية للدراسات اللغوية، 3: 2، (1985/2)، ص75-99.

2380. **محمود إسماعيل صيني.**
في طرائق تدريس العربية لغير الناطقين بها، الرياض، جامعة الرياض 1979.

2381. **محمود إسماعيل صيني وآخرون.**
العربية للناشئين/ كتاب المعلم، الرياض، إدارة الكتب المدرسية، وزارة المعارف بالمملكة العربية السعودية،ط1، 1403هـ 1983.

2382. **محمود إسماعيل صيني وآخرون.**
العربية للناشئين/ الرياض، وزارة المعارف، السعودية، ج6، 1980.

2383. **محمود اسماعيل صيني وآخرون.**
المعجم السياقي للتعبيرات الاصطلاحية، مكتبة لبنان ناشرون، بيروت، ط1، 1996م.

2384. **محمود إسماعيل صيني وآخرون.**
الكتاب المدرسي لتعليم اللغة العربية لغير العربي شكله وأهدافه، مجلة الفيصل: العدد5 السنة الثانية، سبتمبر،1979.

2385. **محمود إسماعيل صيني وإسحق محمد الأمين.**
التقابل اللغوي وتحليل الأخطاء، الرياض: جامعة الملك سعود، ط1، 1982.

2386. **محمود إسماعيل صيني وعمر الصديق عبد الله.**
المعينات البصرية في تعليم اللغة العربية، الرياض: عمادة شؤون المكتبات، 1984.

2387. **محمود بوفاتيت.**
دراسة تقابلية للجملة الفعلية البسيطة في العربية والفرنسية، 1978.

2388. **محمود تيمور.**
سلطان اللغة العربية أو رأي في الصراع بين العامية والفصحى، القاهرة: مجلة مجمع اللغة العربية، 1959.

2389. **محمود تيمور.**
ضبط الكتابة العربية، (مجلة مجمع اللغة، ج8، مطبعة وزارة التربية والتعليم 1955، ص35-361)، القاهرة، مطبعة الاستقامة، 1951.

2390. **محمود تيمور.**
ضبط الكتابة العربية، القاهرة: مطبعة الاستقامة، 1951.

2391. **محمود تيمور.**
ضبط الكتابة العربية، مجلة مجمع القاهرة، ج8، 1955.

2392. **محمود تيمور.**

لغة المجتمع، القاهرة، مجلة مجمع اللغة العربية، الجزء 9.

2393. **محمود تيمور.**

مشكلات اللغة العربية، القاهرة: مكتبة الآداب (بدون تاريخ).

2394. **محمود الجليلي.**

المعجم اللغوي الحضاري،مجلة المجمع العلمي العراقي،34: 1(1983/1)،ص89-121.

2395. **محمود الجومرد.**

الطرق العملية لتدريس اللغة العربية، الموصل، مطبعة الهدف، 1962.

2396. **محمود حجازي.**

مدخل إلى علم اللغة، دار قباء للطباعة والنشر والتوزيع، القاهرة.

2397. **محمود حمدي عبد الغني.**

الحرية واللغة، عالم الفكر 4014، (1-1984/3)، ص227-234 .

2398. **محمود الربداوي.**

اللغة العربية لغير المختصين، دمشق: 1981.

2399. **محمود رشدي خاطر.**

الاتجاهات الحديثة في تعليم النحو، دار المعارف بمصر،1958.

2400. **محمود رشدي خاطر.**

اختبارات سرس الليان، من كتاب مكافحة الأمية في بعض البلاد العربية، سرس الليان، مركز التربية الأساسية في العالم العربي، 1960.

2401. **محمود رشدي خاطر.**

اختبار التصنيف في القراءة الجهرية، اختبارات سرس الليان في التعليم الوظيفي للكبار، سرس الليان، 1960.

2402. **محمود رشدي خاطر.**

اختبارات سرس الليان في التعليم الوظيفي للكبار في العالم العربي، اختبار القراءة الجهرية، 1971.

2403. **محمود رشدي خاطر.**

اختبارات سرس الليان في القراءة للكبار، المرحلة الثانية (الصورة)، مصر، مركز التربية الأساسية في العالم العربي، سرس الليان.

2404. **محمود رشدي خاطر.**
اختبارات سرس الليان للقراءة الصامتة، سرس الليان، المركز الوظيفي لتعليم الكبار،
1958.

2405. **محمود رشدي خاطر.**
اختبارات سرس الليان في القراءة للكبار، المرحلة الأولى، مركز التربية الأساسية في
العالم العربي، سرس الليان، ج.م.ع، 1962.

2406. **محمود رشدي خاطر.**
اختبارات المملكة العربية السعودية للقراءة والكتابة لفصول المكافحة والمتابعة،
المملكة العربية وزارة المعارف، إدارة تعليم الكبار ومحو الأمية، (د.ت).

2407. **محمود رشدي خاطر.**
الإعداد المهني لمعلم اللغة العربية، دراسة مقدمة إلى ندوة خبراء ومسئولين لبحث
وتطوير إعداد معلمي اللغة العربية من 5-10، مارس 1977، الرياض، ص181-192.

2408. **محمود رشدي خاطر.**
تجربة استخدام التلفزيون في محو الأمية في مصر ـ سنة، 1964-1965، سرس الليان،
1965.

2409. **محمود رشدي خاطر.**
تطوير تعليم الأدب في الوطن العربي، دراسة مقدمة إلى المؤتمر السابع لاتحاد
المعلمين العرب عن تطوير وتدريس علوم اللغة العربية وآدابها، الخرطوم، فبراير
1976.

2410. **محمود رشدي خاطر.**
التعريف بكتاب القراءة الوظيفية، مجلة الرائد، نقابة المهن التعليمية، السنة الثالثة،
العدد الرابع، ديسمبر، 1957.

2411. **محمود رشدي خاطر.**
تعليم القراءة والكتابة للصغار والكبار، مجلة التربية الأساسية، مركز التربية الأساسية
في العالم العربي، سرس الليان، مصر- المجلد الثالث، العدد الثالث،1956، عدد خاص،
ص66-85.

2412. **محمود رشدي خاطر.**
تعليم القراءة والكتابة وطرق تعليم القراءة في كوبا والاتحاد السوفياتي وتعليم القراءة بالراديو ووضع كتب مندرجة لتعليم القراءة من كتاب " من تجارب الأمم الأخرى في مكافحة الأمية"، سرس الليان- مصر، 1962.

2413. **محمود رشدي خاطر.**
تعليم اللغة العربية في العالم العربي، مركز اللغويات التطبيقية، واشنطن، 1963.

2414. **محمود رشدي خاطر.**
تقرير عن تطوير المناهج والكتب التعليمية المستعملة في برامج محو الأمية بالسودان، الأمانة العامة لجامعة الدول العربية، القاهرة، الجهاز الإقليمي العربي لمحو الأمية، 1968.

2415. **محمود رشدي خاطر.**
تقرير عن نتائج الاستفتاء الخاص بتعليم اللغة العربية (في مراحل التعليم العام بالبلاد العربية، تونس، إدارة التربية، المنظمة العربية للتربية والثقافة والعلوم (د.ت)).

2416. **محمود رشدي خاطر.**
تقرير اللجنة التحضيرية لمشروع حصر الألفاظ، جامعة الدول العربية، القاهرة، 1973.

2417. **محمود رشدي خاطر.**
تقرير لجنة دراسة مشكلات تعليم اللغة العربية في سلطنة عمان، المنظمة العربية للتربية والثقافة والعلوم، إدارة التربية، 1976.

2418. **محمود رشدي خاطر.**
دراسة مقارنة في طرق تعليم القراءة والكتابة للمبتدئين، مؤتمر النهوض بالتعليم الابتدائي، وزارة التربية والتعليم، 1963.

2419. **محمود رشدي خاطر وسامي مليك**
دليل إعداد وتقويم كتب تعليم القراءة والكتابة للأميين الكبار، المركز الدولي للتعليم الوظيفي للكبار في البلاد العربية، سرس الليان، مصر 1973، ص13.

2420. **محمود رشدي خاطر ومبارك حبيب**
دراسة ميدانية عن إستراتيجية محو الأمية في الجمهورية الجزائرية، سرس الليان، المركز الدولي للتعليم الوظيفي للكبار، 1975.

2421. **محمود رشدي خاطر ومحمد خليفة بركات.**
اختبارات القدرة على الفهم في القراءة الصامتة، 1958.

2422. **محمود رشدي خاطر وآخرون**
إعداد معلم اللغة العربية في المرحلة الثانية في مصر- في ضوء البحوث والدراسات الحديثة، القاهرة- جامعة عين شمس، كلية التربية 1979، (غير منشور) دراسة قدمت للبنك الدولي.

2423. **محمود رشدي خاطر وآخرون.**
طرق تدريس اللغة العربية الإسلامية في ضوء الاتجاهات التربوية الحديثة، القاهرة، دار المعارف، الطبعة الأولى، 1980.

2424. **محمود رشدي خاطر.**
في اجتماعيات القراءة، مجلة المكتبة العربية، المجلد الأول، العدد 3، ديسمبر 1963، القاهرة، ص5-11.

2425. **محمود رشدي خاطر.**
قارئ جديد لمجتمع جديد، مجلة التربية الحديثة، مركز التربية الأساسية في العالم العربي - مصر، سرس الليان، العدد 4، المجلد 4: ديسمبر لسنة 1957، ص35-47.

2426. **محمود رشدي خاطر.**
قائمة المفردات الشائعة في اللغة العربية، مركز التربية الأساسية في العالم العربي، سرس الليان، مصر 1954.

2427. **محمود رشدي خاطر.**
كتب تعليم القراءة والكتابة تحليل ونقد، سرس الليان مصر- المركز الدولي للتربية الأساسية في العالم العربي، 1958.

2428. **محمود رشدي خاطر.**
اللغة في أدب الأطفال، القاهرة، الهيئة المصرية العامة للكتاب، 1976.

2429. **محمود رشدي خاطر.**
مذكرات في طرق تدريس اللغة العربية والدين، جامعة عين شمس، كلية التربية، 1956.

2430. **محمود رشدي خاطر.**
مرشد المعلم إلى حامد وعائلته، سرس الليان، مصر، 1970.

2431. **محمود رشدي خاطر.**
مرشد المعلم إلى سلسلة الكتب الأساسية لتعليم الكبار، سرس الليان، د.ت.

2432. **محمود رشدي خاطر.**
المطالب اللغوية والتربوية في مواد تعليم القراءة والكتابة في برامج محو الأمية الوظيفي " من كتاب دراسات في إعداد المواد التعليمية لمحو الأمية الوظيفي"، المركز الدولي للتعليم الوظيفي للكبار، سرس الليان، 1969، ص24.

2433. **محمود رشدي خاطر.**
مفهوم محو الأمية ومراحل تعليم القراءة والكتابة كأساسين لإعداد المواد التعليمية للجهاز الإقليمي العربي لمحو الأمية، القاهرة 1972.

2434. **محمود رشدي خاطر.**
مكافحة الأمية في بعض البلاد العربية، سرس الليان، مصر، 1960.

2435. **محمود رشدي خاطر.**
" مواد تعليم القراءة والكتابة " من كتاب (التلفزيون التعليمي ومحو الأمية)، مركز تنمية المجتمع في العالم العربي، سرس الليان، مصر، 1968، ص139-150.

2436. **محمود رشدي خاطر.**
مواد تعليم القراءة والكتابة في البرامج الوظيفية لمحو الأمية مجلة (آراء)، المركز الدولي للتعليم الوظيفي للكبار في العالم العربي، سرس الليان، العدد الأول، يوليه، 1971، ص15 .

2437. **محمود رشدي خاطر.**
نموذج لإعداد المادة العلمية لدرس من دروس محو الأمية بالتلفزيون، من كتاب (التلفزيون التعليمي ومحو الأمية)، مركز تنمية المجتمع في العالم العربي، سرس الليان مصر 1968، ص217-236.

2438. **محمود رشدي خاطر.**
نموذج من تحليل وتقويم بعض كتب تعليم القراءة والكتابة للكبار، كتاب (مفتاح المعرفة) المركز الدولي للتعليم الوظيفي للكبار في العالم العربي، سرس الليان، مصر، 1971.

2439. **محمود رشدي خاطر ولطفي سوريال.**
دوافع الأميين الكبار للتعلم، دراسة ميدانية في منطقة ريفية، مركز تنمية المجتمع في العالم العربي، سرس الليان، المؤتمر الأول للخريجين- بيروت، 1961.

2440. **محمود رشدي خاطر ومحمد القاضي.**
دليل تقويم مناهج وكتب القراءة والكتابة للأميين، المركز الـدولي للتعليم الـوظيفي للكبار في العالم العربي، سرس الليان، 1971.

2441. **محمود رشدي خاطر وحسن شحاتة.**
قائمة العوامل الشـائعة في الانقرائيـة لـدى تلاميـذ مراحـل التعليـم العـام الابتدائيـة والإعدادية والثانوية، تونس: المنظمة العربية للتربية والثقافة والعلوم، 1983.

2442. **محمود رقيب الدين.**
الألفاظ العربية المستخدمة في اللغة البنغالية، الخرطوم: معهد الخرطوم الدولي للغة العربية، 1977، 1984.

2443. **محمود الزاودي.**
التخلف الآخر في المغرب العربي، المستقبل العربي، المجلد 5 : 74، العدد1 ، 1983.

2444. **محمود الزاودي.**
التخلف الآخر في المغـرب العـربي، مجلـة المستقبل العـربي، العـدد47، كانون ثاني-بيروت، 1983.

2445. **محمود الزاودي.**
ظاهرة المزج اللغوي عندنا، مجلة فكر، مجلد 21، ص995، 1976.

2446. **محمود الزاودي.**
المـزج اللغـوي كسـلوك لغـوي للإنسـان المغـربي المغلـوب، المجلـة العربيـة للعلوم الإنسانية، المجلد 6، عدد 22، 1986.

2447. **محمود سالم عمر.**
الأفعال في اللغة العربية وطريقة تدريسها لغير الناطقين بها من متوسطي المستوى، دبلوم، الخرطوم: معهد الخرطوم الدولي للغة العربية، 1984.

2448. **محمود سالم عمر.**
تعليم اللغة العربية للصوماليين الكبار، ماجستير، الخرطوم: معهـد الخرطـوم الـدولي للغة العربية، 1985.

2449. **محمود السعران.**
اللغة والمجتمع رأي ومنهج، دار المعارف، الطبعة الثانية، الإسكندرية: 1963.

2450. **محمود سليمان ياقوت**
فن الكتابة الصحيحة، دار المعرفة الجامعية، 1995.
2451. **محمود سليمان ياقوت**
منهج البحث اللغوي، دار المعرفة الجامعية، ط1، 2000م.
2452. **محمود السمان.**
تجديد الاتجاهات المعاصرة في طرق تدريس اللغة العربية للمرحلتين الابتدائية والمتوسطة، الكويت، مركز بحوث المناهج: 1979.
2453. **محمود شاكر سعيد.**
تقويم الأداء الإملائي لتلاميذ الصفوف الابتدائية العليا (الرابع، الخامس، السادس) في المملكة العربية السعودية، مجلة رسالة الخليج العربي، الرياض، مكتب التربية العربي لدول الخليج.
2454. **محمود شاكر سعيد.**
طريقة التدريس وأثرها في أداء التلاميذ الإملائي، رسالة الخليج العربي، 29-55، ص59-85.
2455. **محمود الشلبي.**
التطور اللغوي عند الأطفال في مرحلة ما قبل المدرسة، إربد: جامعة اليرموك، العدد 23، 1988.
2456. **محمود الشنيطي.**
رواد دار الكتب، وماذا يقرؤون؟، قسم الوثائق والمكتبات، جامعة القاهرة، 1960.
2457. **محمود الشنيطي وآخرون.**
كتب الأطفال في مصر من 1928-1978، دراسة استطلاعية أعدت لمنظمة اليونيسف، صدرت في ثلاثة مجلدات، القاهرة: 1979.
2458. **محمود طه حسني وماري سمن.**
تقويم كتاب اللغة الإنجليزية للصف الثالث المتوسط من وجهة نظر المدرسة للمناهج والكتب، المديرية العامة للمناهج والوسائل التعليمية، وزارة التربية، العراق، 1978.
2459. **محمود العاموري.**
ملخص طريقة تدريس اللغة لغير الناطقين بها الندوة العالمية الأولى لتعليم العربية لغير الناطقين بها، الرياض:1978.

2460. **محمود عبد الحليم منسي.**
آراء معلمي اللغة العربية بالمرحلة الابتدائيـة عـلى بـرامج التـدريب أثنـاء الخدمـة، مجلة رسالة التربية، المجلد4، العدد3، 1984.

2461. **محمود عبد المولى.**
الفصحى واللهجات، قراءة جديـدة وملاحظـات، اللسان العربي، المجلد 17، الجـزء الأول.

2462. **محمود عبد المولى.**
اللهجات خطر على الفصحى، قضايا عربية، العدد الأول، السنة7، كانون الثاني، ينـاير 1980.

2463. **محمود عبد المولى.**
معركة العربية في الجزائر، اللسان العربي، المجلد 9، الجزء1، 1391-1972

2464. **محمود علي السمان.**
اليسير في النحو وتطبيقاته، القـاهرة: الجهـاز المركـزي للكتـب الجامعيـة والمدرسية، 1977.

2465. **محمود فهمي حجازي.**
اتجاهات المستشرقين في دراسـة الحيـاة اللغويـة في العـالم العربي الحـديث، مجلـة المجلة، العدد 114، السنة العاشرة، القاهرة، يونيو 1966، ص67-72.

2466. **محمود فهمي حجازي.**
اللغة العربية بين اللغـات الدوليـة المعاصرة، مجلـة آداب جامعـة الكويـت، العـدد الأول، 1937، ص27-54.

2467. **محمود فهمي حجازي.**
اللغة العربية بين اللغـات الدوليـة المعاصرة، مجلـة كليـة الآداب والتربيـة، جامعـة الكويت، العدد الأول، 1972.

2468. **محمود فهمي حجازي.**
اللغة العربية عـبر القرون، المكتبـة الثقافيـة، دار الكاتـب العربي للطباعـة والنشر، القاهرة، مايو، 1968.

2469. **محمود فهمي حجازي ورشدي أحمد طعيمة.**
دليل تحليل المحتوى لكتب تعليم اللغة العربية لغير الناطقين بها، المنظمـة العربيـة للتربية والثقافة والعلوم، القاهرة، 1979.

2470. **محمود فيجال بن يوسف.**
النحو قانون اللغة وميزان تقويمها، الرياض: الرئاسة العامة للشباب، (د.ت).

2471. **محمود قمير.**
ذاتية الطفل والنظرية التربوية في الإسلام، قطر، جامعة قطر، 1983.

2472. **محمود كامل الناقة.**
الأخطاء النحوية عند طلاب قسم اللغة العربية بكليات التربية، كلية التربية، جامعة الملك عبد العزيز.

2473. **محمود كامل الناقة.**
أساسيات تعليم اللغة العربية لغير الناطقين بها، المؤتمر التاسع لاتحاد المعلمين العرب، الخرطوم، 1976.

2474. **محمود كامل الناقة**
أساسيات تعليم اللغة العربية لغير الناطقين بها، المؤتمر التاسع لاتحاد المعلمين العرب، الخرطوم، 1976.

2475. **محمود كامل الناقة.**
برامج تعليم العربية للمسلمين الناطقين بلغات أخرى في ضوء دوافعهم، جامعة أم القرى، معهد اللغة العربية، وحدة البحوث والمناهج، سلسلة دراسات في تعليم اللغة العربية.

2476. **محمود كامل الناقة.**
تدريس القواعد في برامج تعليم اللغة العربية للناطقين بها، المجلة العربية للدراسات اللغوية، المجلد 3: 4، العدد2، 1985، ص9-55.

2477. **محمود كامل الناقة.**
خطة مقترحة لتأليف كتاب أساسي لتعليم اللغة العربية للناطقين بغيرها، وقائع ندوات تعليم اللغة العربية لغير الناطقين بها، الجزء الثاني، ص237، مكتب التربية العربي لدول الخليج، 1046هـ 1985.

2478. **محمود كامل الناقة.**
الصحافة المدرسية في المراحل الثانوية بمدارسنا، أهدافها، أسسها العلمية، تقويمها، القاهرة: جامعة عين شمس، كلية التربية، رسالة دكتوراه، 1975.

2479. **محمود كامل الناقة.**
الصعوبات التي تواجه الناطقين بغير العربية عند تعلمها، الجانب الصوتي والنحوي، دراسة ميدانية تحليلية.

2480. محمود كامل الناقة.

القراءات الخارجية عند طلاب المرحلة الثانوية، رسالة ماجستير، كلية التربية، جامعة عين شمس، يوليو، 1971.

2481. محمود كامل الناقة ورشدي أحمد طعيمة

الكتاب الأساسي لتعليم اللغة العربية للناطقين بلغات أخرى/إعداده، تحليله، تقويمه، مكة المكرمة، جامعة أم القرى،1983.

2482. محمود كامل الناقة.

الكتاب الأساسي لتعليم اللغة العربية للناطقين بغيرها مواصفاته وخطة تأليفه دراسة مقدمة إلى ندوة أسس تعليم اللغة العربية لغير الناطقين بها، مايو، 1981.

2483. محمود كامل الناقة.

الكتاب الأساسي لتعليم اللغة العربية للناطقين بغيرها مواصفاته وخطة تأليفه، المجلة العربية للدراسات اللغوية، المجلد 2:1، العدد2، 1983، ص25-59.

2484. محمود كامل الناقة.

كيفية إعداد مواد قرائية مبسطة، تعليم الجماهير، الجهاز العربي لمحو الأمية، بغداد، العدد الخامس عشر بعد المائة، سبتمبر 1979

2485. محمود محمد إدريس عكير وآخرون.

بحوث إجازة دبلوم تعليم اللغة العربية لغير الناطقين بها، المجلة العربية للدراسات اللغوية، 1:2، 1983/8، ص127-130.

2486. محمود محمد إدريس عكير وآخرون.

بحوث إجازة دبلوم تعليم اللغة العربية لغير الناطقين بها، المجلة العربية للدراسات اللغوية، 1:1، 1984/8، ص109-114.

2487. محمود محمد إدريس عكير وآخرون.

بحوث إجازة دبلوم تعليم اللغة العربية لغير الناطقين بها (2)، المجلة العربية للدراسات اللغوية، 2:2، 1984/6، ص113-120.

2488. محمود محمد إدريس عكير وآخرون.

دبلوم تعليم اللغة العربية لغير الناطقين بها (3)، المجلة العربية للدراسات اللغوية، 1:3، 1984/8، ص109-114، (مراجعة أطروحة).

2489. **محمود محمد إدريس عكير.**
دراسة معجمية دلالية لعمرية حافظ وبناء وحدة قرائية عليها للمتقدمين، ماجستير،
الخرطوم: معهد الخرطوم الدولي للغة العربية، 1984.

2490. **محمود محمد إدريس عكير.**
منهج النحو للصف الأول بالمدارس المتوسطة السودانية، دراسة تحليلية تقويمية،
دبلوم، الخرطوم: معهد الخرطوم الدولي للغة العربية، 1983.

2491. **محمود محمد بشير.**
مشكلات تعليم اللغة العربية في المدارس الأجنبية في السودان" مدارس كمبوني"،
الخرطوم: معهد الخرطوم الدولي للغة العربية، 1978.

2492. **محمود محمود.**
اتجاهات حديثة في تعليم اللغات، المنظمة العربية للتربية والثقافة والعلوم، د.ت.

2493. **محيي الدين بن أحمد الخياط.**
دروس النحو والصرف، بيروت.

2494. **محيي الدين خريف**
خواطر حول كتابة أدب الأطفال، تونس: الحياة الثقافية، 1979.

2495. **محيي الدين خليل.**
تعليم اللغة العربية لغير الناطقين بها، مجلة بخت الرضا، العدد 26، 1974 .

2496. **محيي الدين خليل.**
المركز العلمي لإعداد معلمي اللغة العربية لغير الناطقين بها، مجلة رسالة المعلم،
العدد الأول فبراير 1974 .

2497. **محيي الدين الدرويش.**
مغني الطلاب في القواعد والإعراب، دمشق: دار الإرشاد، 1980 .

2498. **محيي الدين رمضان.**
الصلة العضوية بين متون اللغة، الإجراء النحوي، المعرفة: 266 (1984/4)، ص64-
82 .

2499. **محيي الدين رمضان.**
اللغة العربية، منهجياً وطرائق التعليم، الرياض: الفيصل، مارس 1979.

2500. **محيي الدين صابر.**
الأبعاد الحضارية للتعريب،المستقبل العربي،المجلد 4: 36، العدد2،1982، ص73-82 .

2501. **محيي الدين صابر.**
إفريقيا والثقافة العربية، المجلة العربية للثقافة، المجلد 1:1، العدد9، 1981،
ص115-128.

2502. **محيي الدين صابر.**
البعد القومي لمحو الأمية، تعليم الجماهير 10: 23 و 24، (1983/9)،ص6-17

2503. **محيي الدين صابر.**
التحديات الحضارية وتعليم الكبار، القاهرة: الجهاز العربي لمحو الأمية وتعليم
الكبار، 1975 .

2504. **محيي الدين صابر**
قضايا نشر اللغة العربية والثقافة العربية الإسلامية في الخارج، تونس: المنظمة
العربية للتربية والثقافة والعلوم، 1981.

2505. **محيي الدين صابر**
قضايا نشر اللغة العربية والثقافة العربية الإسلامية في الخارج، المجلة العربية
للدراسات اللغوية 1:1، العدد 8 / 1983، ص171-188.

2506. **محيي الدين صابر**
قضايا نشر اللغة العربية والثقافة العربية الإسلامية في الخارج، المستقبل العربي 5:
50، 1983/4، ص54-67 .

2507. **محيي الدين صبحي**
في قضايا اللغة التربوية: مراجعة كتاب في قضايا اللغة التربوية، تأليف محمود
السيد، الفكر العربي، المجلد 3: 21، العدد 5، 6، 7، 1981 .

2508. **محيي الدين الغرايري.**
في ضرورة اعتماد أبعاد نفسية اجتماعية ونفسية ألسنية لتعليم الطفل العربي
العربية الحية. أعمال الملتقى المغربي لطرق تدريس اللغة العربية، وزارة التربية
القومية، المعهد القومي لعلوم التربية، تونس، 1980 .

2509. **محيي الدين محمد خليل.**
كتابي الأول وكتابي الثاني، دراسة تقويمية المعلم، العدد الثاني، 1974.

2510. **مختار الطاهر حسين.**
تعليم مهارة الكلام في اللغة العربية لغير الناطقين بها، الخرطوم: معهد الخرطوم الدولي للغة العربية، 1977.

2511. **مخلص فوزي.**
الخط العربي وطريقة تدريسه، ماجستير، الخرطوم الدولي للغة العربية، 1984.

2512. **مخلص فوزي.**
طريقة تعليم اللغة العربية في معهد التربية الإسلامية الحديثة، دار السلام، كتور-فونور-جاوا الشرقية- أندونيسيا، دبلوم، الخرطوم: معهد الخرطوم الدولي، 1983.

2513. **مخلوفي محمد أبو زيد.**
دراسة تقابلية بين العربية والفرنسية على المستوى الصرفي، الخرطوم: معهد الخرطوم الدولي للغة العربية،1978.

2514. **مخلوفي محمد أبو زيد.**
دراسة تقابلية بين العربية والفرنسية على المستوى الصرفي،1982.

2515. **مدحت كاظم وآخرون.**
المكتبة في المدرسة الابتدائية، القاهرة: الإنجلو المصرية، 1967.

2516. **مدحت كاظم.**
المكتبة المدرسية ومكتبة المنزل، القاهرة: ندوة ثقافة الطفل العربي بالقاهرة، ديسمبر 1979.

2517. **مديحه السفطي.**
التعليم الأجنبي في البلاد العربية الازدواجية في النسق التعليمي وقضية الانتماء القومي، مجلة شؤون عربية، العدد22، تونس 1982.

2518. **مديحه نديم علي قاسم.**
بحث وصفي تحليلي عن قسم اللغة العربية لغير الناطقين بها في جامعة السوربون الجديدة (باريس)، دبلوم: الخرطوم: معهد الخرطوم الدولي، 1983.

2519. **مديحه نديم علي قاسم.**
تصميم منهج في النحو العربي للمبتدئين الفرنسيين في ضوء الصعوبات الشائعة بينهم، ماجستير، الخرطوم: معهد الخرطوم الدولي للغة العربية، 1984.

2520. **مراد غالب.**
التعليم بالسينما، الطبعة الثالثة، القاهرة: مكتب الولايات المتحدة للاستعلامات والتبادل، 1954.

2521. **مراد كامل.**
حاجة العالم إلى لغة عربية فصحى مبسطة، الأقلام، السنة الثانية، العدد5، رمضان 385، كانون ثاني، 1966.

2522. **مراد كامل.**
اللغة العربية لغة عالمية، حوار، السنة2، العدد1، تشرين الثاني وكانون أول، 1963.

2523. **مراد كامل.**
اللغة والمجتمع العربي، المجلة، العدد 47، السنة 4، جمادى الأول 1380، تشرين الثاني، 1960.

2524. **مرتضى محمد عمر.**
مشكلات تعليم اللغة العربية في المدرسة الابتدائية الحكومية بولاية كانو نيجيريا، الخرطوم: معهد الخرطوم الدولي للغة العربية، 1982.

2525. **مرجريت تايلر.**
مرشد المعلم في التلفزيون التعليمي، التلفزيون التعليمي ومحو الأمية، سرس الليان، 1968.

2526. **مركز البحوث التربوية والنفسية.**
استفتاء حول مشكلات تدريس اللغة العربية في المدارس الثانوية، جامعة بغداد، مركز البحوث التربوية والنفسية.

2527. **مركز التنسيق بين اللجان الوطنية العربية للتربية والثقافة والعلوم.** المصطلحات في اللغة العربية ووسائل التعريب، مجلة العالم العربي واليونسكو، العدد 33، 1398، مركز التنسيق بين اللجان الوطنية العربية للتربية والثقافة والعلوم، الرباط، المملكة المغربية.

2528. **المركز التربوي للبحوث والإنماء.**
مشروع تحديث اللغة العربية الأساسية، وزارة التربية الوطنية في لبنان، بيروت، 1973.

2529. **المركز التربوي للبحوث التربوية .**
تقويم الواقع الحالي للمناهج... اللغة العربية، مكتب التربية العربي بدول الخليج.
2530. **مركز دراسات الوحدة العربية.**
التعريب ودوره في تدعيم الوجود العربي والوحدة العربية، من 23-26، تشرين الثاني، نوفمبر، 1981، بيروت، 1982.
2531. **المركز العربي للبحوث التربوية لدول الخليج.**
محتويات الكتب المقررة التربوية لدول الخليج، محتويات الكتب المقررة للغة الفرنسية لمراحل التعليم العام، ملحق عدد2، المركز العربي للبحوث التربوية لدول الخليج.
2532. **المركز العربي للبحوث التربوية لدول الخليج.**
صيغة موحدة لأهداف المواد الدراسية بمراحل التعليم العام في دول الخليج العربي، التربية الإسلامية، اللغة العربية، الرياض: مكتب التربية العربي لدول الخليج، 1984.
2533. **المركز العربي للبحوث التربوية لدول الخليج.**
تقويم المناهج في دول الخليج العربي، المجلد الرابع، اللغة الأجنبية: المركز العربي للبحوث التربوية لدول الخليج،1980.
2534. **المركز العربي للبحوث التربوية لدول الخليج.**
الأهداف الدراسية لفروع اللغة العربية لمراحل التعليم العام، ملحق عدد2، المركز العربي للبحوث التربوية لدول الخليج (دون تاريخ).
2535. **المركز العربي للبحوث التربوية لدول الخليج.**
أساليب الأداء لفروع اللغة العربية لمراحل التعليم العام، ملحق عدد 3، المركز العربي للبحوث التربوية لدول الخليج 9،(دون تاريخ).
2536. **المركز العربي للبحوث التربوية لدول الخليج.**
تقييم الواقع الحالي للمناهج في دول الخليج في ضوء أهداف الموضوعية العربية، ملحق عدد1، المركز العربي للبحوث التربوية لدول الخليج (دون تاريخ).
2537. **مركز مطبوعات اليونسكو.**
القراءة اليوم، مستقبل التربية، إبريل:يونيه، 1973.
2538. **مركز الوثائق التربوية.**
آراء ومقترحات بشأن تدريس اللغة العربية، القاهرة، 1956.

2539. **مركز الوثائق التربوية.**
لتعليم القراءة والكتابة بالمرحلة الأولى في الدول العربية، القاهرة، 1969.
2540. **مركز الوثائق والبحوث التربوية بوزارة التربية والتعليم.**
تعليم القراءة والكتابة بالمرحلة الأولى، إصدار مركز الوثائق والبحوث التربوية بوزارة التربية والتعليم، القاهرة، 1968.
2541. **مروان المحاسني.**
الكلمات الإيطالية في لغتنا العامية دراسة لغوية تاريخية، بيروت: الدار العربية،1972.
2542. **مريم محجوب بابكر.**
مناهج اللغة العربية للمرحلة الابتدائية، بالمدارس الأجنبية بمحافظة الخرطوم، السودان، رسالة ماجستير، الخرطوم: معهد الخرطوم الدولي، 1983.
2543. **مزيد الظاهر.**
العربية تواجه العصر، دراسات عربية 2،1:19، العدد 12،11، 1982، ص85-89.
2544. **مسارع الراوي.**
المفاضلة بين الطريقة الصوتية الجملية في تعليم القراءة للمبتدئين، وزارة التربية، بغداد، 1967.
2545. **مسارع الراوي.**
وسائل الاتصال الجماهيري ودورها في نشر لغة عربية صحيحة، صدر في اللغة العربية والوعي القومي، بيروت: مركز دراسات الوحدة العربية، 1984.
2546. **مستورة عبد الله حسين.**
الألفاظ العربية في حكايات الغور الشعبية، دراسة معجمية دلالية مع بناء وحدة تعليمية عليها للمتوسطين، ماجستير، الخرطوم: معهد الخرطوم الدولي للغة العربية، 1985.
2547. **مستورة عبد الله حسين.**
الحكاية الشعبية في منطقة الغور دورها في نشر ألفاظ العربية بالمنطقة، دبلوم، الخرطوم: معهد الخرطوم الدولي للغة العربية، 1984.
2548. **مسعود غيث الرفيعي.**
وضع اختبار القراءة الصامتة للصفوف الثلاثة الأخيرة في المرحلة الابتدائية بالجمهورية العربية الليبية، القاهرة: رسالة ماجستير كلية التربية، جامعة عين شمس، 1977.

2549. **مصباح الحاج عيسى.**
تجربة التفاعل اللفظي في معاهد التربية بالكويت،تكنولوجيا التعليم، مجلد ا،عـدد3،
1979.

2550. **مصطفى إبراهيم أبو هنيدي.**
مسرح العرائس التعليمي كوسيلة تعليمية، مجلة تكنولوجيا التعليم، الكويت، العدد
الرابع، السنة الثانية 1979، ص36-42.

2551. **مصطفى أحمد سالم.**
تعليم اللغة العربية بالقرآن الكريم، المعلم العدد،5، يوليو 1976.

2552. **مصطفى أحمد عبد الباقي.**
دور الثقافة غير المدرسية في تدعيم بعض مجالات البيئة العلمية السليمة للأطفال،
رسالة ماجستير مقدمة إلى قسم أصول التربية، كلية البنـات- جامعـة عـين شمس،
1977.

2553. **مصطفى أحمد مصطفى.**
دراسة تحليلية لبرامج التدريب أثناء الخدمة لمعلمي اللغة العربية المتوسطة، تأهيل
تربوي، الخرطوم: معهد الخرطوم الدولي، رسالة ماجستير.

2554. **مصطفى أمين بديع.**
التربية الكلامية، القاهرة، مكتب الخدمة الاجتماعية المدرسية بإدارة شرق القاهرة
التعليمية، 1974.

2555. **مصطفى بن محمد سليم الغلاييني.**
الدروس العربية (للمدارس الثانوية)، بيروت، 1328هـ.

2556. **مصطفى جواد.**
اللغة العربية والعصر، الأقلام، السنة الأولى، العدد الأول، أيلول، 1964.

2557. **مصطفى جواد.**
مقترحات ضرورية في قواعد اللغة العربيـة، مجلـة مجمـع اللغـة العربيـة، البحـوث
والمحـاضرات، الـدورة،33، 1967/1966، الهيئـة العامـة لشـؤون المطـابع الأميريـة
بالقاهرة، 1968، ص25-34.

2558. **مصطفى جواد.**
وسائل النهوض باللغة العربية وتيسير قواعدها وكتابتها بحث مـن كتـاب، القاهرة:
المؤتمر الأول للمجامع اللغوية العلمية، دمشق، 1956، مطابع جريدة الصباح، مصر،
جونيه، 1956، القاهرة، مطابع جريدة الصباح.

2559. **مصطفى جواد.**
وسائل النهوض باللغة العربية وتيسير قواعدها وكتابتها، مجلة الأستاذ، المجلد الثامن، بغداد، مطبعة المعارف، 1960.

2560. **مصطفى حجازي السيد حجازي.**
الإبدال الصوتي في الكلمات العربية في لغة الهوسا، القاهرة: مجلة مجمع اللغة العربية، العدد 42.

2561. **مصطفى حجازي السيد حجازي.**
أداة التعريف في الكلمات العربية المعترضة في لغة الهوسا، القاهرة، مجلة الدراسات الإفريقية، العدد 28.

2562. **مصطفى حجازي السيد حجازي.**
الإلصاق الصوتي في الكلمات العربية المعترضة في لغة الهوسا، مجلة مجمع اللغة العربية، العدد 44، القاهرة.

2563. **مصطفى حجازي السيد حجازي.**
الحرف الصوتي في الكلمات العربية في لغة الهوسا، القاهرة، مجلة الدراسات الإفريقية، العدد 7.

2564. **مصطفى حجازي السيد حجازي.**
الحركة الأخيرة، دراسة للكلمات العربية في لغة الهوسا، القاهرة: مجلة مجمع اللغة العربية، العدد 48.

2565. **مصطفى حجازي السيد حجازي.**
العبارات العربية المعترضة في لغة الهوسا، القاهرة، مجلة الدراسات الإفريقية، العدد9.

2566. **مصطفى حجازي السيد حجازي.**
العربية والهوسا نظرات تقابلية، سلسلة دراسات في تعليم اللغة العربية لغير الناطقين بها، معهد اللغة العربية، جامعة أم القرى.

2567. **مصطفى حجازي السيد حجازي.**
مصادر الاقتراض، دراسة للكلمات العربية في لغة الهوسا، القاهرة: مجلة مجمع اللغة العربية، العدد 46.

2568. **مصطفى حجازي السيد حجازي.**
معجم سياقي للكلمات العربية في لغة الهوسا، مكة المكرمة: جامعة أم القرى، 1986، معهد اللغة العربية، سلسلة دراسات في تعليم اللغة العربية لغير الناطقين بها.

2569. **مصطفى حركات.**
الكتابة والقراءة وقضايا الخط العربي، المكتبة العصرية، بيروت، ط1، 1998.

2570. **مصطفى حركات.**
اللسانيات العامة وقضايا العربية، المكتبة العصرية، بيروت، ط1، 1998.

2571. **مصطفى الدمياطي.**
في فن القراءة والكلام والإلقاء، القاهرة: دار الكتب، 1929.

2572. **مصطفى سويف.**
دراسات نفسية في تذوق الشعر،القاهرة، مجلة المجلة، العدد السابع والسبعون، السنة السابعة، مايو 1963.

2573. **مصطفى الشهابي.**
تيسير الكتابة العربية، مجلة مجمع دمشق، مجلد 35، الجزء الرابع، 1960.

2574. **مصطفى الشهابي.**
خواطر في القومية العربية واللغة الفصحى، مجلة مجمع اللغة العربية بدمشق، المجلد 36، الجزء 3، تموز 1961محرم 1381.

2575. **مصطفى الشهابي.**
مشكلات العربية، اللسان العربي، العدد 4، 1966.

2576. **مصطفى الشهابي.**
مشكلات العربية واقتراح المرحوم أحمد أمين، مجلة المجمع العلمي العربي المجلد 39، الجزء 4، تشرين الأول 1964، جمادى الأول 1984.

2577. **مصطفى الشهابي.**
من مشاكل لغتنا العربية، مجلة مجمع اللغة العربية بدمشق، المجلد 42، الجزء1، رمضان 1386، كانون ثاني 1967.

2578. **مصطفى عبد العزيز السنجرجي.**
الدراسة التطبيقية لعلم النحو، القاهرة: مكتبة الشباب، 1975.

2579. **مصطفى عبد الله.**
أربعون عاماً في خدمة الطفل العربي، الرياض، مجلة الفيصل، العدد الثلاثون، السنة الثالثة، نوفمبر 1979، ص108-111.

2580. **مصطفى عبد الله.**
كتاب الطفل العربي شكلاً ومضموناً، الرياض، مجلة الفيصل، العدد الحادي والثلاثون، السنة الثالثة، ديسمبر 1979، ص80-82.

2581. **مصطفى عبد الله.**
الكتاب العربي وكتاب الطفل، الرياض، مجلة الفيصل، العدد الثامن والعشرون، السنة الثانية، سبتمبر 1979، ص 72-76.

2582. **مصطفى العلواني.**
الترادف والفروق في اللغة العربية، المجلة العربية، 8:5 ، العدد/1981/11، ص85-88
.

2583. **مصطفى فهمي.**
أمراض الكلام، القاهرة: دار مصر بالفجالة 1956،ط2.

2584. **مصطفى فهمي وهدى براده.**
دليل المعلم في التربية السمعية والتدريب على تعليم الكلام، دار مصر للطباعة، القاهرة، 1967.

2585. **منصور فهمي.**
اللغة العربية ومجمع القاهرة، مجلة فكر، المجلد الثاني، ص136، 1956-1957

2586. **مصطفى فهمي.**
مشكلات النطق عند الأطفال، مجلة الرائد، السنة الأولى، العدد3، مارس 1956.

2587. **مصطفى الفيلالي.**
نحو إستراتيجية للتعريب في الوطن العربي، المستقبل العربي 36:4، العدد1982/2، ص115-125.

2588. **مصطفى كامل بدران.**
أمراض الكلام، عرض ونقد، مجلة الرائد، عدد4 السنة الأولى، القاهرة، نقابة المهن التعليمية، القاهرة، إبريل 1956.

2589. **مصطفى كامل بدران.**

دائرة المعارف للأطفال حلقة العناية بالثقافة القومية للطفل العربي، بيروت: جامعة الدول العربية، 1970/1/17/7، ص99-111.

2590. **مصطفى ماهر.**

حكايات الأطفال كما جمعها الأخوان جريم، الرياض: الفيصل، العدد السابع والعشرون، العدد الثالث، أغسطس، 1979.

2591. **مصطفى محمد أحمد الصاوي.**

لغة المسرح: دراسة في الخصائص الأسلوبية المسرحية، دبلوم، الخرطوم: معهد الخرطوم الدولي للغة العربية، 1985.

2592. **مصطفى ناصف ومحيي الدين صالح.**

العربية للحياة منهج متكامل في تعليم العربية لغير الناطقين بها، الكتاب الأول، جامعة الرياض:معهد اللغة العربية، 1979.

2593. **مصطفى النحاس.**

اللغة والأسلوب، مراجعة كتاب اللغة والأسلوب، تأليف عدنان ذريل، المجلة العربية للعلوم الإنسانية، 2:1، ربيع/1981، ص209-216.

2594. **مصطفى النحاس.**

مدخل إلى دراسة النحو العربي، الكويت: مكتبة الفلاح، 1981.

2595. **مصطفى النحاس عبد الواحد.**

مشكلة العامية والفصحى في تعليم اللغة العربية للأجانب، دبلوم، الخرطوم: معهد الخرطوم: معهد الخرطوم الدولي للغة العربية، 1974.

2596. **مصطفى نزيه سل.**

تأثير الحضارة العربية الإسلامية على اللغة الفولانية، وأثره على تعلُّم اللغة العربية في منطقة نهر السنغال، الخرطوم: معهد الخرطوم الدولي للغة العربية، دبلوم 1985.

2597. **مصطفى الهادي أحمد.**

تدريس الإملاء العربي لمتعلمي اللغة العربية للأجانب، الخرطوم: معهد الخرطوم الدولي، رسالة ماجستير، 1983.

2598. **مظفر مندوب.**

التلفزيون ودوره التربوي في حياة الطفل، بغداد: الدار الوطنية للتوزيع، 1983.

2599. **معروف الدواليبي.**

مصطلحات أجنبية أصلها عربي، مجلة اللسان العربي، الرباط، العدد الثالث عشر- الجزء الأول 1976.

2600. **معطي جبر الكرعاوي.**

كيف تتعلم الإعراب، بغداد1980، ط1، بغداد: مكتبة النهضة، 1983م،ط2.

2601. **معهد بورقيبة للغات الحية.**

طريقة تدريس اللغة العربية لغير الناطقين بها، تونس: معهد بورقيبة للغات الحية، الجامعة التونسية، السجل العلمي للندوة العالمية الأولى لتعليم العربية لغير الناطقين بها، الرياض، 17-21، ربيع ثاني، 1398، 26 مارس، ج2، 1980.

2602. **معهد الخرطوم الدولي للغة العربية.**

تعليم اللغة العربية في جبال النوبة، أعده الدارسون في معهد الخرطوم للغة العربية، 1981.

2603. **معهد الخرطوم الدولي للغة العربية.**

الدراسات التقابلية بين اللغة العربية واللغات الأخرى، المجلة العربية للدراسات اللغوية، 1:1، العدد 1982/8، ص219-224.

2604. **معهد الخرطوم الدولي للغة العربية.**

قائمة الـ 15000 كلمة الأكثر شيوعاً في كتب تعليم اللغة العربية للأجانب، الخرطوم 1981.

2605. **المعهد القومي لعلوم التربية.**

التنمية اللغوية في المرحلة الأولى من التعليم الثانوي، تونس: دليل الأستاذ، 1982.

2606. **معهد اللغة العربية.**

اختيار اللغة العربية لغير العرب، الرياض: جامعة الرياض، 1978.

2607. **مضيق دوشق.**

دور اللغات القومية في الدراسات العليا والبحث العلمي، مجلة مجمع اللغة العربية الأردني، المجلد: 27:9، العدد 1-6، 1985.

2608. **مكتب التربية العربي لدول الخليج**

وقائع (ندوات) تعليم اللغة العربية لغير الناطقين بها، الأجزاء الثلاثة، 1985م.

2609. **مكتب تنسيق التعريب في الوطن العربي في الرياض.**
ملاحظات ومقترحات مكتب تنسيق التعريب بالرباط حول الأسس التي اقترحتها اللجنة التحضيرية لحصر الألفاظ التي يشيع تداولها بين تلاميذ المرحلة الابتدائية، الرباط مكتب تنسيق التعريب في الوطن العربي، المنظمة العربية للتربية والثقافة والعلوم.

2610. **مكي الرشيد المكي.**
إعداد معلم اللغة العربية للناطقين بغيرها، دبلوم، الخرطوم: معهد الخرطوم الدولي، 1983.

2611. **مكي الرشيد المكي.**
تقويم إعداد معلمي اللغة العربية للناطقين بغيرها، ماجستير، الخرطوم: معهد الخرطوم الدولي للغة العربية، 1984.

2612. **مكي الرشيد المكي.**
تقويم إعداد معلمي اللغة العربية للناطقين بغيرها، ماجستير، الخرطوم: معهد الخرطوم الدولي للغة العربية، 1984.

2613. **م. منصور.**
قاموس المصطلحات الدبلوماسية والسياسية والدولية، إنجليزي-عربي، القاهرة، 1961.

2614. **منى بحري.**
تقويم الاختبارات الصفية التحريرية لمادة إملاء اللغة العربية للصفوف الرابعة الابتدائية في العراق للسنة الدراسية، 71/70، بغداد: مركز البحوث التربوية والنفسية، 1973.

2615. **منى بحري.**
تقويم الاختبارات الصفية التحريرية لمادة القواعد للصفوف الابتدائية في العراق في نهاية العام الدراسي ، 72/70، بغداد: جامعة بغداد، مركز البحوث التربوية والنفسية، 1975.

2616. **منى حبيب وقاسم شعبان.**
تدريس اللغة العربية في المرحلة الابتدائية في البلاد العربية، بيروت، دار الكتاب اللبناني، 1983.

2617. **منى خضر عثمان.**
ظاهرة التذكير والتأنيث وكيفية تعليمها لغير الناطقين باللغة العربية، ماجستير، الخرطوم: معهد الخرطوم الدولي للغة العربية، 1985.

2618. **منى خضر عثمان.**
العوامل المساعدة على التعلم الجيد وكيفية الاستفادة منها في تعليم اللغة العربية لغير الناطقين بها، دبلوم، الخرطوم: معهد الخرطوم الدولي للغة العربية، 1984.

2619. **منى علوان.**
دراسة مقارنة بين أسلوب المنظور والمسموع في تحصيل التلاميذ في الإملاء، بغداد، جامعة بغداد، كلية التربية، 1984.

2620. **منى كنتابي أبو قرحة.**
الأسس النفسية لتعليم اللغة العربية للكبار من غير الناطقين بها، ماجستير، الخرطوم، معهد الخرطوم الدولي، 1983.

2621. **منى محمد إبراهيم.**
القصص المتنقلة لدى الأطفال، بناء الطفل في الخليج العربي بناء للمستقبل العربي، حلقة دراسية ينظمها الاتحاد العام لنساء العراق وجامعة البصره، 13-1979/1/15، رقم البحث 70، ص17.

2622. **منى محمد عبد الفتاح جبر.**
دور التلفزيون في تثقيف الطفل، رسالة ماجستير مقدمة إلى قسم الصحافة، كلية الآداب، جامعة القاهرة، 1973.

2623. **المنجي الشملي.**
رأي في مستقبل اللغة العربية، مجلة فكر، مجلد 1971/16 .

2624. **المنجي الشملي.**
من المشاكل العلمية التي تعترضنا في استعمال العربية ونشرها، مجلة فكر، المجلد الخامس، 1958-1959.

2625. **المنجي الصيادي.**
اتجاهات مدنية في تعليم العربية للناطقين باللغات الأخرى، شؤون عربية، المجلد 22، العدد12، 1982، ص192-197.

2626. **المنجي الصيادي.**
مد الحضارة العربية في الأقطار الإفريقية، شؤون عربية 12، عدد1982/2/2، ص163-172 .

2627. **منذر عياشي**

الكتابة الثانية وفاتحة المتعة، ط1، المركز الثقافي العربي، الدار البيضاء، 1998م.

2628. **المنصف عاشور.**

الأصول: دراسة إيبستولوجية لأصول الفكر اللغوي العربي، حوليات الجامعة التونسية، 22(-/1983)، ص193-198.

2629. **المنصف عاشور.**

من المعاني النحوية في اللسانيات العربية، الموقف الأدبي: 135و 136، العددان 7و 8، 1982، ص95-113 .

2630. **منصور فهمي.**

الكتابة العربية، بحث من كتاب المؤتمر الأول للمجاميع اللغوية العلمية، دمشق: 1956، مطابع جريدة الصباح بمصر.

2631. **منصور المرهون القطيفي.**

القواعد العربية، النجف: م النعمان، 1958.

2632. **المنظمة العربية للتربية والثقافة والعلوم.**

اجتماع خبراء متخصصين في اللغة العربية، القاهرة، دار الطباعة الحديثة، 1975.

2633. **المنظمة العربية للتربية والثقافة والعلوم.**

تأثير تعليم اللغات الأجنبية في تعليم اللغة العربية، تونس: 1983.

2634. **المنظمة العربية للتربية والثقافة والعلوم.**

تطوير مناهج الأمية في البلاد العربية، بغداد، الجهاز العربي لمحو الأمية، 1984.

2635. **المنظمة العربية.**

تطوير منهاج تعليم الكتابة والإملاء في مراحل التعليم العام في الوطن العربي، تونس، 1983.

2636. **المنظمة العربية للتربية والثقافة والعلوم.**

تقرير اللجنة التحضيرية لمشروع حصر الألفاظ، إدارة التربية، القاهرة: 1973.

2637. **المنظمة العربية للتربية والثقافة والعلوم.**

التقرير النهائي والتوصيات: حلقة تعليم اللغات الأجنبية في التعليم العام الفني في البلاد العربية، إدارة التربية، دمشق، 1973.

2638. **المنظمة العربية للتربية والثقافة والعلوم.**
توصيات حلقة تعليم اللغة الأجنبية في التعليم العام والفني في البلاد العربية، إدارة التربية، المنظمة العربية للتربية والعلوم وثيقة مرقونة في ثلاث عشرة صفحة، دمشق، 1973.

2639. **المنظمة العربية للتربية والثقافة والعلوم.**
حملة تقوية اللغة العربية في جمهورية الصومال الديمقراطية، تونس، 1987.

2640. **المنظمة العربية للتربية والثقافة والعلوم.**
دراسات عن التجارب العربية والعالمية في نشر اللغات والثقافات من الخارج، إعداد محمود فهمي حجازي، هيئة الأمناء لتخطيط السياسة الخارجية للثقافة العربية، القاهرة 10-12، ديسمبر 1977، ص186.

2641. **المنظمة العربية للتربية والثقافة والعلوم**
الرصيد اللغوي العربي لتلاميذ الصفوف الستة الأولى من مرحلة التعليم الأساسي، تونس، 1989م.

2642. **المنظمة العربية للتربية والثقافة والعلوم.**
الكتاب المدرسي ومدى ملاءمته لعمليتي التعليم والتعلم في المرحلة الابتدائية، تونس: 1982.

2643. **المنظمة العربية للتربية والثقافة والعلوم.**
الكتاب المدرسي ومدى ملائمته لعمليتي التعليم في المرحلة الابتدائية، وحدة البحوث والمناهج، السعودية (دون تاريخ).

2644. **المنظمة العربية للتربية والثقافة والعلوم.**
مؤتمر إعداد وتدريب المعلم العربي، القاهرة، مطبعة التقدم، 1972.

2645. **المنظمة العربية للتربية والثقافة والعلوم.**
معهد بحوث الدراسات العربية، العلاقات العربية الإفريقية، دراسة تحليلية في أبعادها المختلفة، القاهرة، معهد البحوث والدراسات العربية، 1978.

2646. **المنظمة العربية للتربية والثقافة والعلوم.**
مقتطفات من التقرير النهائي لاجتماع خبراء اللغة العربية، المعلم، العدد4، سبتمبر، 1975.

2647. **المنظمة العربية للتربية والثقافة والعلوم.**
ندوة خبراء دراسة نتائج تيسير الكتابة، القاهرة: 1977.

2648. **المنظمة العربية للتربية والثقافة والعلوم.**
ندوة مناهج اللغة العربية في التعليم ما قبل الجامعي المنعقدة في الرياض- أوراق العمل، الرياض: جامعة الإمام محمد بن سعود، 1985.

2649. **المنظمة العربية للتربية والثقافة والعلوم.**
ندوة مناهج اللغة العربية في التعليم ما قبل الجامعي المنعقدة في الرياض- التقرير الختامي، الرياض: جامعة الإمام محمد بن سعود، 1985.

2650. **المنظمة العربية للتربية والثقافة والعلوم**
وثائق عن اللغة العربية في العالم المعاصر، إعداد محمود فهمي حجازي، هيئة الأمناء لتخطيط السياسة الخارجية للثقافة العربية، القاهرة: ص10-12، ديسمبر 1977، ص129.

2651. **منوير منتوج دنيق.**
اللغة العربية في مدارس جنوب السودان، دبلوم، الخرطوم: معهد الخرطوم الدولي، 1983.

2652. **منوير منتوج دنيق.**
نحو منهج مقترح للقراءة العربية الخاصة للصف الثاني الثانوي بجنوب السودان، رسالة ماجستير، الخرطوم: معهد الخرطوم الدولي للغة العربية، 1984.

2653. **منير أحمد فتح الله.**
الشروط الواجب توافرها في كتب الأطفال، مجلة الرائد، السنة العاشرة، يوليو 1965، نقابة المهن التعليمية، القاهرة.

2654. **منير حامد أمين بدوي.**
مقابلة بين علم اللغة الحديث وعلم اللغة عند العرب، دراسة وصفية على المستوى الوصفي، الخرطوم: معهد الخرطوم الدولي للغة العربية، 1981.

2655. **منير خالد.**
تحليل الأخطاء اللغوية الشائعة في كتابة الطلاب الباكستانيين في المرحلة المتوسطة وخطة علاجية لهذه الأخطاء، الخرطوم: معهد الخرطوم الدولي للغة العربية، 1982.

2656. **منيرة حلمي.**
التذوق الفني يقيسه المعلم، مجلة الفكر المعاصر، القاهرة، العدد السابع، سبتمبر 1965، ص34-41.
2657. **المهدي أحمد عبد الماجد.**
ظاهرة التضاد في اللغة العربية وتدريسها للناطقين بغيرها عن طريق تطبيق وحدة تعليمية للمتقدمين، ماجستير، الخرطوم: معهد الخرطوم الدولي، 1983.
2658. **مهدي صالح هجرس.**
الأخطاء الإملائية الشائعة لدى تلاميذ الصفوف الثلاثة الأخيرة في المرحلة الابتدائية أسبابها وعلاجها، رسالة ماجستير،، جامعة بغداد،1979.
2659. **مهدي عبد الله التاجر.**
تعليق عن اللغة والأصول في البحرين، الوثيقة 3:2 (1983/7)، ص173.
2660. **موريس أبو ناصر.**
مفهوم اللغة في الألسنية البنيوية، الفكر العربي المعاصر: 25 (3و4 / 1983)، ص53-57.
2661. **موسى إبراهيم الكرباس.**
دراسات في أساليب تدريس اللغة العربية في مرحلة الدراسة الابتدائية، النجف، مطبعة الآداب، 1971.
2662. **موسى بريل.**
قاموس الصحافة العربية، القدس، اللجنة الجامعية العبرية، 1940.
2663. **موسى عثمان يما.**
دراسة تقابلية بين اللغتين العربية والهوسا على مستوى تركيب الجملة، الخرطوم، معهد الخرطوم الدولي، 1982.
2664. **موسى مقوك صايوم كون.**
استخدام الوسائل التعليمية غير المعروضة بجهاز في تدريس اللغة العربية لغير الناطقين بها (جنوب السودان) دبلوم، الخرطوم: معهد الخرطوم الدولي للغة العربية، 1985.
2665. **موسى نباي الحليلي.**
الدعوة إلى كتابة العربية بالحروف اللاتينية بين المستشرقين والعرب، مجلة كلية الفقه (الجامعة المستنصرية) 1:1 (- /1979)، ص263-300 .

2666. **موفق الحمداني.**
اللغة وعلم النفس، جامعة الموصل، مديرية دار الكتب للطباعة والنشر، الموصل 1982.

2667. **موفق الحمداني وقاسم عون الشريف.**
كتب المطالعة في المدارس الأولية في السودان، الخرطوم، شعبة أبحاث السودان، 1966، جامعة الخرطوم، 1969.

2668. **موفق الحمداني وعون الشريف.**
كتب المطالعة في المدارس الأولية في السودان، دار الطباعة، الخرطوم، 1969.

2669. **موفق الحمداني ويعقوب الخميس.**
كتب القراءة العربية في المرحلة الابتدائية تحليل ونقد، دار الكتب للطباعة والنشر، جامعة الموصل، 1974، ص28، والملاحق ص165.

2670. **ميجل سيجوان ووليم ف. مكاي**
التعليم وثنائية اللغة، ترجمة إبراهيم القعيد ومحمد مجاهد، جامعة الملك سعود، الرياض، 1995م.

2671. **ميخائيل باختين.**
الإيدولوجيا وفلسفة اللغة، ترجمة فيصل دراج، الكرمل: مجلد 6، 1982.

2672. **ميشال حجا.**
الاستشراق في أوروبا، مجلة الباحث، السنة الثالثة، العدد الأول، ص39-61، أكتوبر، 1980.

2673. **ميشال زكريا.**
الأبعاد النظرية والتطبيقية لتمرين القواعد، بيروت: المجلة التربوية، العدد الرابع 1979.

2674. **ميشال زكريا**
الألسنية (علم اللغة الحديث) المبادئ والأعلام، المؤسسة الجامعية، ط2، بيروت، 1983م.

2675. **ميشال زكريا**
بحوث ألسنية عربية، ط1، المؤسسة الجامعية، بيروت، 1992م.

2676. **ميشال زكريا.**
الألسنية ومنهجية تعليم اللغة، بيروت: المجلة التربوية، العدد الثاني، 1982.

2677. **ميشال زكريا.**
تأثير اللغة الأولى في عملية تعلّم لغة ثانية، بيروت: المجلة التربوية، العدد 2، 1978.

2678. **ميشال زكريا.**
التطور الذاتي الألسنية والتوليدية والتحويلية، الفكر العربي المعاصر 25(3، 1983/4)، ص15-28.

2679. **ميشيل زكريا.**
قضايا ألسنية تطبيقية، دراسات لغوية اجتماعية نفسية مع مقارنة تراثية، ط1، دار العلم للملايين، 1993م.

2680. **ميشال زكريا.**
مباحث في النظرية الألسنية وتعليم اللغة، بيروت، المؤسسة الجامعية للدراسات والنشر والتوزيع، 1984.

2681. **ميشال زكريا.**
نمو الطفل اللغوي، بيروت: المجلة التربوية، العدد الأول سنة 1979

2682. **ميشيل ماكارثي.**
قضايا في علم اللغة التطبيقي، ترجمة عبد الجواد توفيق محمود، 2005م.

2683. **ميلاد ميشال منيرة.**
تعليم مبادىء اللغة العربية في السنة الثانية الابتدائية، ماجستير: جامعة القديس يوسف، بيروت، 1982.

2684. **ميوبرت بيرن.**
إعداد معلم المرحلة الأولى، ترجمة محمد مصطفى زيدان وآخرين، القاهرة مكتبة النهضة المصرية، 1967.

ن

2685. **ناجي عبد الجبار**

دروس في اللغة العربية لغير الناطقين بها، المستوى الأول، ط1، فلسطين، 1995م.

2686. **نادية إبراهيم محمد**

تعليم اللغة العربية للمعوقين سمعياً: بحث تجريبي الخروم: معهد الخرطوم الدولي اللغة العربية، 1981.

2687. **نادية شعبان مصطفى**

بناء أداة لقياس دافعية المعلمين نحو مهنة التعليم، بغداد، جامعة بغداد، كلية التربية، 1978.

2688. **نادية محمد عبد السلام**

دراسة تجريبية للعوامل الداخلية في القدرة اللفظية باستخدام التحليل العاملي، جامعة عين شمس، كلية التربية، رسالة دكتوراة، 1975.

2689. **النادي الثقافي العربي**

ندوة الاتجاهات الجديدة في ثقافة الأطفال بيروت، 1978م.

2690. **نازك عبد الحليم قطيشات**

أثر العوامل الاقتصادية والاجتماعية والثقافية في تحصيل طلبة الصف الثاني الثانوي الأدبي في مادة اللغة العربية، ماجستير، الجامعة الأردنية كلية التربية، 1981.

2691. **ناصر بن عبدالله الطريم**

مدارس اللغة العربية، دراسة مقدمة إلى ندوة خبراء ومسؤولين لبحث وتطوير إعداد معلمي اللغة العربية، الرياض، من 5 - 10، مارس 1977.

2692. **ناصر الدين الأسد**

اللغة العربية وقضايا الحداثة، فصول4 : 3 (4 - 6/ 1984) ص 121- 127.

2693. **ناصر محمد العصيمي**

إدارة مكتبة المدرسة الثانوية كسبيل لشخصية أهداف هذه المرحلة، رسالة ماجستير، جامعة الملك عبد العزيز مكة المكرمة، كلية التربية، 99 / 1400هـ.

2694. **ناصف مصطفى**
العربية أصواتها وحروفها لغير الناطقين بها، الرياض: جامعة الرياض، 1981.

2695. **ناصف مصطفى**
الألعاب اللغوية في تعليم الأجنبية، الرياض: دار المريخ، 1983.

2696. **ناظر محمد**
دراسة تقابلية بين اللغتين العربية والأندونيسية على المستوى الصوتي، ماجستير، الخرطوم: معهد الخرطوم الدولي، 1978.

2697. **نانسي لادل**
طفلك كيف يتعلم القراءة، ترجمة فرج موسى الويفي، القاهرة، دار غريب للطباعة، 1977.

2698. **ناهدة عبد الحميد حمام**
المحصول اللفظي وعلاقته بالاتجاهات الوالدية لعينة من الأطفال العراقيين رسالة ماجستير مقدمة إلى قسم علم النفس، كلية البنات جامعة عين شمس، 1977.

2699. **ناهد عبد الحميد**
دراسة في نمو المحصول اللغوي في مدينة بغداد، بناء الطفل في الخليج العربي بناء للمستقبل العربي، حلقة دراسية ينظمها الاتحاد العام لنساء العراق، جامعة البصرة، 1979.

2700. **نايف خرما وعلي حجاج**
اللغات الأجنبية تعليمها وتعلمها (عالم المعرفة)، 126، الكويت، 1988م.

2701. **نايف مصطفى عبد العزيز، ومحيي الدين بن صالح**
العربية للحياة، جامعة الرياض، 1980.

2702. **نبية إبراهيم إسماعيل**
الأسس النفسية لتعليم اللغة العربية لغير الناطقين بها، القاهرة، مكتبة الأنجلو المصرية، 1981.

2703. **نبية إبراهيم إسماعيل**
دراسات تطبيقية لبعض العوامل النفسية التي يمكن الاستفادة منها في تعليم اللغة العربية لغير الناطقين بها، دبلوم، الخرطوم: معهد الخرطوم الدولي للغة العربية، 1977.

2704. **نتيلة راشد**
إصدار مجلة للأطفال على مستوى الوطن العربي، حلقة العناية بالثقافة القومية للطفل العربي، جامعة الدول العربية، بيروت 7 – 1970/9/17 ص 215 – ص 236.

2705. **نتيلة راشد**
صحافة الأطفال في بلادنا، بحث مقدم إلى حلقة بحث كتاب الطفل ومجلته، المجلس الأعلى لرعاية الفنون والآداب والعلوم الاجتماعية، القاهرة: في المدة من 7 – 1972/2/10، ص 29.

2706. **نتيلة راشد**
العلاقة بين صحافة الطفل وكتاب الطفل، ندوة ثقافة الطفل العربي القاهرة: 26/22 ديسمبر 1979، ص 16.

2707. **نجاة صديق البدري**
المواد والأجهزة التعليمية المستخدمة في رياض الأطفال بدولة الكويت، مجلة تكنولوجيا التعليم العدد 4، السنة 2، ص 51.

2708. **نجدت قاسم الصالحي**
احتياجات محافظة بغداد في المدارس الابتدائية ذات السنوات الثلاثة في خطة تعميم التعليم الابتدائي، ماجستير، بغداد، جامعة بغداد، كلية التربية، 1974.

2709. **نجلاء أحمد الشطب**
بناء اختبار تحصيلي للمفردات اللغوية للمرحلة المتوسطة وتقنينه، كلية التربية، جامعة بغداد، 1983.

2710. **نجم الدين بينويد**
الطريقة العصرية للقراءة العربية، بغداد: مطبعة الشعب، 1975.

2711. **نجم الدين مختار أحمد**
علاقة إعداد المعلمين بالتحصيل القرائي للدارسين في مراكز محو الأمية، بغداد: جامعة بغداد، كلية التربية، 1978.

2712. **نجم الدين مختار أحمد عبدالله**
أثر بعض الأساليب التعليمية في التلفزيون على التحصيل القرائي المدرسي، بغداد، جامعة بغداد، كلية التربية، 1981.

2713. **نجم الدين مرداب**
رياض الأطفال في الجمهورية العراقية تطورها ومشكلاتها، ماجستير، بغداد، جامعة بغداد: كلية التربية، 1971.

2714. **نجم عبيد داود**
أخطاء التراكيب اللغوية في الإنشاء لدى طلبة اللغة الإنكليزية في كلية التربية، بغداد، جامعة بغداد، كلية التربية، 1984.

2715. **نجيب إسكندر**
البحث العلمي وتعليم الكبار في البلاد العربية، الجهاز العربي لمحو الأمية وتعليم الكبار، المنظمة العربية للتربية والثقافة والعلوم، وثيقة رقم4، القاهرة، 1975.

2716. **نجيب إسكندر**
نحو رؤية اشتراكية لعالم الطفل، مجلة الطليعة العدد الرابع، السنة الثانية إبريل 1966، القاهرة، ص 40 – 50.

2717. **نجيب عبيد**
ممارسات معلمات رياض الأطفال في الأردن تجاه الطفل كما تعبر عنها استجابتهن اللفظية، ماجستير، الجامعة الأردنية: كلية التربية، نيسان 1972.

2718. **النحوي البستي**
المدخل إلى تقويم اللسان وتعليم البيان، تحقيق حاتم صالح الضامن، المورد، المجلد 10، 2، 1981، ص 45 – 106.

2719. **نخبة من الأساتذة**
القواعد العربية الجديدة، بيروت، 1962.

2720. **ندوة اتحاد الكتاب التونسيين**
الإنتاج الأدبي وسلامة اللغة، مجلة الفكر، العدد السادس، السنة العشرون، تونس، 1970.

2721. **ندوة النوري**
فروع اللغة العربية وطرائق تدريسها، دراسة مقدمة إلى المؤتمر التاسع لاتحاد المعلمين العرب، تطوير تدريس علوم اللغة العربية وآدابها، الخرطوم: فبراير، 1976.

2722. **نزهت الشالجي**

دراسة تقويمية للتربية والتعليم في رياض الأطفال في الجمهورية العراقية، رسالة ماجستير مقدمة إلى قسم المناهج وطرق التدريس، كلية التربية، جامعة الأزهر 1978.

2723. **نزيهة حمزة**

القصة الخيالية الشعبية للأطفال في مرحلة الدراسة الابتدائية ودراسة نماذج لها من ألف ليلة وليلة، رسالة ماجستير دائرة التربية الجامعية الأمريكية، بيروت، طبع رونية 1960.

2724. **نهاد الموسى**

اللغة العربية وأبناؤها، دار المسيرة، ط1، عمان، 2008م.

2725. **نهاد الموسى**

مقدمة في علم تعليم اللغة العربية، دار العلوم، الرياض، ط1، 1984م.

هـ

2726. **الهادي الحطلاوي**
الأخطاء اللغوية في المرحلة الأولى من خلال الإنشاء وصف وتعليق، المجلة التونسية لعلوم التربية، ع20 و21، 1992-1993م.

2727. **الهادي الأمين عباس.**
دراسة تحليلية تقويمية لمنهج النحو بالصف الأول بالمعاهد الدينية الثانوية السودانية، دبلوم، الخرطوم: معهد الخرطوم الدولي، 1983.

2728. **الهادي الأمين عباس.**
طريقة تدريس الجملة العربية البسيطة لغير الناطقين بها، الخرطوم: معهد الخرطوم الدولي للغة العربية، 1984.

2729. **هادي سهر.**
التراكيب اللغوية في العربية، بغداد، الجامعة المستنصرية، 1987.

2730. **هادي نعمان الهيتي.**
اتجاهات ثقافة الطفل في العراق، المنظمة العربية للتربية والثقافة والعلوم، حلقة ثقافة الطفل العربي، الكويت، 8-12، ديسمبر، 1979، ص15.

2731. **هادي نعمان الهيتي.**
أدب الأطفال، بغداد، دار الحرية، 1978.

2732. **هادي نعمان الهيتي.**
أدب الأطفال، فلسفته، فنونه ووسائطه، بغداد: وزارة الإعلام العراقية، دار الحرية للطباعة، 1977.

2733. **هادي نعمان الهيتي.**
الثقافة ودورها في تكوين شخصية الطفل، بناء الطفل في الخليج العربي، بناء للمستقبل العربي، حلقة دراسية ينظمها الاتحاد العام لنساء العراق وجامعة البصرة، 13-1971/1/15، رقم البحث 86.

2734. **هادي نعمان الهيتي.**
صحافة الأطفال في العراق- نشأتها وتطورها مع تحليل لمحتواها وتقييمها، بغداد، وزارة الإعلام، دار الرشيد، 1979.

2735. **هادي نعمان الهيتي.**
ملاحظات حول حدود ومجالات استخدام مناهج وطرق وأدوات البحث العلمي في بحوث الإذاعة والتلفزيون في الوطن العربي، مجلة شؤون عربية، تونس، الأمانة العامة بجامعة الدول العربية، العدد 24، فبراير، 1983، ربيع الثاني، 1403، ص24/14.

2736. **هارتموت بوتبين.**
الأفعال الشائعة في اللغة العربية ،ترجمة إسماعيل عمايرة، الرياض جامعة الإمام محمد بن سعود.

2737. **هارون ساماسا.**
دراسة تقابلية بين اللغتين العربية والسوننكية على مستوى الجملة البسيطة، دبلوم، الخرطوم: معهد الخرطوم الدولي للغة العربية، 1985.

2738. **هاشم الإمام محيي الدين.**
الأبنية الصوتية الأساسية في اللغة العربية المعاصرة، الخرطوم: معهد الخرطوم الدولي للغة العربية، 1978.

2739. **هاشم برنجي.**
دراسة تقابلية بين اللغة العربية ولغة المورد على المستوى الصوتي، دبلوم، الخرطوم: معهد الخرطوم الدولي للغة العربية، 1984.

2740. **هاشم جاسم محمد.**
تقييم برامج التلفزيون التربوي من وجهة نظر مديري ومعلمي وتلاميذ المرحلة الابتدائية، بغداد، جامعة بغداد، كلية التربية، 1978.

2741. **هاشم عبنده هاشم.**
عجز المناهج الدراسية عن إشباع حاجات الطفل القرائية، عالم الكتب، المجلد 7 عدد4، 1986.

2742. **هاشم ياغي.**
عربيتنا الفصحى والمرحلة الحاضرة، قافلة الزيت، العدد2، المجلد 28، صفر 1400، ديسمبر كانون الأول، يناير كانون الثاني، 1980.

2743. **هانو مارتن.**
المقبلون على تعلم العربية، ندوة تأليف كتب تعليم العربية للناطقين بلغات أخرى، الرباط، 1980.

2744. **هايمان، رونالدت.**
طرق التدريس، ترجمة إبراهيم محمد الشافعي، الرياض، جامعة الملك سعود، 1403.

2745. **هدى برادة وآخرون.**
اختبار دار الكتب للقراءة الصامتة لتلاميذ المرحلة الابتدائية من كتاب الأطفال يقرؤون، ج1، القاهرة: الهيئة المصرية العامة للكتاب، 1974.

2746. **هدى برادة وآخرون.**
الأطفال يقرؤون، بحوث ودراسات، القاهرة: الهيئة المصرية العامة للكتاب، 1974.

2747. **هدى برادة وآخرون.**
دراسة تحليلية لقصص الأطفال الشائعة، من كتاب الأطفال يقرؤون، ج1، القاهرة: الهيئة المصرية العامة للكتاب، 1974، ص177-235.

2748. **هدى برادة وحامد الفقي.**
دراسة لعوامل التخلف في القراءة في المرحلة الابتدائية وأعراضها التشخيصية من كتاب الأطفال يقرؤون، القاهرة: الهيئة المصرية العامة للكتاب، 1974، ص113-173.

2749. **هدى الخطيب.**
التحولات في الاتجاهات القيّمية لكتب المطالعة للدراسة الابتدائية بين 1957/1958-1971/1972، رسالة ماجستير، جامعة بغداد- كلية التربية 1974.

2750. **هدى محمد قنادي.**
الطفل تنشئته وحاجاته، القاهرة، مكتبة الأنجلو المصرية، 1983.

2751. **هدايات عبد الله.**
دراسة تقابلية بين الفعل في اللغة العربية والأندونيسية، الخرطوم: معهد الخرطوم الدولي، رسالة جامعية غير منشورة، 1981.

2752. **هـ دوجلاس براون**
أسس تعلم اللغة وتعليمها، ترجمة عبده الراجحي وعلي شعبان، دار النهضة العربية، بيروت، 1994م.

2753. هـ دوجلاس براون
مبادئ تعلم وتعليم اللغة، ترجمة إبراهيم القعيد وعيـد الشمري، مكتـب التربيـة العربي لدول الخليج، 1994م.

2754. **هشام بوقمرة.**
دور التعليم في تنمية الذاتية العربية، المستقبل العربي: 40:5، العدد 1982/6، ص5-7.

2755. **هشام عامر عليان.**
مستوى التحصيل في النحو عند طلبه اللغة في معاهد المعلمين والمعلمات ماجستير، الجامعة الأردنية: كلية التربية 1978.

2756. **هشام عامر عليان وسميح أبو مغلي.**
المرجع السهل في قواعد النحو العربي، عمان: م. الوطنية، 1402-1982، ط2.

2757. **هشام عامر عليان وصالح ذياب هندي.**
دراسات في المناهج والأساليب العامة، عمان: كلية عمان.

2758. **هكتر همرلي**
النظريـة التكامليـة في تـدريس اللغـات ونتائجهـا العمليـة، ترجمـة راشـد الـدويش، جامعة الملك سعود، 1994م.

2759. **هلي كينوين.**
دراسة تقابلية بين اللغتين العربية والفنلندية على المستوى الصوتي، رسالة ماجستير، الخرطوم: معهد الخرطوم الدولي، 1983.

2760. **هنري بيرس.**
اللغة العربية وسكان الأندلس في القرون الوسطى، دمشـق: مجلـة مجمع اللغـة العربية، العدد التاسع عشر 1944، ص393-408.

2761. **هنري جاك كرالث.**
اللغة العربية في القرون الوسطى، اللسانيات، 5، 1981، ص35-39.

2762. **هنري فالون.**
أصول التفكير عند الطفل، ترجمة محمد القصاص وآخرون، القـاهرة: مكتبـة مصـر 1958.

2763. **هنري كاسبر.**

التعليم عن طريق التلفزيون، ترجمة سلامة حماد، القاهرة: مؤسسة سجل العرب، 1964.

2764. **هنري ماير.**

ثلاث نظريات في نمو الطفل، ترجمة هدى فناوي، القاهرة: مكتبة الأنجلو المصرية، 1981.

2765. **هوت سياو.**

وحدة التدريبات للغة العربية لغير الناطقين بها على المستوى الجامعي في الصين، الخرطوم: معهد الخرطوم الدولي للغة العربية 1982.

2766. **هوتها.**

تاريخ المشرقيات العربية في هولندا، ترجمة محمد كرد علي، مجلة مجمع اللغة العربية، دمشق؛ العدد الرابع، 1924.

2767. **هيفاء شاكر أبو غزالة.**

التلعثم: أسبابه وأثره على التحصيل الأكاديمي لدى الطلبة في المرحلة الإلزامية، بيروت جامعة القديس يوسف، رسالة دكتوراه، 1982.

2768. **هيمولويث، هيلد.**

التلفزيون والطفل، دراسة تجريبية لأثر التلفزيون على النشء، ترجمة أحمد سعيد عبد الحليم وآخرين، القاهرة: مطابع سجل العرب، ط2، 1967.

2769. **هيونغ ديوك بارك.**

دراسة تقابلية بين اللغة العربية واللغة الكورية على المستوى الصوتي، رسالة ماجستير: الخرطوم: معهد الخرطوم الدولي، 1982.

و

2770. **وارد وينغرد.**

مسرح الأطفال/ ترجمة محمد شاهين الجوهري، القاهرة: الدار المصرية للتأليف والترجمة، 1966.

2771. **واصف باقي.**

العربية والناطقون باللغات الأخرى، المجلة العربية- الرياض عدد 55، 1982، ص112-117.

2772. **واصف فاخوري.**

من القواعد العربية للأطفال، بيروت، دار الآفاق الجديدة، 1979.

2773. **والترَج. أونج.**

الشفاهية والكتابية ،ترجمة حسن البنا عز الدين (عالم المعرفة)، 1994.

2774. **وانغ شونغ.**

دراسة تقابلية بين اللغة العربية واللغة الصينية على مستوى النحو، الخرطوم: معهد الخرطوم الدولي للغة العربية، 1982.

2775. **وانغ شونغ.**

دراسة تقابلية بين اللغة العربية واللغة الصينية على مستوى الصوت، ماجستير، الخرطوم: معهد الخرطوم الدولي، 1982.

2776. **و.ب فيرزستون.**

التأخر الدراسي وعلاجه، ترجمة عزيز حنا داود ومحمد مصطفى الشبيبي رشدي لبيب تقديم محمود عطية هنا، القاهرة: مكتبة الأنجلو المصرية، 1961.

2777. **و.ب فيرزستون.**

الطفل البطيء التعلم خصائصه وعلاجه ترجمة مصطفى فهمي، القاهرة: دار النهضة العربية 1963.

2778. **وجيه حمد عبد الرحمن.**

اللغة ووضع المصطلح الجديد، اللسان العربي،1:19،1982، ص67-78.

2779. **الوحدة.**

تأثير العربية بالسواحلية، الوحدة، 3:1، (1984/12)، ص149-150.

2780. **وحيده شاهر إسماعيل.**

بنية لغة الأطفال بين (6-3) سنوات، رسالة ماجستير غير منشورة، الجامعة الأردنية، كلية التربية، 1980.

2781. **وداد الجلبي.**

الآثار الآرامية في لغة الموصل العامية، مطبعة النجم، الموصل، 1935.

2782. **وداد الجلبي.**

ألفاظ مغولية في اللغة العربية، مجلة المجتمع العلمي العراقي، العدد الأول، 1950، ص376-379.

2783. **وداد صديق عبد الوهاب.**

دراسة معجمية دلالية لكتاب أحلام شهرزاد وتحويله إلى كتاب قراءة للمتوسطين وبناء تدريبات عليه، ماجستير، الخرطوم: معهد الخرطوم الدولي، 1983.

2784. **ودريس لي.**

ما القراءة، مجلة الرائد، السنة الخامسة عشر، العدد السادس، فبراير، 1970، نقابة المهن التعليمية، القاهرة، ص44/46.

2785. **وديع أمين ديب.**

نحو جديد: اتجاه جديد في تدريس القواعد العربية، بيروت، 1969، ط1.

2786. **ورشوكا أرزة أوكنكو.**

ازدواجية اللغة في التعليم: إعادة النظر في التجربة النيجرية، مستقبل التربية، المجلد 1:13، العدد3، 1983، ص117-124.

2787. **وزارة التربية والإرشاد القومي.**

قائمة تشتمل على كلمات كتب السنة الأولى والثانية في التعليم الابتدائي، طرابلس، ليبيا، 1970.

2788. **وزارة التربية (الكويت).**

دليل الألعاب التربوية في رياض الأطفال، الكويت، وزارة التربية، قسم التوجيه الفني، 82/83.

2789. **وزارة التربية اللبنانية.**
مشروع تجديد اللغة العربية الأساسية، بيروت، 1973.

2790. **وزارة التربية والتعليم.**
الإطلاع الخارجي في اللغة العربية في المرحلتين الإعدادية والثانوية، مطابع شركة الإعلانات الشرقية، يونيه 1961، العدد الحادي والعشرون.

2791. **وزارة التربية والتعليم.**
أعمال الملتقى العربي لطرق تدريس اللغة العربية، تونس: المعهد القومي لعلوم التربية، 1980.

2792. **وزارة التربية والتعليم الأساسي.**
برنامج السنة الثانية في التعليم الأساسي: اللغة العربية، المديرية الفرعية للبرامج والمواقيت والطرق، مديرية التعليم، (بدون تاريخ).

2793. **وزارة التربية والتعليم.**
تقرير عن الأسئلة وإجابات الطلاب في مادة اللغة العربية لامتحان الثانوية العامة عام 1967.

2794. **وزارة التربية والتعليم.**
تقرير لجنة تطوير اللغة العربية، القاهرة، 1964.

2795. **وزارة التربية والتعليم.**
تقرير يحدد مشكلات اللغة العربية في مراحل التعليم الثلاث والمخطط المقترح لها، موضوع إلى المنظمة العربية للتربية والثقافة والعلوم، اليمن (بدون تاريخ).

2796. **وزارة التربية والتعليم.**
توصيات الأهداف العامة والخاصة لتعليم اللغة في المراحل التعليمية الثلاث، الخرطوم، 1974.

2797. **وزارة التربية والتعليم.**
توصيات حلقة تيسير النحو، القاهرة، 1961.

2798. **وزارة التربية والتعليم.**
حصيلة الألفاظ التي يتلقفها التلاميذ في المرحلة الابتدائية، القاهرة، 1966.

2799. **وزارة التربية والتعليم.**
دليل مادة اللغة العربية في المراحل المختلفة، الخرطوم: وزارة التربية والتعليم، 1965.

2800. **وزارة التربية والتعليم.**
كتاب المعلم في اللغة العربية في المرحلة الثانوية ومدارس المعلمين، القاهرة: المطبعة الأميرية ببولاق، 1955.

2801. **وزارة التربية والتعليم.**
مذكرة تتعلق بمشكلات اللغة العربية، عمان (بدون تاريخ).

2802. **وزارة التربية والتعليم.**
مذكرة في دراسة مشكلات تعليم اللغة العربية في التعليم العام مرفوعة إلى المنظمة العربية للتربية والثقافة والعلوم، دولة الإمارات العربية المتحدة.

2803. **وزارة التربية والتعليم.**
مذكرة مرفوعة إلى المنظمة العربية للتربية والثقافة والعلوم حول مشكلات تعليم اللغة العربية، الأردن، 1974.

2804. **وزارة التربية والتعليم.**
مشروع النشاط المدرسي لمادة اللغة العربية في المرحلة الإعدادية العامة، العدد الرابع عشر، مطابع شركة الإعلانات الشرقية، القاهرة، 1961.

2805. **وزارة التربية والتعليم.**
مشكلات اللغة العربية في التعليم العام في سلطنة عُمان، سلطنة عُمان.

2806. **وزارة التربية والتعليم.**
مقترحات وزارة التربية والتعليم في خصوص تبسيط قواعد النحو والصرف والبلاغة، مصر (دون تاريخ).

2807. **وزارة التربية والتعليم.**
المكتبة المدرسية الحديثة، القاهرة: المطبعة الأميرية، 1956.

2808. **وزارة التربية والتعليم.**
المكتبة المدرسية الحديثة، مطبعة وزارة التربية والتعليم بالقاهرة، الجزء الثاني، 1962.

2809. **وزارة التربية والتعليم.**
مناهج اللغة العربية للمرحلة الإعدادية والثانوية العامة بالسودان، الخرطوم.

2810. **وزارة التربية والتعليم.**
البرامج الرسمية للتعليم الأساسي، برنامج اللغة العربية (تعبير، قراءة، كتابة، قواعد، لغة، محفوظات)، تونس: (دون تاريخ).

2811. **وزارة التربية والتعليم الأساسي.**
منهاج اللغة العربية للسنة الأولى من التعليم الأساسي، الجزائر.

2812. **وزارة الدولة المكلفة بالشؤون الثقافية والتعليمية.**
المعجم الأساسي لتلاميذ المدارس الابتدائية بالمغرب، الرباط، منشورات معهد الدراسات والتعريب، 1969.

2813. **وزارة المعارف المصرية.**
تقرير لجنة تيسير قواعد اللغة العربية، 1938.

2814. **وسمية المنصور.**
عيوب الكلام (حوليات)، كلية الآداب، جامعة الكويت، 1986م.

2815. **وطاس محمد.**
أهمية الوسائل التعليمية في عملية التعليم عامة وفي تعليم اللغة العربية للأجانب خاصة، الخرطوم، معهد الخرطوم الدولي للغة العربية، 1978.

2816. **وفاء محمد البيه.**
اللغة خصائصها وكيف ننطق بها؟ مجلة الكويت 11، 1981/8، 425-449 .

2817. **وليد أبو بكر.**
بين لغة الأدب ولغة الإعلام، الآداب 32: 1-3 (1-1984/3)، ص61-72.

2818. **وليد أبو بكر.**
بين لغة الأدب ولغة الإعلام، الموقف الأدبي: 159 و160(7، 1984/8)، ص58-85.

2819. **وليد خضر الزند.**
المفردات الشائعة لأطفال المرحلة التمهيدية في بغداد، رسالة ماجستير، جامعة بغداد، كلية التربية، 1976.

2820. **وليم جراي.**
تعليم القراءة والكتابة، ترجمة محمود رشدي خاطر وآخرين،القاهرة، دار المعرفة، 1981.

2821. **وليم جراي.**
محاضرات في طرق تعليم القراءة، من منشـورات معهد التربية بالقاهرة، المطبعـة الأميرية، 1950.

2822. **وليم ستوتزر.**
نموذجان لتعليم مسائل الصوت والكتابـة باللغـة العربيـة، أبحـاث النـدوة العالميـة الأولى لتعليم العربية لغير الناطقين بها، الرياض: 1980.

2823. **الونجا عثمان هارون.**
الأصـوات اللغويـة في اللغتـين لوقبار اليوغنديـة والعربيـة: دراسـة صوتية مقابلـة، ماجستير، الخرطوم: معهد الخرطوم الدولي للغة العربية، 1985.

2824. **الونجا عثمان هارون.**
النغمة والتنغيم بين اللغتـين العربيـة ولوقبارا اليوغنديـة: دراسـة تقابليـة معمليـة، دبلوم، الخرطوم: معهد الخرطوم الدولي للغة العربية، 1974.

2825. **وهبي تادرس.**
الخلاصة الذهبية في اللغة العربية، القاهرة: المطبعة العامرة، 1875.

2826. **ويلاد الزيري.**
تقدم التلميـذ في المدرسـة الابتدائيـة، ترجمـة محمـد خليفة بركـات، القاهرة، دار النهضة العربية، 1965.

2827. **ويلاد الزيري.**
تقويم الطفل في المدرسـة الابتدائية، ترجمـة عـدلي كامل وآخرين، القاهرة: مكتبـة الأنجلو المصرية، 1962.

2828. **ويلبور شيكرام.**
التلفزيون دائرة في حياة الأطفال، ترجمة زكريا سيد حسن وآخرين، القاهرة: مطبعة دار التأليف، 1965.

2829. **وينفرد لويس وارد.**
مسرح الأطفال، ترجمة محمد شاهين الجوهري، القاهرة، الدار المصرية.

ي

2830. **ياسر المالح.**
افتح يا سمسم يفتح أبواب الأمل، الكويت: مجلة تكنولوجيا التعليم، العـدد 4، 2/
ديسمبر 1979، ص43-55.

2831. **ياسين رفاعية.**
اللغة العربية بين مؤيديها ومعارضيها، اللسان العربي، العدد6.

2832. **يانغ يان هونغ.**
دراسة تقابلية بين اللغة العربيـة واللغـة الصينية عـلى مستوى الجملـة، الخرطوم:
معهد الخرطوم الدولي، للغة العربية، 1982.

2833. **يحيى أحمد.**
حول بناء اللغة العربية، صـدر في وقائـع تعليم اللغـة العربية لغير النـاطقين بها،
الرياض، مكتـب التربيـة العربـي لـدول الخليـج 1983، الجـزء الأول، المـادة اللغويـة،
ص141-157.

2834. **يحيى الثعالبي وجمال الدين الألوسي، جواد أمين الورد.**
النحو الإعدادي، بغداد: م، النجاح 1961م،ط3.

2835. **يحيى الشهابي.**
معجم المصطلحات الأثرية، فرنسي عربي، معجم اللغة العربية - دمشق، 1967.

2836. **يحيى عبد الرؤوف جبر.**
الكشف باللغة: اللغة والثورة (4)، الثقافة العربية 1:9، العدد 1982/1، ص63-67.

2837. **يحيى عبد الرؤوف جبر.**
اللغة والحواس، رسالة الخليج العربي، عدد 14، سنة 5، 1985.

2838. **يحيى يونو حسن.**
طرق تعليم اللغة العربية لغير الناطقين بها، دبلوم، الخرطوم: معهد الخرطوم الدولي
للغة العربية، 1984.

2839. **يعقوب بكر وآخرون.**
العربية بالراديو، عشرة أجزاء، هيئة الإذاعة المصرية، (1970-1975)، القاهرة.

2840. **يعقوب حسين نشوان.**
تحليل التفاعل اللفظي بين المشرف والمعلم في المؤتمرات الفردية التي تعقد عن الزيارات الصفية، رسالة ماجستير، الجامعة الأردنية، كلية التربية، 1979.

2841. **يعقوب الشاروني.**
تنمية وعي القراءة لدى الطفل، الرياض: مجلة الفيصل، العدد الأول، السنة الأولى، يونيو 1977.

2842. **يعقوب الشاروني.**
الدور التربوي لمجلات الأطفال، الرياض: مجلة الفيصل، العدد الثامن والعشرون، السنة الثالثة، سبتمبر 1979، ص1340-1381.

2843. **يعقوب الشاروني.**
الطفل والقراءة، ندوة ثقافة الطفل العربي، القاهرة: 22-26، ديسمبر 1979.

2844. **يعقوب الشاروني.**
مضمون ما يقدم للطفل العربي في المجال الثقافي، القاهرة: مجلة الوعي العربي، العدد الرابع، السنة الأولى، أكتوبر 1976.

2845. **يعقوب الشاروني.**
مقومات الكتابة الفنية للطفل، اختيار القصة ندوة الطفل العربي، القاهرة، 22-26، ديسمبر 1979.

2846. **يعقوب عبد القادر هجو.**
الوسائل التعليمية وأثرها في تقليل صعوبات اللغة العربية للناطقين بغيرها، الخرطوم: معهد الخرطوم الدولي للغة العربية، 1980.

2847. **يعقوب عودات.**
الناطقون بالضاد في أمريكا الجنوبية، بيروت، دار الريحاني، 1956.

2848. **يعقوب غسان.**
تطور الطفل عند بياجيه، بيروت، دار الكتاب اللبناني، 1973.

2849. **يعقوب محمد إسحاق.**
صحافة الطفل من المملكة العربية السعودية، الفيصل، العدد (21) السنة 2 فبراير، ص130-133.

2850. **يوجين ا. نيدا**

نحو علم الترجمة، ترجمة ماجد النجار، وزارة الإعلام، الجمهورية العراقية (الكتب المترجمة 32)، 1976م.

2851. **يوحنا أبكاديوس.**

معجم القارئ، إنجليزي، عربي، بيروت مكتبة لبنان، 1974.

2852. **يوحنا قمير.**

معجم الحروف والظروف، جونيه، م الكريم الحديثة.

2853. **يوسف آدم حسن.**

دراسة لنظام التتابعات الفونومية في الصومالية وتقابلها بالعربية، 1979.

2854. **يوسف إلياس.**

التمازج الثقافي العربي الإفريقي، شؤون عربية، مجلد 32، العدد 1983، ص82-89.

2855. **يوسف الأمين.**

ديناميكية التعبير اللغوي في منطقة حلف الجديدة، عالم الكتب، المجلد 3:3، العدد 10، 11، 1982، ص286-389.

2856. **يوسف الأمين أحمد.**

شرح ومقارنة للمصطلحات الصوتية والتشريحية لجهاز النطق ومخارج الحروف عند القدماء والمحدثين، دبلوم، الخرطوم: معهد الخرطوم الدولي للغة العربية، 1985.

2857. **يوسف أوغسطين.**

عودة الفصحى إلى العصر الذهبي، القاهرة، مطبعة مصر - القاهرة، 1953.

2858. **يوسف حسن صالح.**

اللغة العربية في مراحل التعليم العام بمصر مشكلاتها ووسائل حلها، رسالة ماجستير مقدمة إلى معهد البحوث والدراسات العربية بجامعة الدول العربية، القاهرة 1973.

2859. **يوسف الحمادي.**

إعداد معلم اللغة العربية، دراسة مقدمة إلى ندوة خبراء ومسؤولين لبحث وسائل تطوير إعداد معلم العربية في الوطن العربي، الرياض 10/5 مارس 1977.

2860. **يوسف الحمادي.**

تطوير تعليم اللغة العربية لإعداد المواطن العربي العصري، دراسة مقدمة إلى المؤتمر التاسع لاتحاد المعلمين العرب، تطوير تدريس علوم اللغة العربية وآدابها، الخرطوم، فبراير، 1976، ص197-216.

2861. **يوسف الحمادي.**

موقع اللغة العربية في جداول الدراسة وتوزيع مناهجها على المراحل المختلفة، القاهرة.

2862. **يوسف حنا إبراهيم.**

صعوبات الدارسين والمعلمين والمشرفين في مشروع محو الأمية الإلزامي في قضاء الحمداني وحلولهم المقترحة، رسالة ماجستير، جامعة بغداد، 1977.

2863. **يوسف الخليفة أبو بكر.**

أنواع التمارين في كتب تعليم العربية للناطقين بلغات أخرى، الرباط، 1980، ندوة تأليف كتب تعليم العربية للناطقين باللغات الأخرى.

2864. **يوسف الخليفة أبو بكر.**

أنواع التمارين اللغوية في الكتاب المدرسي، اللسان العربي: 23/ (1984)، ص53-58.

2865. **يوسف الخليفة أبو بكر.**

برنامج إعداد وتدريب معلم اللغة العربية لغير الناطقين بها على ضوء التجربة السودانية، بحث مقدم في الندوة العالمية الأولى لتعليم العربية لغير الناطقين بها، الرياض: جامعة الرياض، عمادة شؤون المكتبات، الجزء الثاني، 1981.

2866. **يوسف الخليفة أبو بكر.**

برامج إعداد وتدريب معلم اللغة العربية لغير الناطقين بها على ضوء التجربة السودانية، السجل العلمي للندوة العالمية الأولى لتعليم العربية لغير الناطقين بها، الرياض 17-12 ربيع الثاني 1398، 26-30 مارس، 1980، الناشر عمادة شؤون المكتبات، جامعة الرياض، الرياض.

2867. **يوسف الخليفة أبو بكر.**

التدريب على الكتابة في مرحلة ما قبل الكتابة، المجلة العربية للدراسات اللغوية، الخرطوم، المجلد الأول، العدد 2، 1983.

2868. **يوسف الخليفة أبو بكر.**
تدريس اللغة العربية في الجنوب، مجلة التوثيق التربوي، العدد 28 مارس، 1974.

2869. **يوسف الخليفة أبو بكر.**
الحرف العربي واللغات الإفريقية، المجلة العربية للثقافة، العدد الرابع، السنة الثالثة، 1983.

2870. **يوسف الخليفة أبو بكر.**
الحرف العربي واللغات الإفريقية: تاريخ العرب والعالم، المجلد 7، 75، العدد 1،2، 1985، ص2-21.

2871. **يوسف الخليفة أبو بكر.**
الحرف العربي واللغات الإفريقية، بحث مقدم في الحلقة الدراسية حول العلاقات بين الثقافة العربية والإفريقية المنعقدة في الخرطوم 21-26 فبراير 1981، الخرطوم: معهد الدراسات الإفريقية والآسيوية، المنظمة العربية للتربية والثقافة والعلوم، 1981.

2872. **يوسف الخليفة أبو بكر.**
الحرف العربي واللغات الإفريقية، المجلة العربية للثقافة، المجلد 3،4، 1983، ص145-166.

2873. **يوسف الخليفة أبو بكر.**
الحرف العربي واللغات الإفريقية، مجلة الثقافة السودانية، العدد 19، المجلد 5، 1981.

2874. **يوسف الخليفة أبو بكر.**
اللغة العربية كلغة اتصال وثقافة وكتابة في إفريقيا، المؤتمر التاسع لاتحاد المعلمين العرب، الخرطوم 1976.

2875. **يوسف الخليفة أبو بكر.**
اللغة العربية واللغات المحلية في خريطة السودان الديمقراطية، بحث مقدم للمؤتمر الأول للغة العربية في السودان، الخرطوم ديسمبر 1982.

2876. **يوسف الخليفة أبو بكر.**
المعلومات النحوية في المعجم العربي ثنائي اللغة، صدر في صناعة المعجم العربي لغير الناطقين بها، الرباط، مكتب تنسيق التصريف 1981.

2877. **يوسف الخليفة أبو بكر.**
موقف تدريس اللغة العربية بالجنوب، الخرطوم: مجلة التوثيق التربوي، العدد الأول، 1969.

2878. **يوسف الخليفة عبد الرحمن.**
تجربة في إصلاح مناهج اللغة العربية بالمدارس الثانوية، أم درمان، دار الكتاب 1967.

2879. **يوسف الخليفة عبد الرحمن.**
المرشد السوداني في تعليم الخط، خط النسخ وخط الرقعة، مصر 1966.

2880. **يوسف خياط.**
نظرات مستقبلية في اللغة العربية، مجلة فكر، مجلد 19، 1974.

2881. **يوسف دهب محمد.**
دراسة تقابلية بين اللغة العربية ولغة المبانق في نظام العدد: المفرد والمثنى والجمع، دبلوم، الخرطوم: معهد الخرطوم الدولي للغة العربية، 1985.

2882. **يوسف السباعي وزكي عبد الملك.**
الصراع بين الفصحى والعامية أو أثر الازدواج اللغوي في أسلوب يوسف السباعي، اللسان العربي، المجلد 8، الجزء1.

2883. **يوسف سعيد ساسي والأستاذ توفيق الصادق الشواشي.**
أخطاء شائعة بين دارسي اللغة العربية لغير الناطقين بها من الآسيويين في معهد اللغات بدولة قطر، وقائع ندوات تعليم اللغة العربية لغير الناطقين بها، الجزء الثاني، مكتب التربية العربي لدول الخليج 1406هـ-1985م.

2884. **يوسف سليمان الطاهر.**
العوامل المؤثرة على النحو اللغوي وصلتها بتعليم اللغة العربية في مناطق التداخل اللغوي بمحافظة الخرطوم، ماجستير، الخرطوم: معهد الخرطوم الدولي للغة العربية، 1983.

2885. **يوسف الشاروني.**
لغة الحوار بين العامية والفصحى، المجلة، العدد 67، السنة 6، ربيع الأول أغسطس 1962.

2886. **يوسف الصفتي.**
اللغة العربية ومشكلاتها التعليمية بحث تحليلي مقارن، القاهرة: المركز القومي للبحوث التربوية، 1981.
2887. **يوسف عبد الرحمن.**
الخط العربي، مجلة المناشط، العدد الأول 1979.
2888. **يوسف عون.**
حول بعض مسائل التعريب ترجمة نعيم علوية، الفكر العربي المعاصر،18، 19، العددان 2، 3، /1982، ص19-24.
2889. **يوسف غازي**
مدخل إلى الألسنية، ط1، منشورات العالم العربي الجامعية، دمشق، 1985م.
2890. **يوسف فضل حسن.**
جذور العلاقات بين الثقافات الإفريقية العربية، بحث مقدم إلى ندوة العلاقات بين الثقافة العربية والإفريقية، معهد الدراسات الإفريقية الآسيوية، الخرطوم، 1981.
2891. **يوسف كمال حتاتة.**
الوحدة العربية ووحدة اللغة، الرسالة، السنة 29، العدد 421، 1941/1360.
2892. **يوسف محمد فتح الرحمن.**
دور الصور المتحركة في إعداد دروس للمبتدئين في تعليم العربية لغير الناطقين بها، الخرطوم: معهد الخرطوم الدولي للغة العربية، 1979.
2893. **يوسف محمود.**
منهج التعليم الجماعي للغات الأجنبية وعلاقته بتدريس اللغة العربية، مجلة المعرفة، المجلد 2: 233، العدد7، 1971، ص6-25.
2894. **يوسف المحمود.**
منهج التعليم الجماعي للغات الأجنبية وعلاقته بتدريس اللغة العربية، المعرفة، س20، ع33، 1981م.
2895. **يوسف المطوع.**
اللحن في اللغة العربية: تاريخه وأثره، القاهرة: المطبعة المصرية (أ.ت)، ص80.

2896. **يوسف نور عوض.**

تحديث أساليب اللغة العربية، ليبيا: مجلة الثقافة العربية، العدد7، السنة الثانية يوليو 1975، ص34-41.

2897. **يوسف هادي عطية.**

معجم لغير الناطقين بالعربية، الخرطوم: معهد الخرطوم الدولي للغة العربية، 1979.

2898. **يوسف الهليس.**

أهمية الدراسات اللغوية التقابلية في تعليم اللغة العربية لغير الناطقين بها، المؤتمر التاسع لاتحاد المعلمين العرب؛ الخرطوم، 1976.

2899. **يوسف الهليسي**

تطوير دراسة اللغة العربية من خلال مقابلتها باللغات الأخرى، المعرفة، دمشق، ع178، 1976م.

2900. **يونس أبيدو عوض.**

دراسة تقابلية بين لغة بديا واللغة العربية على المستوى الصوتي، ماجستير، الخرطوم: معهد الخرطوم الدولي للغة العربية، 1985.

2901. **يونس أبيدو.**

اللغة والتنغيم في لغة بديا واللغة العربية دراسة معملية تقابلية، دبلوم، الخرطوم: معهد الخرطوم الدولي للغة العربية، 1984.

2902. **يونس الأمين.**

اللغة الأجنبية، دراسة لبعض العوامل المؤثرة على تعلمها (2)، رسالة الخليج العربي، المجلد الرابع، العدد 12، السنة 4، 1984، ص229-256.

2903. **يونس شتات.**

الصياغة السلوكية لأهداف تدريس اللغة العربية، رسالة المعلم، مجلد، 20، العدد 2، 1977.

2904. **يونس صالح.**

مقارنة بين التحصيل القرائي لتلاميذ الصف الثالث الابتدائي الذين تعلموا القراءة في الصف الابتدائي بطريقتين مختلفتين، جامعة بغداد، كلية التربية رسالة ماجستير، 1970.

2905. **يونس صالح الجنابي.**

الذخيرة اللغوية لتلاميذ الصفين الخامس والسادس الابتدائي، كلية التربية، جامعة بغداد، 1983.

2906. **يونس، فتحي، ومحمود كامل الناقة.**

أساسيات تعليم اللغة العربية، القاهرة: دار الثقافة للطباعة والنشر، 1978.

2907. **يونسكو.**

تدريس اللغات الأجنبية (ترجمة وزارة التربية والتعليم)، القاهرة: وزارة التربية والتعليم، 1975.

المصـــادر

بحسب عناوينها

ج

ذ

ش

ص

ض

ع

ك

1937. الكامل في قواعد العربية: نحوها وصرفها:159

1938. الكامل في النحو والصرف والإعراب:221

1939. كتاب آداب المعلمين:2012

1940. الكتاب الأساسي في تعليم اللغة العربية لغير الناطقين بها:927

1941. الكتـاب الأسـاسي لتعليم اللغـة العربيـة للناطقين بغيرهـا مواصـفاته وخطـة تأليفه:2482

1942. الكتـاب الأسـاسي لتعليم اللغـة العربيـة للناطقين بغيرهـا مواصـفاته وخطـة تأليفه:2483

1943. الكتاب الأساسي لتعليم اللغة العربية للناطقين بلغات أخرى:2481

1944. كتاب تبسيط العروض:2245

1945. الكتابة الثانية وفاتحة المتعة:2627

1946. الكتابة العربية:2630

1947. الكتابة العربية بين نموها الرأسي ونمو أفقي مقترح:730

1948. الكتابة العربية وصلاحها لتعليم اللغة لغير الناطقين بها:1328

1949. كتابة العربية وقراءتها:1542

1950. كتابة اللغة الأندونيسية بالحرف العربي كوسيلة لنشرـ اللغـة العربيـة والثقافـة الإسلامية في أندونيسيا:860

1951. كتابة اللغة السواحلية بالحرف العربي:665

1952. كتابة اللغة الماليزية بالحروف العربية:1910

1953. كتابة لغة المبانق بالحرف العربي (فرندك ألفا):2350

1954. كتابة لغة الهوسا بالحروف العربية " أجم":380

1955. الكتابة والقراءة وقضايا الخط العربي:2569

1956. الكتاب الثقافي للطفل العربي:546

1957. كتاب الطفل العربي:1160

1958. كتاب الطفل العربي شكلاً ومضموناً:2580

1959. الكتاب العربي وكتاب الطفل:2581

1960. كتاب القرية والتربية الحديثة:2313

هـ

ي

Printed in the United States
By Bookmasters